Orio Giarini / Patrick M. Liedtke

Wie wir arbeiten werden

**Der neue Bericht an den
Club of Rome**

Aus dem Englischen von
Klaus Fritz und Norbert Juraschitz

Hoffmann und Campe

Das Originalmanuskript, welches dem Club of Rome 1997 vorgelegt
wurde, trägt den Titel »The Employment Dilemma and the Future of Work«

Die Deutsche Bibliothek – CIP-Einheitsaufnahme
Giarini, Orio:
Wie wir arbeiten werden: der neue Bericht an den
Club of Rome / Orio Giarini/Patrick M. Liedtke.
Aus dem Engl. von Klaus Fritz und Norbert Juraschitz.
– 2. Aufl. – Hamburg: Hoffmann und Campe, 1998
Einheitssacht.: The employment dilemma
and the future of work <dt.>
ISBN 3-455-11234-X

Schutzumschlag: Thomas Bonnie
Satz: Dr. Ulrich Mihr GmbH, Tübingen
Druck und Bindung: Franz Spiegel Buch GmbH, Ulm
Printed in Germany

Inhalt

Vorwort von Ernst Ulrich von Weizsäcker 11

Geleitwort von Marcus Bierich 13

Vorbemerkung des Exekutivkomitees des Club of Rome 15

Einführung 19

Teil 1
Wir sind, was wir produzieren –
der Wert der Arbeit und Tätigkeit 25

1. Das Humankapitel 27

2. Der Wert der Arbeit 30
Arbeit als Symbol und ihr Wert in der Gesellschaft 31 ·
Der moralische Aspekt 33 · Arbeit im Wandel der Zeiten 34 ·
Technische und wirtschaftliche Fragen der Gegenwart 37

Teil 2
Wirtschaftswissenschaft und Arbeit 43

1. Die neoklassische Ökonomie:
   Angebot oder Nachfrage 45
Der neoklassische Ansatz und die Fokussierung auf
die Nachfrage 45 · Die Methodologie der neoklassischen
Ökonomie 47 · Die Untersuchungen von J. R. Hicks 52 ·
Die Wende der neoklassischen Ökonomen hin zum
Angebot 53

2. Die Abkehr vom Determinismus 59
Determinismus, Preisbildungssystem und Ungewiß-
heit 59 · Risikomanagement, Störanfälligkeit und
Unbeständigkeit 65

3. Die Rolle der Nachfrage 69

4. Wissenschaft und Technik:
   Errungenschaften, Träume und Mythen 76
Wissenschaft und Technik in der Wirtschaftsgeschichte 76 ·
Management von Unwägbarkeiten der modernen Tech-
nik 78 · Die Dienstleistungwirtschaft und die Wechsel-
beziehungen von Technik und wirtschaftlicher Leistung 82

Teil 3
Produktive Arbeit im System
der Industriellen Revolution 89

1. Eine einführende historische Analyse 92
Der Wert der Arbeit vor der Industriellen Revolution 92 ·
Die neue Priorität monetisierter Tätigkeiten im System der
Industriellen Revolution 93 · Die Bevölkerungsentwicklung 96

2. Erwerbstätige Bevölkerung und
   (bezahlte) Beschäftigung in dem System
   der Industriellen Revolution 100
Bevölkerung: heute und morgen 100 · Bildung und Beschäftigung 103 · Arbeit, Tätigkeit und der Lebenszyklus (von jung
bis alt) 108 · Frauen und Arbeit 111 · Industrieländer gegenüber Entwicklungsländern 116 · Horizontale und vertikale
Transferwirkungen 119

3. Das Problem der Arbeitslosigkeit 123
Die Anatomie der Beschäftigung und der Arbeitslosigkeit 123 · Arbeitslosigkeit und Sozialpolitik 128 · Anreize
und moralische Risiken der Arbeitslosenleistungen 131

Teil 4
Produktive Arbeit und Tätigkeit in
der neuen Dienstleistungsgesellschaft 135

1. Wertschöpfung und die Entwicklung
   des Wohlstands der Nationen 135

2. Die Integration monetarisierter
   und nichtmonetarisierter Tätigkeiten   141

3. Die Anerkennung der wirtschaftlichen Bedeutung
   nichtentlohnter Tätigkeiten   146
   Die Evolution der Produktivität monetarisierter Systeme und
   ihre Grenzen 146 · Die nichtmonetisierten Tätigkeiten 149

4. Der Wandel des Dienstleistungssektors   153
   Die neue Wirklichkeit des Dienstleistungssektors 154 ·
   Materielle und immaterielle Produkte in der Dienstleistungsgesellschaft 158 · Der Trend zu dezentralisierten Produktions-
   und Anwendungssystemen 160 · Die Abwanderung von
   Arbeitnehmern aus der Industrie zu den Dienstleistungen
   und die Auswirkungen auf die Produktivität 164 · Der Arbeitsplatz der Zukunft 166 · Telearbeit: Wirkungen und Konsequenzen 168

5. Arbeit und Umwelt   171

6. Die Notwendigkeit eines Grundeinkommens   176
   Das garantierte Mindesteinkommen 176 · Die negative
   Einkommensteuer 179

7. Den Wert nichtmonetisierter Tätigkeiten
   in Entwicklungsländern bewahren   182
   Die wirtschaftliche Situation in den Entwicklungsländern 182 · Der Wert nichtmonetisierter Tätigkeiten in
   Entwicklungsländern 187

8. Die Lage der Volkswirtschaften im Übergang   189

9. Beschäftigung im Licht der globalen Wirtschaft,
   des Handels und der Investition   193
   Die Realität der Weltproduktion: Beschäftigung, Handel und
   Investition 193 · Globale Initiativen zu Handel und Investition:
   WTO und GATS 199 · Beschäftigung, Globalisierung und
   Wettbewerbsfähigkeit 203

10. Nichtmonetarisierte Tätigkeiten in der
    Gesamtwirtschaft ausbauen   206

11. Arbeit als Teil der Persönlichkeit 209

12. Teilzeitarbeit und flexible Arbeitszeit 213

13. Arbeit im Lebenszyklus von 18 bis 78 Jahren 217
Arbeitsintensität im Lebenszyklus von 18 bis 78 Jahren 217 ·
Bildung und Arbeit im Verlauf des neuen Lebenszyklus 219 ·
Integrierung von Teilzeitstellen für junge Menschen in die
Phase der Bildung 221 · Teilzeitstellen für über Sechzig-
jährige 223 · Arbeit und Tätigkeit für Erwerbsunfähige und
die Probleme des vierten Lebensalters 227

14. Ein Mehrschichtenmodell der Arbeit 231
Grundlegende Vorschläge für eine neue Politik der Voll-
beschäftigung 233 · Das Angebot einer ersten Schicht der
Arbeit 237 · Die Schlüsselrolle einer monetisierten zweiten
Schicht der Beschäftigung 242 · Eine dritte Schicht produk-
tiver, nichtmonetisierter Arbeit 244

Teil 5
Grundlegende Vorschläge für staatliche Maßnahmen
und gesellschaftliche Entwicklung 247

1. Das wirtschaftliche Umfeld für die dynamische
Entfaltung der Privatinitiative 251

2. Nichtmonetisierte Arbeit aufwerten 255

3. Perspektiven für den Aufbau einer ersten Schicht
der Teilzeitarbeit 260

Danksagung 265

Anhang
Anmerkungen 269
Bibliographie 274
Personen- und Sachregister 281

Kontroverse Thesen

1. Der Anfang 22
2. Produktive Tätigkeit: Die Stufen der wirtschaftlichen und sozialen Entwicklung 41
3. Die Starrheit des Angebots (Engpässe im Produktionssystem) 57
4. Wirtschaftlicher und sozialer Wert, Preissystem, Ungewißheit und Risiko 63
5. Die Bedeutung der Nachfrage in der heutigen Dienstleistungsökonomie 74
6. Beschränkungen in der technischen Entwicklung 87
7. Produktive Tätigkeiten und Beschäftigung 95
8. Das Maß des Reichtums: der ökonomische Wertbegriff 137
9. Produktive Tätigkeiten in der Dienstleistungsgesellschaft 144
10. Das Paradies-Paradox 147
11. Eine Dienstleistungswirtschaft oder eine Wirtschaft von Dienstleistungen? 153
12. Die wachsende Bedeutung von wirtschaftlicher und gesetzlicher Haftung als neuer Aspekt der Nachfrage 157
13. Beschäftigung und Persönlichkeit: von einem eindimensionalen zu einem mehrschichtigen Ansatz 211
14. Eine alternde oder sich verjüngende Gesellschaft? 226
15. Ein Mehrschichtenmodell produktiver Tätigkeiten 231
16. Die neue »Vollbeschäftigungspolitik« 236
17. Politische Maßnahmen zur Entwicklung der ersten Schicht 242
18. Überlegungen zum Schichtenmodell 246
19. Sozialpolitik für eine Vollbeschäftigung 248
20. Realistischere und nützlichere Methoden zur Messung des Wohlstands der Nationen 257
21. Weitere Notwendigkeiten 263

Vorwort

Als Club-Mitglied bin ich begeistert über den jetzt vorliegenden neuen Bericht an den Club of Rome. Er befaßt sich mit einem der zentralsten Probleme unserer Tage: mit der Zukunft der Arbeit. Endlich hat jemand den Mut, diese Frage umfassend zu behandeln. Der Bericht übertrifft die konventionellen Ansätze deutlich an Breite und Tiefe. Menschliche Arbeit ist mehr als nur Produktionsfaktor eines funktionierenden Wirtschaftssystems. Arbeit ist unentbehrlich für das Selbstwertgefühl. Auf der Basis dieser Erkenntnis wird hier ein neuer Analysestandpunkt eingenommen und ein neues Fundament für weitere Überlegungen gelegt. Mit dem Übergang von der klassischen Industriegesellschaft in die moderne Dienstleistungsgesellschaft ist es noch längst nicht getan. Auch die Arbeit für die Familie, die Gemeinschaft, für das Steckenpferd muß gesehen und gewertet werden. Es entsteht eine Vision, in deren Zentrum alle menschlichen Tätigkeiten ihren Wert und ihre Präferenzen haben. Das ist ökonomisch sinnvoll, anthropologisch unausweichlich und moralisch erstrebenswert.

Seit den siebziger Jahren mußte die Wirtschaft lernen, daß der sorglose Umgang mit der Natur böse Schäden nach sich zieht. Die Schäden müßte der Verursacher bezahlen. Dann sagen die Preise auf dem Markt die ökologische Wahrheit. Ganz ähnlich muß unsere Gesellschaft begreifen, daß die Herabwürdigung der menschlichen Arbeit auf die bloße Funktion des ökonomischen Produktionsfaktors Schäden verursacht. Die rein marktförmige Verteilung teurer Arbeit führt zur Arbeitslosigkeit von Millionen. Heute sind es schon etwa sechs Millionen Arbeitslose in Deutschland. Hierin zeigt sich ein Verlust von Wohlstand. Es ist nicht nur der materielle Wohlstand, der diesen Millionen von Menschen fehlt. Die Arbeitslosigkeit beraubt sie auch eines zentralen Elements der Selbstverwirklichung und verwehrt ihnen die aktive Teilnahme an der Gesellschaft.

Orio Giarinis und Patrick Liedtkes Bericht an den Club of

Rome zeigt, wie sich die Rahmenbedingungen der Arbeit in den vergangenen Jahren weltweit grundlegend verändert haben. Die neuen Schlagworte heißen Dienstleistungsgesellschaft und Flexibilität, Liberalisierung und Individualität, Globalisierung und Dezentralisation. Es ist offensichtlich, daß diese Entwicklungen direkte Auswirkungen auf die Organisation der Unternehmen und der Wirtschaft als Ganzes haben. Dies schlägt sich wiederum in der Beschäftigungssituation nieder.

Der Bericht geht auf diesen fundamentalen Strukturwandel ein und beschreibt überzeugend, wie wir wohl in Zukunft arbeiten werden und welche überkommenen Ansichten und Gewohnheiten wir werden aufgeben müssen, wenn wir uns nicht weiterhin an den Lebensgrundlagen, an den Schwächeren in der Gesellschaft und an künftigen Generationen versündigen wollen.

Die Arbeitsgesellschaft braucht einen neuen Generationenvertrag. Dazu gehört es, daß das Wegrationalisieren menschlicher Arbeit geringere und das Wegrationalisieren von Kilowattstunden und Tonnen Metall höhere Priorität bekommt. Dies war die Botschaft früherer Berichte an den Club of Rome: *Grenzen des Wachstums* (1972), *Mit der Natur rechnen* (1995) und *Faktor vier* (1995). Aber keiner dieser Berichte hat die Arbeitslosigkeitskrise systematisch behandelt. Und keiner hat die Vision der *neuen* Arbeitsgesellschaft entwickelt. Orio Giarini und Patrick Liedtke haben das große Verdienst, dem Club und der Weltöffentlichkeit diese Vision geschenkt zu haben.

Ernst Ulrich von Weizsäcker   *Wuppertal, im Dezember 1997*

Geleitwort

In den vergangenen Jahren haben sich die Rahmenbedingungen, innerhalb derer die Volks- und Einzelwirtschaften agieren, grundlegend verändert. Die politischen Umwälzungen haben sich auch wirtschaftlich ausgewirkt. Sie erlaubten weiten Teilen Osteuropas und Asiens, in den Weltmarkt einzutreten und zwangen damit die alten Industrieländer, ihre Strukturen an die Bedingungen des neuen, globalen Umfeldes anzupassen. Diese vom Markt erzwungene Anpassung wurde von einem sektoralen Strukturwandel begleitet. Die Landwirtschaft und das produzierende Gewerbe verloren in den industrialisierten Ländern weiter an Boden – allein in Deutschland in den letzten sieben Jahren 4,5 Millionen Arbeitsplätze –, während der Dienstleistungssektor im gleichen Zeitraum um 1,5 Millionen Arbeitsplätze zunahm. Er konnte damit den Rückgang der anderen Bereiche nicht ausgleichen.

Beide Faktoren zusammen bewirkten einen dramatischen Anstieg der Arbeitslosigkeit in den Industrieländern mit Ausnahme der USA und Japans. Die Anzahl der Arbeitslosen erreichte in der OECD im letzten Jahr 36 Millionen oder 7,5 % des Erwerbspotentials. Diese Entwicklung hält an. Eine Trendwende herbeizuführen wird damit zum wichtigsten Ziel der Politik in den betroffenen Ländern. Sie kann aber nicht ohne gründliche Untersuchung der auslösenden Faktoren und der bisher vorliegenden Lösungsvorschläge gelingen.

Der folgende Bericht an den Club of Rome ist dieser Aufgabe gewidmet. Er legt ein arbeitsethisches Fundament, untersucht die gewaltigen Veränderungen, die sich in der Arbeitswelt ereignet haben und stellt die wichtigsten Trends für die Zukunft dar. Daraus leitet er neue Anregungen für gesellschaftliche und wirtschaftliche Maßnahmen ab, die zu mehr Beschäftigung führen können. Er entwirft das Bild einer zukünftigen Dienstleistungsgesellschaft, in der die Schaffung zusätzlicher Arbeitsplätze im Mittelpunkt steht. Dabei geht es aber nicht nur um Arbeitsplätze im hergebrachten Sinne von Erwerbsarbeit, sondern in einem erweiterten Sinn von produktiver Tätigkeit, einschließlich der bisher unentgeltlich verrichteten Dienste in der Familie, der Gemeinde und der Gesellschaft. Hier legen die Autoren konkrete Vorschläge zum Ausbau des Dienstleistungssektors vor.

Der Bericht hat schon jetzt eine lebhafte Diskussion in der Fachwelt ausgelöst und verdient auch unsere Aufmerksamkeit. Uns alle – Politiker, Unternehmer und Arbeitnehmer – fordert er auf, mitzudenken und unseren Beitrag zu den notwendigen Reformen zu leisten.

Marcus Bierich
Vorsitzender des Aufsichtsrates der Robert Bosch GmbH

Vorbemerkung

Je näher die Jahrtausendwende rückt, desto stärker verbreitet sich im Westen ein Gefühl der Ungewißheit und Angst, obwohl wir inzwischen das Ende des Kalten Krieges miterlebt haben. Diese Unruhe liegt zum großen Teil in dem tiefgreifenden Wandel begründet, der sich vor unseren Augen vollzieht, hin zu einer Globalgesellschaft oberhalb und jenseits des traditionellen Nationalstaats. Was eine Minderheit von Bürgern als eine Chance betrachtet, sieht die Mehrheit als Bedrohung.

Nirgendwo wird dies deutlicher als auf dem globalen Arbeitsmarkt. Die offizielle Zahl der erwerbslosen Menschen in den industrialisierten Ländern hat einen historischen Höchststand von annähernd 35 Millionen erreicht, unzählige sind aus der Statistik herausgefallen und werden nicht mehr berücksichtigt. Gleichzeitig leben weitere 1,3 Milliarden Menschen in Entwicklungsländern in elender Armut, und ihre Zahl steigt jedes Jahr um 25 Millionen.

Die Schaffung von Arbeitsplätzen für diese Hunderte Millionen Menschen ist lebensnotwendig, um künftig in der ganzen Welt Wachstum und Sicherheit zu erreichen. Von den Arbeitnehmern im Westen wird dies jedoch auch als eine Bedrohung empfunden; sie sehen die Sicherheit ihres Arbeitsplatzes gefährdet durch das enorme Potential an Billigarbeitskräften in den Entwicklungsländern. Viele fragen sich bereits: Wie sicher ist mein Arbeitsplatz? Können wir Stellen für beide schaffen?

Der Club of Rome mit seinen einhundert Mitgliedern aus über fünfzig Ländern aus allen Erdteilen betrachtet sich als Katalysator des Wandels und als Zentrum von Innovation und Initiative.

Aus diesem Grund hat der Club of Rome die vorliegende Studie zur globalen Beschäftigungsproblematik in Auftrag gegeben. Der Bericht greift weit in die Geschichte der Arbeit und in die historische und aktuelle Wirtschaftstheorie zurück. Er analysiert eingehend die moralischen, gesellschaftlichen, kulturellen und wirt-

15

schaftlichen Aspekte der Arbeit in verschiedenen Regionen und Ländern der Welt. Er richtet sein Augenmerk auf die breite Vielfalt der Arbeit in der modernen industriellen und postindustriellen Gesellschaft, welche die Autoren als die Dienstleistungsgesellschaft bezeichnen, wo andere bereits von einer Informationsgesellschaft sprechen.

Der Bericht bietet hier reichlich Ansatzpunkte für ausgiebige Debatten und Diskussionen: Wir sind uns darüber im klaren, daß viele der dargelegten Gedanken wahrscheinlich umstritten sind. Zum Beispiel werden die Vorschläge der Autoren zu einem mehrschichtigen Arbeitsmodell, in dem nichtmonetarisierte und monetarisierte Tätigkeiten integriert sind und der Wohlstand der Gesellschaft neu definiert werden soll, wie die Autoren am Ende des Berichts betonen, nicht als eine neue Utopie präsentiert, sondern als ein erster Anstoß für eine Flut neuer Ideen.

Die Vorschläge und Schlußfolgerungen des Berichts sind Gegenstand intensiver Diskussionen unter den Mitgliedern des Club of Rome gewesen. Weil das Beschäftigungsdilemma und die Neuentdeckung der Arbeit derart komplex sind, bleiben einfache und schnelle Lösungen von vornherein ausgeschlossen.

Aus diesem Grund begrüßt der Club of Rome diesen Bericht als einen wichtigen Beitrag zu der notwendigen öffentlichen Auseinandersetzung über eines der grundlegenden Themen der Gegenwart, auch wenn nicht alle seine Mitglieder uneingeschränkt mit ihm übereinstimmen.

Wegen des ganzheitlichen Ansatzes und der vielen innovativen Ideen sind wir davon überzeugt, daß dieser Bericht die größte öffentliche Aufmerksamkeit verdient, vor allem all jener, die sich – als politische Entscheidungsträger, Wissenschaftler, Arbeitgeber und Arbeitnehmervertreter, Meinungsführer in Bildung und Medien – um die Beschäftigung, die soziale Gerechtigkeit und die Stabilität der Demokratie Sorgen machen.

Die Mitglieder des Exekutivkomitees des Club of Rome

»...Traditionell gehörte es zu den grundlegenden Aufgaben der Volkswirtschaftslehre, über das Problem der Vollbeschäftigung nachzudenken. Ungefähr seit 1966 haben die Wirtschaftswissenschaftler dieses Thema abgeschrieben; ich meine, das ist eine ganz falsche Einstellung. Es kann kein unlösbares Problem sein. Es mag schwierig sein, aber gewiß nicht unlösbar. (...) Unsere erste Aufgabe ist der Frieden. Die zweite ist es, darüber zu wachen, daß niemand Hunger leidet, und die dritte ist eine hinreichende Vollbeschäftigung. Die vierte ist, natürlich, die Bildung. (...) Es ist unsere Pflicht, optimistisch zu sein. Nur von solch einem Standpunkt aus können wir aktiv sein und tun, was in unseren Möglichkeiten liegt.«

Karl Popper
Auszüge aus einem Interview vom 29. Juli 1994,
wenige Wochen vor seinem Tod

Einführung

Ganz offenkundig gehören die Zukunft der Arbeit und das Beschäftigungsdilemma zu den dringendsten Aufgaben, denen sich die heutige Welt stellen muß. Wie kaum eine andere Frage betrifft sie jeden einzelnen Bewohner dieser Erde.

Dieser Bericht an den Club of Rome ist weder eine Studie noch ein Leitfaden oder Kommentar zu sämtlichen Initiativen, Veröffentlichungen und Berichten, die von den verschiedensten privaten und öffentlichen Organisationen in der ganzen Welt zu diesem Thema verfaßt worden sind. Er zielt eher auf einige Schwächen und Mängel der gegenwärtigen Konzepte und schlägt eine alternative Sichtweise der gegenwärtigen und künftigen wirtschaftlichen Tätigkeiten vor, die es uns ermöglichen wird, den Herausforderungen von heute und morgen mit besserem Verständnis zu begegnen. Unser Hauptanliegen ist es nicht, endgültige Antworten zu liefern, die in einer idealen Welt jeden unter allen Umständen zufriedenstellen. Wir möchten vielmehr provozieren und das wirtschaftliche Denken in eine neue Richtung lenken, indem wir einen anderen Standpunkt einnehmen, der bislang nicht sichtbare Aspekte enthüllen und dadurch neuen Ansätzen und Lösungen den Weg bahnen wird.

Weil die traditionellen Modelle auf einen engen Blickwinkel begrenzt bleiben, können wir sie nicht effizient anwenden. Wir sind davon überzeugt, daß eine breitere Perspektive nötig ist. Die folgenden drei Beobachtungen bilden dabei den Kern unserer Überlegungen:

* Arbeit und Beschäftigung, oder – allgemeiner gesagt – produktive Tätigkeiten dienen einem besseren Leben für alle Menschen. Sehr eng damit verknüpft ist die Schaffung von Wohlstand.
* Die Definition von Wohlstand in der heutigen Wirtschaft muß gründlich neu durchdacht, überarbeitet und zusammen mit dem Konzept von wirtschaftlichem Wert auf den aktuellen Stand gebracht werden.
* Produktive Tätigkeiten und Arbeit sind ihrem Wesen nach mit

19

dem Potential und der Würde des Menschen verbunden: Wir sind, was wir produzieren.

Es gibt Momente in der Geschichte, in denen Theorie und Praxis neu zusammenfinden müssen, um den ständig wachsenden Bedürfnissen einer sich verändernden und entwickelnden Gesellschaft zu entsprechen. Ehemals adäquate Theorien und effiziente Begriffssysteme werden fortlaufend veraltet und müssen entweder angepaßt oder völlig geändert werden. Uns erscheint jedoch eine reine Anpassung der traditionellen Modelle an unsere gegenwärtige und künftige Situation unzureichend; wir benötigen ein völlig neues Referenzmuster und neue Ideen.

Im Grunde ist die Wirtschaftstheorie, wie wir sie heute kennen, das Ergebnis und die Konsequenz der Industriellen Revolution, eines sehr spezifischen historischen Phänomens. Die traditionellen Betrachtungen waren in der Periode der Industriellen Revolution angemessen, und die traditionelle Wirtschaftstheorie entsprach tatsächlich den Bedürfnissen eines veränderten Wirtschaftssystems, das sich im wesentlichen auf den Fertigungsprozeß konzentrierte. Aber heutzutage, in einer Situation, in der sich die Voraussetzungen für die Schaffung von Wohlstand völlig verändert haben und wo sich die Wertvorstellungen von der klassischen Industriellen Revolution gelöst haben, scheinen Praxis und die traditionelle Theorie nicht zueinander zu passen. Man muß, und das versuchen wir hier, eine Vision entwerfen, die es uns erlaubt, die Zukunft in dieser grundlegenden Frage selbst in die Hand zu nehmen.

Dieser Bericht erschöpft sich nicht in abstraktem Denken oder abgehobener intellektueller Kunstfertigkeit; im Gegenteil, die erörterten und dargelegten Gedanken beruhen auf grundlegenden Erfahrungen und einer neuen Betrachtungsweise, welche die Leistung und Effizienz unseres Wirtschaftssystems fördern soll. Statt die Wirklichkeit mit den traditionellen Theorien zu beschreiben, müssen wir verstehen, warum diese entwickelt wurden und aus welchen Gründen sie heute versagen – danach müssen wir eine umsetzbare, effizientere Alternative vorschlagen.

Im Verlauf dieses Unterfangens wurde offensichtlich, daß etablierte und neue Visionen in individuellen und gesellschaftlichen

Anschauungen und der menschlichen Kultur insgesamt verwurzelt sind und unweigerlich mit moralischen Motivationen und Ambitionen verknüpft sind. Schließlich entwarf Adam Smith die Methodologie der klassischen Wirtschaftslehre aus einer moralischen Notwendigkeit heraus.

Wenn die Menschheit tatsächlich dem Zeitpunkt jeden Tag ein Stück näher rückt, wo Maßnahmen bezüglich der wirtschaftlichen Entwicklung und Beschäftigung, die sich auf das traditionelle Wachen über ein oder zwei Prozent Wachstum des Volkseinkommens beschränken, als unwirksam erachtet werden müssen, dann setzen wir hiermit hoffentlich einen Prozeß in Gang, der alternative Handlungsinstrumente für eine neue Vision der Zukunft mobilisiert. Für uns ist die Zukunft der Arbeit und das Beschäftigungsdilemma nicht allein eine Frage, wie wir das spezifische Problem der Arbeitslosigkeit bewältigen und die Möglichkeiten nutzen könnten, die uns von der Realität, wie sie momentan wahrgenommen wird, geboten werden. Es ist vielmehr eine Herausforderung, die unsere Fähigkeit prüft, die Welt in ihrer heutigen Form neu zu verstehen und auf eine geeignetere Weise zu redefinieren.

»Geht ein Mensch von Gewißheiten aus, wird er im Zweifel enden; gibt er sich aber damit zufrieden, von Zweifeln auszugehen, wird er am Ende Gewißheit haben.« Wir möchten mit diesem Bericht keinesfalls, wie das Zitat von Francis Bacon vielleicht andeuten könnte, den Anschein erwecken, die unfehlbare Wahrheit zu kennen, aber die Beobachtungen und Erfahrungen, auf die sich der Bericht stützt, lassen viele der umstrittenen Thesen plausibel erscheinen. In jeder Gesellschaftswissenschaft ist der Konsens ein grundlegender Teil jeder erfolgreichen neuen Vision. Wir hegen lediglich die Hoffnung, Kommentare und kritische Reaktionen hervorzurufen, die es unserer Gesellschaft ermöglichen werden, besser vorbereitet in die Zukunft zu gehen, und die dazu beitragen, das bevorstehende Beschäftigungsdilemma zu lösen. Unsere Zuversicht gründet sich auf die Tatsache, daß wir versucht haben, unser Bestes zu geben.

Orio Giarini   *Patrick M. Liedtke*

Kontroverse Thesen*

1. Der Anfang

Der erste Bericht an den Club of Rome über die »Grenzen des Wachstums« löste bei seinem Erscheinen im Jahr 1972 eine heftige Kontroverse aus. Über zwölf Millionen Exemplare wurden in 37 Sprachen verkauft.

Mitten in einer Phase eines bis dahin ungekannten Wirtschaftswachstums in den industrialisierten Ländern (über 6% jährlich in den vorangegangenen fünfundzwanzig Jahren) schlug das Erscheinen des Berichts wie ein Blitz aus heiterem Himmel ein.

Der Bericht sagte zwar voraus, daß das Wirtschaftswachstum erst in vierzig Jahren abnehmen werde, doch er berührte damit eindeutig einen besonders empfindlichen (und zu jener Zeit noch nicht auszumachenden) Nerv der breiten öffentlichen Meinung und vieler Expertenkreise. Er hatte fraglos etwas völlig »Neues« aufgeworfen. Die meisten der lautstarken Gegner waren Wirtschaftswissenschaftler, deren Einsprüche sich im wesentlichen auf folgende Gedankengänge stützten:

- Nie zuvor in der Geschichte der Menschheit sei wissenschaftliche und technische Forschung so intensiv betrieben worden. Jedesmal, wenn in der Wirtschaft Engpässe aufträten, habe die menschliche Gesellschaft eine wachsende Zahl von Instrumenten parat, um jede Gefahr, an die Grenze des Wachstums zu stoßen, beseitigen zu können.
- Der Bericht berücksichtige die moderne wirtschaftliche Denkweise nicht und müsse als unprofessionell abgetan werden.
- Würde man die Vorstellung von einer Grenze des Wachstums akzeptieren, dann hätte dies schon in der Vergangenheit soziale Probleme verursachen müssen, und die sozioökonomische Entwicklung der Gesellschaft wäre nicht so reibungslos verlaufen.

Im Gegensatz zur Akzeptanz, die der Bericht in der Folge als eines der Gründungsdokumente für das gegenwärtige Bewußtsein für ökologische und Umweltthemen erfuhr, lehnten die Experten ihn als Mittel für die gesellschaftliche und die wirtschaftliche Analyse unverhohlen ab.

Und doch verschaffte der Bericht genau zu diesen letzten Fragen einen intuitiven Einblick, der seither ein tieferes Verständnis der wirtschaftlichen Realität vermittelte und die Wirtschaftsanalyse zu einem wirksameren Mittel für die Lösung der sozialen Kernfragen wie Arbeitslosigkeit werden ließ.

In Wahrheit ertönte mit »Grenzen des Wachstums« ein erstes Warnsignal, das zwei Gefahren anzeigte:

- die zunehmende Inelastizität des Angebots, die, weil sie sich unerkannt einstellte, eine kontraproduktive Inflation anheizte;
- die praktischen Auswirkungen einer Auffassung von Unsicherheit und Risikomanagement, die nicht länger nur Hinweis auf unvollkommenes Wissen, sondern der Beweis für eine grundlegende Verhaltensweise des menschlichen, gesellschaftlichen und wirtschaftlichen Systems waren.

* Unser Ziel ist es, in dieser Rubrik die Hauptthemen dieses Berichts in knapper Form darzulegen, wobei wir uns auf besonders bemerkenswerte oder strittige Themen beschränken. Diese Streitpunkte reflektieren die Erfahrungen der Autoren: 35 Jahre Berufserfahrung in der chemischen Industrie und mehrere Jahre als Berater im Kapitalmarktwesen, Forschung zu technisch-ökonomischen Themen am Battelle Institute in Genf und zu wirtschaftlichen Themen in Deutschland und England, Lehrerfahrungen in Technologie und Entwicklung sowie zum Thema der Dienstleistungen in unserer Gesellschaft an der Universität Genf und die Leitung des Risikoprojektes für die Genfer Vereinigung. Einige Punkte sind bereits in früheren Publikationen gestreift worden: Giarini, O./Loubergé, H. (1978): The Diminishing Returns of Technology; Giarini, O. (1980): Dialogue on Wealth and Welfare (Report to the Club of Rome; deutsch: Wohlstand und Wohlfahrt. Dialog über eine alternative Ansicht zu weltweiter Kapitalbildung. Frankfurt/Main, Bern, New York 1986); Giarini, O./Stahel, W. (1993): The Limits to Certainty (Report to the Club of Rome) und verschiedene andere Bücher, Publikationen und Zeitschriften (wie die PROGRES Newsletters der Genfer Vereinigung).

Teil 1
Wir sind, was wir produzieren –
der Wert von Arbeit und Tätigkeit

Niemals zuvor in der Geschichte waren menschliche und andere Ressourcen in solchem Überfluß verfügbar wie heute. Diese Ressourcen sind das Rohmaterial, aus dem eine bessere Zukunft für die Menschheit gebaut werden kann. Ein konkreter Maßstab für diese Verbesserung ist die Steigerung der Lebenserwartung, die mit sehr wenigen lokalen Ausnahmen in den allermeisten Ländern weltweit zu verzeichnen ist. Und dennoch gibt es fast überall auf unserer Erde noch Armut und Unwissenheit, welche in manchen Fällen sogar noch zunehmen. Diese Armut ist zum Teil neuen Formen der Vulnerabilität, also der Systemanfälligkeit, geschuldet (sozialer, ökologischer und kulturell-politischer Natur), die durch neue Herausforderungen entstanden sind. Die größte Herausforderung ist die Entwicklung der menschlichen Fähigkeit, die vorhandenen und erst neuerdings nutzbaren Ressourcen in vorteilhafter Weise einzusetzen.

Eine Schlüsselrolle in diesem Drama wird die weitreichende Erneuerung des ökonomischen Denkens spielen, einer Disziplin, deren wesentlicher Zweck die bessere Verwendung der Ressourcen zur Wohlstandserzeugung ist. Unsere herkömmliche Definition von Wohlstand muß jedoch von Grund auf neu gefaßt werden, wenn wir fähig sein wollen, die einzuschlagenden Wege ausfindig zu machen und zu verstehen. Eine solche Bestimmung des Wohlstands (der Menschen, Nationen und der Erde) dient nicht nur technokratischen Zielen. In der Nachfolge der großen Ökonomen der Vergangenheit, die auch große Philosophen waren, muß diese Neubestimmung auf angemessenen philosophischen und moralischen Prinzipien gründen.

Nur über ein gründliches Verständnis dessen, was der Prozeß

der Wohlstandsschöpfung in der heutigen Welt mit sich bringt, ist eine Neubestimmung des Begriffs der produktiven Tätigkeit zu erlangen. Der Begriff der Beschäftigung selbst, d. h. bezahlte Arbeit, ist nur ein – wenn auch wichtiger – Teil dessen, was unter »produktiven Tätigkeiten« verstanden werden muß.

Das Beschäftigungsdilemma ist ein Begriff, der einerseits das enorme Potential zur Entwicklung der produktiven Tätigkeiten widerspiegelt, die wir benötigen, um den Wohlstand der Nationen und der Menschen auf der ganzen Erde zu mehren. Andererseits zeigt er die Widersprüche, die aus einem unzulänglichen Verständnis der Mittel erwachsen, mit denen wir aus diesem Wohlstand und diesem Potential heraus produzieren und Nutzen ziehen müßten. In solchen Fällen verlangen das grassierende Gefühl von Unsicherheit und die wachsende Armut großer Teile der Bevölkerung von uns, eine Lösung dieses Dilemmas zu suchen und zu finden. Vermutlich wird dies durch die Umgestaltung wirtschaftspolitischer Strategien geschehen, die ein differenziertes Verständnis der Wirklichkeit umfassen. Dies wird ein kulturelles Abenteuer im tiefsten und praktischsten Sinne des Wortes sein.

Zu diesem Abenteuer gehört die Fähigkeit des Menschen, seine Umwelt in einem Maße zu beeinflussen, wie es keiner anderen Spezies auf diesem Planeten möglich ist. Unsere Möglichkeiten, die Natur und unsere Umgebung zu beherrschen, sind größer als jemals zuvor, doch sie erfordern ein unablässig wachsendes Gefühl von Verantwortung für die Veränderungen, die wir bewirken, und für jene, die wir ablehnen. Wie ein Messer, mit dem man Brot schneiden oder aber einen Mord begehen kann, sind die Werkzeuge, die uns zur Verfügung stehen, zweischneidig. Die Folgen ihres Einsatzes müssen abgeschätzt werden, wenn wir ihren Nutzen für die Menschheit bestimmen wollen. Letztlich ist es unsere Produktion im weitesten Sinne, nicht allein der Prozeß der industriellen Erzeugung materieller Güter, über die wir uns definieren: Wir sind, was wir produzieren.

1. Das Humankapital

Humankapital, in jeder ökonomischen Theorie ein zentraler Produktionsfaktor, ist das Potential an nutzbarem und wertvollem Wissen und Qualifikation in einer Belegschaft, das durch Ausbildung und Schulung entsteht. Es ist die Fähigkeit eines Menschen, andere Produktionsfaktoren einzusetzen (wir wollen uns nicht auf die Diskussion einlassen, wie viele verschiedene Produktionsfaktoren es gibt), sie auf spezifische und geplante Weise zusammenwirken zu lassen und ein erwünschtes Resultat zu erzielen. Von diesem Humankapital hängt vor allem unser Wohlstand und der von künftigen Generationen ab. Daher muß die Bildung von Humankapital die höchste Priorität erhalten, da andere Produktionsfaktoren, insbesondere Geldkapital, ohne angemessenes menschliches Wissen und ohne Erfahrung wenig oder nichts produzieren und in manchen Fällen sogar kontraproduktiv sein können.

Der Ertrag aus Investitionen in Humankapital besteht nicht nur in der Nettosumme lebenslanger Einkünfte, die sich aus dem Verkauf von qualifizierter im Gegensatz zu unqualifizierter Arbeitskraft ergeben, er ist auch verbunden mit dem subjektiven Gefühl von intellektuellem Wohlbefinden, von Zuversicht, gesellschaftlicher Anerkennung usw. Schätzungen zufolge nehmen 50 bis 90 Prozent des gesamten Kapitalstocks der Vereinigten Staaten die Form von Humankapital an.[1]

In unserer geldzentrierten Wirtschaft ist das Kapital, im klassischen Sinne, nichts weiter als ein Instrument, um menschliche Tätigkeit und Unternehmergeist anzuregen. Doch es ist nicht das einzige Instrument, denn die Mobilisierung von Humankapital, das für die Produktion so entscheidend ist, hängt auch von vielen anderen Faktoren ab. Die meisten von ihnen sind »weicher« Natur, etwa Motivation und Leistungsbereitschaft, was ihre wissenschaftliche Quantifizierung und Klassifizierung weitgehend ausschließt. Den Wohlstand der Nationen zu mehren heißt auch, diese weichen Faktoren fruchtbar zu machen. Leider gewinnt man den Eindruck,

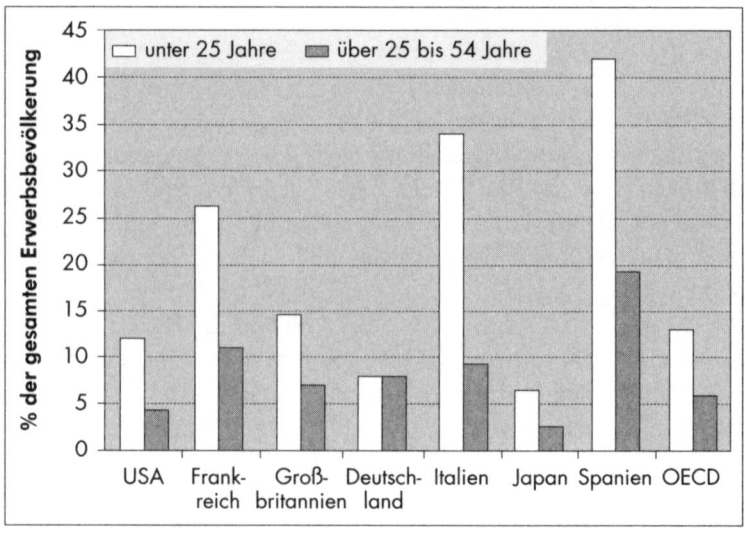

Jugendarbeitslosigkeit
Quelle: OECD (1997)

daß unsere moderne Gesellschaft dieses Ziel nur in wenigen Fällen erreicht und unsere Wirtschaft daher deutlich unterhalb ihres Leistungsoptimums bleibt. Wie die Arbeitslosenraten zeigen, sind offenbar vor allem die Jungen in einer schwachen Position. In fast allen Ländern liegt die Arbeitslosigkeit bei den unter Fünfundzwanzigjährigen beträchtlich höher als die der Älteren. Diese Entwicklung kann in der jüngeren Generation zu einem verbreiteten Gefühl der Enttäuschung und mangelnder Perspektiven führen und schließlich zu ihrem Rückzug vom Arbeitsmarkt, einem Verlust an Humankapital, der Gesellschaft wie Individuen eines künftigen Wohlstands berauben würde.

Erziehung und Ausbildung, besonders formelle Qualifikation, sind, wie schon gesagt, als wesentliche Elemente in der Schöpfung von Humankapital die Voraussetzung für künftige ökonomische Entwicklung. Doch sind sie Folgen vorangegangener wirtschaftlicher Entwicklung, da die mit anhaltendem Wirtschaftswachstum einhergehende Steigerung des Lebensstandards und die zuneh-

28

mend komplexere Umwelt die Nachfrage nach geeignetem Humankapital in der Gesellschaft wie in der Wirtschaft erhöhen. Zur Befriedigung dieser steigenden Nachfrage ist eine Vertiefung und Ausweitung des Humankapitals nötig. Mit anderen Worten, wir brauchen mehr und besser ausgebildete Menschen, um den Anforderungen einer komplexen Zukunft gerecht zu werden.

2. Der Wert der Arbeit

Die Frage, welchen Wert die Arbeit hat, wurde im Verlauf der Menschheitsgeschichte unterschiedlich beantwortet, abhängig sowohl vom kulturellen Hintergrund einer bestimmten Gesellschaft als auch von ihrer jeweiligen evolutionären Stufe. Die Entwicklung des Begriffs vom Wert der Arbeit ist aufschlußreich, um seinen Stellenwert in unserer heutigen Gesellschaft zu verstehen. Wie wir heute wissen, ist Arbeit mehr als nur das Mittel zur Wohlstandsschöpfung, wie noch die klassischen Ökonomen behaupteten. Arbeit hat einen intrinsischen Wert und drückt bis zu einem gewissen Grad das Wesen des Menschen aus: Wir sind, was wir produzieren. Unser Wert in der Gesellschaft wird bestimmt durch den Wert unserer Tätigkeiten, unserer Arbeit. Doch was ist der Wert der Arbeit?

Um den Wert der Arbeit zu bestimmen, muß man die Arbeit selbst definieren. Offensichtlich ist nicht jede Tätigkeit eines Menschen Arbeit. Essen, trinken, schlafen oder einfach atmen sind Tätigkeiten, die notwendig sind, um unser Lebenssystem aufrechtzuerhalten, und können nicht als Arbeit betrachtet werden. Dasselbe gilt für Tätigkeiten, die anstrengend sein mögen, wie schnelles Schwimmen in einem See oder die Teilnahme an einem Fußballspiel aus Spaß und zum Zeitvertreib. Hingegen werden die (beruflichen) Tätigkeiten eines Bauern, eines Bergarbeiters oder eines Handwerkers normalerweise als Arbeit betrachtet.

Die uns heute vertraute Vorstellung von Arbeit hängt also davon ab, ob Tätigkeiten auf die Produktion knapper Güter oder Dienstleistungen ausgerichtet sind oder nicht. Von einem ökonomischen Standpunkt aus wird Arbeit daher heute meist definiert als die Summe körperlicher und geistiger Tätigkeiten der Menschen zur Produktion knapper Güter und Dienstleistungen. Folglich hängt für die heutigen Ökonomen der Wert der Arbeit von ihrer Kapazität ab, knappe Güter und Dienstleistungen zu produzieren.

In den folgenden Kapiteln erläutern wir, warum wir der Auffassung sind, daß diese Definition der Arbeit und die Verengung auf den rein ökonomischen Aspekt der Arbeit unangemessen sind. Dazu verfolgen wir die Evolution der Arbeit durch die verschiedenen Zeitalter und untersuchen, wie sich die Wahrnehmung der Arbeit gewandelt hat.

Arbeit als Symbol und ihr Wert in der Gesellschaft

Obwohl alle zu wissen scheinen, was Arbeit ist, und obwohl es einen breiten öffentlichen Konsens darüber gibt, was und was nicht als Arbeit zählen soll, fehlt uns immer noch eine allgemein anerkannte Definition dieser menschlichen Tätigkeit. Wie die verschiedenen Definitionen von Sozialwissenschaftlern und Vertretern anderer Disziplinen zeigen, ändert sich die Bestimmung der Arbeit mit dem jeweiligen Ansatz. Ein Volkwirtschaftler wird sich natürlich auf andere Aspekte der Arbeit verlegen als ein Philosoph. Dennoch stimmen alle darin überein, daß das Phänomen Arbeit in Abgrenzung von anderen Tätigkeiten existiert und es diese Unterscheidung auch in der Vergangenheit gegeben hat. Deshalb ist Arbeit an sich eine Tatsache. Sie könnte grob und in erster Annäherung an die endgültige Definition beschrieben werden als Arrangement zwischen Menschen und ihrer Umwelt mit dem hauptsächlichen Ziel der Selbsterhaltung. Der Wert der Arbeit bemißt sich anhand des Überlebenserfolgs und der Erhaltung der menschlichen Gattung. Diese Definition ist zwar nützlich, doch noch nicht präzise genug, und wir werden uns etwas näher die Entwicklung dessen ansehen müssen, was durch die Zeiten als Arbeit betrachtet wurde.

Vom mythischen Standpunkt aus wurde Arbeit als begrenzte Reihe archetypischer Tätigkeiten klassifiziert. Die Götter lehrten den Menschen, wie er zu arbeiten hatte: Athene brachte ihm bei, Olivenbäume zu züchten und Tiere zu zähmen und sie an den Wagen zu spannen. Demeter baute das erste Getreide an und schlachtete eine Kuh. Auf diese Weise führten die Götter die alten Tätig-

keiten ein, die vom Menschen seit den Anfängen der Gattung ausgeübt werden, etwa Fischen, Jagen oder die Kriegskunst. Diese
heilige Initiation des Menschen führte zu der Vorstellung, daß all
diese Tätigkeiten, also Arbeit, immer auf dieselbe Weise betrieben
werden mußten, genau wie ein Ritual.

Die Wahrnehmung der Arbeit als ein Ritual führte zur Anru-
fung der Götter zum Erntedankgebet nach getaner Arbeit. Vom
mythischen Standpunkt aus ist Arbeit die ständig erneuerte und
andauernd verwirklichte Erscheinung der göttlichen Weltordnung.
Das menschliche Leiden infolge der Arbeit wird zum wesentlichen Bestandteil des Lebenssinns, und der Wert der Arbeit bemißt
sich anhand der Fähigkeit, die archetypischen Handlungen auszu-
führen.

Mit dem aufkommenden Christentum veränderte sich der Begriff der Arbeit. Diese Religion ist nicht nur monotheistisch, sondern trennt auch Mensch und Gott, indem sie den letzteren in eine
andere Welt versetzt. Die irdische Welt, im Gegensatz zur überir-
dischen Welt, ist nicht mehr das Reich der mythischen Götter, und
das Leben wird zu einer Zeit des Übergangs ins Paradies. Arbeit
ist nicht mehr die Wiederholung gottgegebener Tätigkeiten, vielmehr gelten ihre Mühen und Qualen als Sühne für die Ursünde
und Folge der Vertreibung aus dem Paradies. Doch die Arbeit ist
immer noch auf Gott bezogen, denn er hat die Welt methodisch
und plangemäß in sechs Tagen geschaffen und den Menschen als
sein Abbild aufgefordert, seinen Rhythmus – sechs Tage Arbeit
und ein Tag der Ruhe – nachzuahmen. Arbeit, als körperliche wie
geistige Anstrengung betrachtet, wird zur Buße und zur Unterwer-
fung unter den Willen Gottes.

Mit Luther und Calvin ändert sich abermals die Auffassung von
Arbeit und ihres Wertes in der Gesellschaft. Für Luther ist Arbeit
nicht mehr einfache Anstrengung und Kampf ums körperliche
Überleben als Teil eines gottgewollten Leidens. Vielmehr wird
sie als vorherrschendes Mittel moralischer Selbstvergewisserung
anerkannt. Calvin ging sogar noch weiter und sagte, Arbeit sei
der Hauptzweck des Lebens und führe schließlich zur Erlösung.
Emsigkeit, Fleiß und wirtschaftlicher Erfolg aufgrund von harter

und ehrlicher Arbeit sind Tugenden, die das Auge Gottes erfreuen. Calvin gibt der *vita activa* – dem tätigen Leben – absoluten Vorrang vor der *vita contemplativa* – dem kontemplativen und geistig reflektierenden Leben. Unternehmerische Tätigkeit und Wagnisse werden zu einem echten Beruf, und die calvinistischen Vorstellungen rücken ins Zentrum einer noch heute existierenden Arbeitsmotivation. Das Wesen der heutigen kapitalistisch orientierten Gesellschaft gründet zum großen Teil auf dieser protestantischen Lehre von der Arbeit als Quelle aller Werte und überträgt sich zunehmend auch in Teile der Welt, die einer völlig anderen religiösen Prägung unterliegen.

Der moralische Aspekt

Es liegt auf der Hand, daß die mythologischen und calvinistischen Zugänge zur Arbeit und ihres Wertes moralische Gesichtspunkte enthalten, doch muß festgehalten werden, daß diese immer in Zusammenhang mit einem göttlichen Wesen stehen und der Menschheit von einer äußeren Macht auferlegt wurden. Bis hin zu Kant gab es immer diesen Zusammenhang zwischen einem göttlichen Wesen und moralischen Gesichtspunkten. Kants Lehre trennt nun diese beiden.

Dieser Lehre zufolge verliert die Arbeit jede sakrale Bedeutung, die zuvor in ihren Wert eingebettet war. Arbeit wird entweder zur natürlichen Mühsal des Menschen in seinem Streben nach Glück, oder sie wird zu einer Pflicht. Zur Pflicht, für sich selbst zu sorgen, und zur Pflicht, für seine Verwandten zu sorgen, doch auch zur Pflicht, für die Erfüllung von Verträgen zu sorgen, die auf Arbeit gründen. Der Wert der Arbeit wird bestimmt gemäß ihrer Übereinstimmung mit moralischen Forderungen. Diese Forderungen werden von der menschlichen Gesellschaft in völliger Freiheit formuliert; sie können häufig dem wirtschaftlich Vernünftigen widersprechen und tun dies auch oft. Die heutige Biotechnologie, medizinische Experimente an Menschen, Drogenhandel usw. mögen zwar ökonomisch vernünftig sein, doch in unserer Gesellschaft vom moralischen Gesichtspunkt aus nicht (immer und unter allen Umständen) wünschenswert.

Der Widerstreit moralischer und wirtschaftlicher Überlegungen kann und wird nicht Zweck dieses Berichts sein, doch wir sollten im Auge behalten, daß es einen moralischen Aspekt der Arbeit und ihres Wertes gibt. Es ist nicht Aufgabe der Ökonomen, eine Reihe normativer moralischer Werte festzulegen, die bestimmen, was Arbeit sein und wie sie in unserer Gesellschaft ausgeübt werden sollte. Doch wir können untersuchen, ob ein gegebenes System in der Lage ist, ein solides Fundament für Arbeit in Übereinstimmung mit den normativen Werten bereitzustellen.

Arbeit im Wandel der Zeiten

Am Beginn der menschlichen Evolution bestand Arbeit hauptsächlich aus Jagen und Sammeln und verwandten Tätigkeiten wie dem Schlachten von Tieren, dem Gerben von Fellen, der Herstellung von Werkzeugen usw. Arbeit war der ständige Kampf ums Überleben in einer feindlichen Umwelt, auf die der Mensch keinen oder nur sehr geringen Einfluß hatte. Es war vor allem die Notwendigkeit zu essen, welche die Notwendigkeit zu arbeiten hervorbrachte, und der Wert der Arbeit war dementsprechend einzig in Abhängigkeit von der menschlichen Arbeitstätigkeit bestimmt.

Umfang und Intensität der Arbeit änderten sich je nach Jahreszeit und Wetter. Im Frühling mußten die verschiedenen Feldfrüchte angepflanzt werden, im Sommer und Herbst wurden sie geerntet. War das Wetter gut, konnten die Menschen auf den Feldern arbeiten, wenn nicht, mußten sie zu Hause bleiben. Die tägliche Arbeitslast hing sehr stark vom verfügbaren natürlichen Licht ab. Die einzige künstliche Lichtquelle war das Feuer, das im Freien nicht wirksam eingesetzt werden konnte und drinnen nur unter großer Gefahr und mit wenig Wirkung. Dementsprechend arbeiteten die Bauern im Sommer mit seiner größeren Zahl täglicher Sonnenstunden länger als im Winter, wenn die Tage kürzer sind. Die Produktivität der Arbeit war im wesentlichen eine Frage der Erfahrung. Die Werkzeuge waren noch recht einfach, und es dauerte sehr lange, bis Innovationen in den Produktionsprozeß eingebunden waren. Der Übergang etwa vom Zweifeldersystem zum effizienteren Dreifeldersystem begann im achten Jahrhundert und war in manchen Teilen Europas noch im dreizehnten Jahrhundert nicht ganz abgeschlossen. Dies war zum Teil der Tatsache geschuldet, daß die Wirtschaft geographisch zersplittert und dezentral organisiert war, denn die meisten Bedürfnisse konnte das jeweilige Kollektiv selbst decken.

Mit der Einführung der Landwirtschaft gewann der Mensch zum ersten Mal die Mittel, seine Umwelt zu verändern und sich bessere Überlebenschancen zu sichern. Die planmäßige Anpflanzung und Ernte von Getreiden und Feldfrüchten veränderte die Lebensweise, und der Mensch wurde seßhaft. Bald lernte er, Tiere zu zähmen und zu domestizieren. Die Agrargesellschaft war entstanden. Historisch wie analytisch handelt es sich um eine bedeutende Zäsur, denn das Agrarzeitalter bildet eine der drei Manifestationen gesellschaftlicher Organisation – die anderen beiden sind die Industrielle Revolution und die Dienstleistungsgesellschaft. Die zweite große Zäsur ereignete sich mit dem Entstehen der Industriellen Revolution.

Nun bestimmte die industrielle Produktion von Gütern den Reichtum der Nationen: Je mehr Güter eine Gesellschaft produzieren konnte, desto reicher wurde sie. Die Effizienz der Produktion von Gegenständen oder Produkten wurde daher von der Menge von Einheiten bestimmt, die in einem definierten Zeitraum produziert wurden. Qualität war im wesentlichen eine Frage des Produktionssystems und der Fähigkeit, Produkte zu standardisieren, um sie wechselseitig austauschbar zu machen. Da der Produktionsprozeß in sehr kleine Teile aufgegliedert wurde, hing die Wahrscheinlichkeit eines erfolgreichen Zusammenbaus aller Einzelteile zum Endprodukt von der Fähigkeit ab, dieselben Gegenstände mit möglichst geringen Unterschieden in Serie herzustellen.

Das Kosten-Nutzen-Verhältnis eines Produktionsprozesses ergab sich anhand des Vergleichs zwischen Produktionskosten (ex ante) und Verkaufspreis (ex post). Je größer die Marge, desto besser das Verhältnis. Um ein besseres Kosten-Nutzen-Verhältnis zu erzielen, konnte ein Hersteller entweder versuchen, die Produktionskosten zu senken oder den Preis seiner Produkte zu erhöhen. Die Senkung der Produktionskosten konnte erreicht werden, indem man die Arbeiter (bei gleichem Tageslohn) länger arbeiten und auch die Maschinen länger laufen ließ.

Im Agrarzeitalter wurden Umfang und Intensität der Arbeit von natürlichen Bedingungen bestimmt. Die Entkoppelung von Arbeit und Natur durch die Einführung von Produktionsprozessen, die nicht mehr von natürlichen Bedingungen abhängig waren, veränderte die Arbeitsweise. Künstliches Gaslicht ersetzte das Sonnenlicht, und überdachte Produktionsstätten, d. h. Fabriken, traten als Arbeitsplatz an die Stelle des Feldes. Dies erlaubte eine extreme Steigerung der Arbeitszeit. Die täglichen Arbeitszeiten von Industriearbeitern in Deutschland etwa stiegen von 10 – 12 Stunden um 1800 auf 11 – 14 Stunden um 1820 bis auf eine Höchstzeit von 14 – 16 Stunden in den Jahren zwischen 1830 und 1860.[2] Die Verlängerung der Arbeitszeit hatte direkten Einfluß auf die Arbeit in anderen Bereichen. Da sich die Handwerker scharfer Konkurrenz seitens der neuen industriellen Produzenten ausgesetzt sahen, mußten auch sie ihre Arbeitszeiten verlängern.

Zugleich wuchs auch die Arbeitsintensität. Während die meisten Bauern und Handwerker bislang ihrem eigenen Rhythmus hatten folgen können, mußten sich die Industriearbeiter dem Takt der Maschine unterwerfen. Je verläßlicher die Maschinen wurden, welche die Produktionskette bildeten, desto seltener und kürzer wurden die Pausen der Arbeiter im Verlauf des Tages.

Da der Wohlstand einer Gesellschaft von ihrer Fähigkeit abhing, eine große Menge Güter zu produzieren, mußte sich die Wirtschaftspolitik, um den Wohlstand zu mehren, das Ziel setzen, Investitionen in der Industrie, d. h. in der Güterproduktion, zu stimulieren oder zu begünstigen. Ziel dieser Politik war der volle Einsatz aller Ressourcen bei gleichzeitiger Vermeidung von Inflation.

Die Industrielle Revolution wirkte sich auch auf das System der Sozialpolitik aus. Die Arbeiter, die sich in Gewerkschaften organisierten, um ein Gegengewicht zu den Interessen der Produktionsmittelbesitzer zu bilden, übten genügend Druck aus, um etliche Sozialreformen zu ihren Gunsten durchzusetzen. Hatte die Länge des Arbeitslebens zuvor der durchschnittlichen Lebenserwartung entsprochen, so hatten die Industriearbeiter nun das Recht auf einen bezahlten Lebensabend. Weitere Gesetze regelten Arbeitslosenunterstützung, Gesundheits- und Unfallschutz sowie sonstige soziale Maßnahmen.

Die Industrielle Revolution hatte enorme Auswirkungen auf die Gesellschaft und veränderte die Lebensweise und die Wahrnehmung der Arbeit von Grund auf. Heute stehen wir vor einem neuen, grundlegenden Wandel unserer Wirtschaft: dem Übergang von der industriellen zur Dienstleistungswirtschaft.

Technische und wirtschaftliche Fragen der Gegenwart

Die Wirtschaft und mit ihr die Wirtschaftstheorie haben sich in der Folge der Industriellen Revolution entwickelt. Beschäftigung, d. h. entlohnte (monetisierte*) Arbeit, ist nicht mehr absolute und wesentliche Priorität der wirtschaftlichen Entwicklung. Unbezahlte, freiwillige oder wohltätige (nicht monetisierte) und eigenproduktive (nicht monetarisierte) Arbeiten können nicht mehr als vernachlässigbare Faktoren unserer Wohlfahrt betrachtet werden – und fraglich ist, ob es je möglich oder wünschenswert gewesen ist.

Im Verlauf der Industriellen Revolution und bis heute ist bezahlte Arbeit, meist in der Industrie, der Schlüssel und praktisch der einzige fundamentale Bezugspunkt der wirtschaftlichen Ent-

---

* Wir schlagen folgende Terminologie vor: »Monetarisiert« bezieht sich auf Systeme, in denen eine Form des Austauschs entweder mit Geld (monetisiert) oder nicht (nicht monetisiert) stattfindet, jedoch mit einem impliziten Bezugsrahmen. »Nicht monetarisiert« bezieht sich auf Systeme, in denen keinerlei Austausch stattfindet: im wesentlichen Systeme der Eigenproduktion. Es ist daher unabdingbar, eine Unterscheidung zwischen nichtmonetisierten und nichtmonetarisierten Systemen zu treffen.

wicklung. Selbst die »traditionelle« Unterteilung der Wirtschaft in drei Sektoren zu Beginn der Industriellen Revolution (Landwirtschaft als einstiges Herz der Wirtschaft, Güterproduktion als das wachsende Segment und Dienstleistung als völlig unabhängige und nicht auf die ersten beiden Segmente bezogene Tätigkeit) ist ein Zeichen für die Konzentration auf bezahlte Arbeit in der Güterproduktion und die Vernachlässigung der Dienstleistungen, welche die Produkte und Gebrauchssysteme ergänzen und keineswegs eine Gruppe für sich bilden.

In der Dienstleistungswirtschaft, die weniger durch die bloße Produktion von Gütern bestimmt ist, sondern durch eine Reihe von Dienstleistungen, die sich als Satellitentätigkeiten um sie drehen, brauchen wir offensichtlich einen anderen Ansatz. Werfen wir zunächst einen Blick auf den aktuellen Zustand unserer Wirtschaft.

Gegen Ende des letzten Jahrhunderts waren etwa 40 % der Arbeitsbevölkerung in Deutschland (ein typisches Beispiel für ein früh industrialisiertes Land) im Primärsektor und etwa 35 % im Sekundärsektor tätig. Die Bedeutung des Primärsektors hat stets abgenommen, und heute arbeiten weniger als 5 % der Erwerbsbevölkerung in der Landwirtschaft. Der Sekundärsektor wuchs bis 1950 auf 45 % und verharrt seitdem offiziell auf diesem Niveau. Der Tertiärsektor beanspruchte bis in die fünfziger Jahre weniger als ein Drittel der Wirtschaft und wuchs dann stark bis auf gegenwärtig 50 % an.[3] Den Wandel unserer Wirtschaft zeigt nicht allein diese leicht feststellbare Abwanderung von Erwerbstätigen aus den ersten beiden Sektoren in Richtung Dienstleistungssektor. Auch die wachsende Vorherrschaft der Dienstleistungen innerhalb der anderen beiden Sektoren verdeutlicht den Übergang vom Zeitalter der Industrialisierung zur modernen Dienstleistungswirtschaft. Intrasektorale Dienste des Sekundärsektors sind Schätzungen zufolge von weniger als 15 % der Gesamtwirtschaft im Jahr 1950 auf 30 % im Jahr 1990 angestiegen und stellen mehr als die Hälfte aller Arbeitsplätze in der Industrie. Addiert man diese Zahlen zum traditionell geschätzten Anteil des Dienstleistungssektors hinzu, dann bietet er etwa 80 % der Arbeitsplätze in der modernen Wirtschaft. Nur ein schrumpfender Teil der bezahlten Arbeit, gegenwärtig 20 % in den weit entwickelten industrialisierten Ländern, steht noch in Zusammenhang mit Güterherstellung im engeren Sinne.

Die Dienstleistungen beherrschen alle Produktionssektoren der Wirtschaft, die zunehmend abhängig sind von Forschung und Entwicklung, Qualitätskontrolle, Wartung, Finanzierung, Versicherung, Werbung und Distribution, Kundendienst, Recycling usw., um die bestmöglichen Resultate zu erzielen. Der Wert eines Produkts oder einer Dienstleistung ist nicht mehr streng von den Produktionskosten abhängig, sondern von der erwarteten Leistung über eine gewisse Zeitspanne. Die Mentalität des »Verkaufens und Vergessens« aus der Ära der Massenproduktion ist verschwunden. Die Produktionskosten verteilen sich nun auf einen Zeitraum von den ersten Vorschlägen auf der Ebene der Forschung und Entwicklung bis zum Moment der Entsorgung oder Aufbereitung nach dem Gebrauch der Produkte oder Systeme.

Dieser Prozeß hat zu einer Steigerung des Umfangs unbezahlter Arbeit geführt, da die Produzenten von Gütern und Dienstleistungen versuchen, dem Konsumenten einen Teil der Arbeit zu übertragen. Der Konsum von Gütern und Dienstleistungen stellt nicht mehr eine gegen die Produktion völlig abgesetzte Tätigkeit dar. Er wird mehr und mehr in ein globales Produktionssystem eingegliedert, besonders auf der Ebene der nachgelagerten Tätigkeiten wie der Distribution, der Nutzung und schließlich dem Recycling oder der Entsorgung. Die Einführung von Selbstbedienungsrestaurants, die den Bestell- und Abräumvorgang dem einzelnen Kunden und nicht mehr dem Kellner übertragen, oder die Ersetzung von Bankangestellten durch Bankautomaten, die bei den Kunden höhere Bedienungskompetenz voraussetzt, sind nur zwei Beispiele. Alvin Toffler hat dieses Phänomen als die Verwandlung des Konsumenten in den »Prosumenten« beschrieben.

Wir können somit eine Renaissance des Wertes von Eigenproduktion und Eigenkonsumtion feststellen, den das ökonomische Denken im Laufe der Industriellen Revolution verworfen hatte. Eben weil materielle Produkte per se immer weniger Wert haben, solange sie nicht angemessen genutzt werden, verlangt der wirtschaftliche Wert der Nutzung und der Prozesse der Eigenproduktion und Eigenkonsumtion, zu denen er anregt, die Neuberücksichtigung dieser Tätigkeiten als voll wertschöpfend in wirtschaftlicher und sozialer Hinsicht. Die monetarisierte Produktion steht mehr denn je in wechselseitiger Abhängigkeit von der nichtmonetarisierten Produktion. Die Menge der in Selbst- oder Eigenproduktion geleisteten Arbeit wächst zusehends, besonders im Hinblick auf die Nutzung komplexer Produkte, Dienstleistungen oder Systeme. In der Folge spielen diese beiden Formen der Arbeit eine zusehends komplementäre Rolle bei der Produktion von »Leistungswert«.

Maßstab dieses Leistungswerts, der die neue Produktivität der Dienstleistungswirtschaft beschreibt, ist das Funktionieren eines Produkts, Systems oder einer Dienstleistung über einen bestimmten Zeitraum mit einem Minimum an Akquisition, Wartung, Operations- und Entsorgungskosten, möglicherweise eingebauter Verlustsicherung und einem Maximum an Zielerreichung. Das Kosten-Nutzen-Verhältnis wird nicht mehr aufgrund eines Vergleichs von Produktionskosten und Verkaufspreis bestimmt. Die Gesamtkosten umfassen nun die Konzeption des Produkts oder Systems, seine Herstellung und Distribution, seine Nutzung und seine Beseitigung, auch durch teilweises oder vollständiges Recycling. Der Nutzen hingegen bemißt sich nach der Leistung während der Gebrauchszeit.

Man muß sich klarmachen, daß die Dienstleistungsfunktionen heutzutage den Herstellungsprozeß auf ähnliche Weise in sich aufnehmen, wie die Industrialisierung vor zweihundert Jahren begonnen hat, das landwirtschaftliche Produktionssystem in sich aufzunehmen. Daraus folgt unmittelbar, daß wir entweder unsere heutigen soziologischen und ökonomischen Theorien an die vorhandene Lage anpassen oder eine neue allgemeine soziologische und ökonomische Theorie entwerfen müssen, die uns zu einem besseren Verständnis der Wirklichkeit verhilft und uns mit den nötigen Hilfsmitteln ausstattet, neue Probleme zu lösen. Da die Veränderungen so dramatisch sind, wird eine bloße Erweiterung der heutigen Konzepte, die als »herrschende Meinung« anerkannt sind, nicht ausreichen. Wir brauchen ein neues Verständnis davon, wie unsere Umwelt funktioniert, um die Arbeit in unserer Umwelt zu fördern.

Kontroverse Thesen

2. Produktive Tätigkeit: die Stufen der wirtschaftlichen und sozialen Entwicklung

Die vorindustrielle Gesellschaft

- Landwirtschaft ist die herrschende Produktionsweise.
- Arbeit wird der Mehrzahl der Menschen durch eine Reihe von Notwendigkeiten aufgezwungen. Wenig entlohnte Arbeit, Entlohnung vor allem durch Naturalien. Mindestens zwei Drittel der Arbeit werden in Eigenproduktionssystemen geleistet.
- Die Arbeitsproduktivität ist im wesentlichen eine Frage der Erfahrung.
- Umfang und Intensität der Arbeit hängen von den Jahreszeiten und vom Wetter ab, die Arbeit ist geographisch aufgesplittert und dezentral organisiert, die ganze Familie ist einbezogen.
- Der Wohlstand beruht auf der Herrschaft über das Land und zum Teil über den Handel.

Die Industrielle Revolution

- Es wächst die Bedeutung der industriellen Produktion, die Vorrang in den wirtschaftspolitischen Strategien zur Entwicklung des Wohlstands der Nationen erhält. Materiellen Objekten wird elementarer ökonomischer Wert zugeschrieben, der auf dem Tauschwert beruht.
- Entlohnte Arbeit wird zur Regel für alle Tätigkeiten, die mit der Produktion von Gegenständen oder Produkten zu tun haben.
- Die Effizienz der Produktion bemißt sich nach der Menge der in einem bestimmten Zeitraum produzierten Einheiten. Qualität ist im wesentlichen eine Frage des Produktionssystems und der Standardisierung (Reproduzierbarkeit von Einzelteilen). Das Kosten-Nutzen-Verhältnis bemißt sich nach dem Vergleich zwischen Produktionskosten (ex ante) und Verkaufspreis (ex post).
- Arbeit wird zunehmend von natürlichen Bedingungen unabhängig. Es herrscht die Tendenz zur sozialen und urbanen Konzentration.

- Die bezahlte Arbeit erhält gesellschaftlichen und wirtschaftlichen Vorrang, andere Arten von Tätigkeiten/Arbeiten werden als nichtproduktiv erachtet. Dienstleistungen, selbst wenn sie entlohnt sind, gelten als sekundär.

Die Dienstleistungsgesellschaft

- Dienstleistungen beherrschen alle Sektoren der wirtschaftlichen Produktion. Der ökonomische Wert bemißt sich nach der Leistung eines Produkts oder Dienstleistungssystems über einen bestimmten Zeitraum. Die Produktionskosten verteilen sich auf den kompletten Zyklus zwischen den ersten Initiativen (Forschung und Entwicklung) bis zur Beseitigung oder Wiederaufbereitung des Produkts oder Systems.
- Es vollzieht sich verstärkt die Abkehr von der Herstellung hin zu Dienstleistungstätigkeiten, die bis zu 80% der Produktionskosten ausmachen. Formen nichtentlohnter Arbeit nehmen zu, sie werden im Tausch mit anderen Vergünstigungen geleistet. Die Menge der Arbeit für die Eigenproduktion nimmt vor allem mit der Verwendung komplexerer Systeme zu und wird zum Komplement der ersten beiden im Prozeß der Produktion von Leistungswert.
- Produktivität wird zu einem Synonym für Qualität und Leistung über die Zeit. Das Kosten-Nutzen-Verhältnis bezieht Forschung und Entwicklung, Herstellung, Distribution, Gebrauch und Entsorgungskosten mit ein, während der Nutzen sich nach der Leistung während des Gebrauchszeitraums bemißt.
- Der Umfang der entlohnten Arbeit bei der Güterherstellung schrumpft aufgrund neuer rationeller Produktionstechniken. Wachsende Bedeutung und Komplementarität unvergüteter Arbeit und der Eigenproduktion, besonders während des Systemgebrauchs als Element der Leistungsoptimierung. Trends zur Regionalisierung und Dezentralisierung.
- Die Schaffung von Wohlstand muß um eine minimale Basis vergüteter (monetisierter*) Arbeit herum organisiert werden, die für alle wesentlich ist. Zusätzliche unbezahlte, freiwillige oder wohltätige und eigenproduktive Tätigkeiten (nicht monetisierte und nicht monetarisierte Aktivitäten) tragen ebenfalls zum Funktionieren der Wirtschaftssysteme bei, obwohl sie sich außerhalb des monetisierten Marktes bewegen.

* *Zur Terminologie vgl. Fußnote S. 37.*

Teil 2
Wirtschaftswissenschaft und Arbeit

Sehr zum Mißfallen der meisten Ökonomen muß gesagt werden, daß wir in unserem Beruf, im Gegensatz zu vielen anderen Wissenschaftlern, im Grunde nichts Neues erfinden. Wir versuchen einfach, dieselbe – immer in Veränderung begriffene, aber dennoch dieselbe – Wirklichkeit des menschlichen Zusammenlebens und -wirkens im Rahmen einer bestimmten Ordnung zu verstehen. Unsere Versuche, die wahre und allgemeine Natur der Wirtschaft zu verstehen, sind wie der Pfeil in Xenons Paradox, der in stets kürzeren Intervallen immer nur die Hälfte der Entfernung zwischen sich selbst und seinem Ziel zurücklegt und es nie erreicht. Indem wir jedoch ausdrücklich diese Allegorie wählen, bekunden wir unsere Zuversicht, daß dieses begrenzte Verständnis eines Tages der Wirklichkeit so nahe kommen wird, wie es wünschenswert wäre, in der besten Tradition der Hegelschen Dialektik mit ihrer nie endenden Kette von Begriffen, in der man mit jedem Schritt der Wahrheit näherkommt.

Bis dahin müssen wir uns mit dem Wissen begnügen, daß keine Theorie die ultimativ gültige ist. Und keine Theorie wird es auch jemals sein, denn sie bleibt nur so lange nützlich, bis sich ihre Grenzen und ihre Unvollständigkeit an der Wirklichkeit erweisen. Wenn wir nur von Paris nach Madrid zu Fuß gehen wollen, wird die Theorie, daß die Erde eine Scheibe ist, unserem Zweck auf adäquate Weise genügen. Wenn wir jedoch mit dem Flugzeug von London nach New York fliegen wollen, dann würde die Überzeugung, daß die Erde rund ist, mehr als nur hilfreich sein. Mit unserem begrenzten, aber bisher hinreichenden »Wissen« von einer flachen Erde würden wir unser Ziel nie erreichen. Dasselbe gilt, wenn wir von der Erde aus zu einem anderen Planeten fliegen wollen. Dann ist es essentiell zu wissen, daß der Weltraum in sich gekrümmt ist.

Jede Theorie paßt so lange zu einer bestimmten historischen Lage, bis ihre Mängel aufgezeigt werden. Dann muß eine neue Theorie eingeführt werden, die unser Wissen auf neue Gebiete ausdehnt. Wenn wir die Grenzen der aktuellen Theorie entdecken, ist es wichtig, daß wir nicht der Versuchung nachgeben, diese durch akademische Flickschusterei nachzubessern, um sie mit allen Mitteln an den neu erkannten Sachverhalt anzupassen. Dies würde die weitere Evolution unseres Wissens in beträchtlichem Maße bremsen. Die Menschheit konnte mit der Vorstellung eines geozentrischen Sonnensystems mehrere Jahrhunderte lang durchaus gut leben. Die irrige Vorstellung, die Erde befände sich im Zentrum des Universums, richtete offenbar keinen Schaden an. Doch sie hemmte Weiterentwicklungen, da viele Ressourcen verschwendet werden mußten, um zu erklären, warum manche Phänome nicht in das ptolemäische Weltbild paßten. Große Astronomen gaben sich alle Mühe zu erklären, warum manche Sterne höchst komplizierte Muster am Himmel bildeten. Wann immer man Sterne oder Planeten beobachtete, die der Logik des Geozentrismus nicht entsprachen, wurden eigens dafür Untertheorien erfunden, um das übergreifende theoretische Paradigma zu retten. Erst Kopernikus und Galileo Galilei lösten den Denkprozeß aus, der all diese Theorien für immer erledigen sollte.

In den nächsten Abschnitten werden wir uns mit der ökonomischen Theorie auseinandersetzen. Dies ist notwendig, um zu erfahren, warum und wie es zu bestimmten Limitationen in unserem Verständnis gekommen ist. Der weniger geneigte Leser kann dieses Kapitel überspringen.

1. Die neoklassische Ökonomie: Angebot oder Nachfrage

Der neoklassische Ansatz und die Fokussierung auf die Nachfrage

Die ökonomische Theorie war 150 Jahre lang beherrscht von der Vorstellung der Knappheit und der Notwendigkeit, die Produktion zu fördern. Dies ist der Grund, warum sich die klassischen Ökonomen wie Adam Smith, David Ricardo und John Stuart Mill auf die Angebotsseite der Wirtschaft verlegten und über Fragen der Produktion nachdachten. In der Folge entwarfen sie ein System, in dessen Zentrum diese beiden Probleme lagen. Diesem Ansatz zufolge hatte die Nachfrage als ein möglicher Störfaktor keine Bedeutung und mußte nicht eigens erörtert werden. Klar zum Ausdruck kommt dies in dem berühmten Gesetz des französischen Ökonomen Jean-Baptiste Say:»Das Angebot schafft sich seine eigene Nachfrage.«

In dieser Epoche wurzelten die ökonomischen Krisen, abgesehen von Kriegszeiten, in Überproduktion und realer Deflation. Der Begriff der Knappheit und die Schwierigkeit, sie praktisch seit Anbeginn der Geschichte zu bekämpfen, hatten es schwer gemacht, an die Effizienz des industriellen Prozesses zu glauben. Erst in den zwanziger Jahren begann die Wirtschaftswissenschaft – aus verschiedenen Gründen, doch insbesondere, weil der industrielle Produktionsprozeß in die Phase des Massenkonsums eintrat – davon auszugehen, daß das Angebot unbegrenzt elastisch sei, insbesondere wegen des gewaltigen technischen und wissenschaftlichen Fortschritts. An diesem Punkt wechselte die Bedeutung des Wertbegriffs, vor allem aufgrund der Arbeiten von Keynes und Hicks, hinüber auf die Nachfrageseite, und Says Gesetz wurde nun umgekehrt:»Die Nachfrage schafft sich ihr Angebot.« Es schien, als ob die vorrangige Beschäftigung mit der (deckbaren, monetisierten) Nachfrage, die anderthalb Jahrhunderte lang im

Kern der meisten ökonomischen Überproduktionskrisen gesteckt hatte, endlich die Lösung bringen könnte. Selbst heute sind die neuen neoklassischen Schulen von dieser Auffassung und dem zugrundeliegenden Paradigma geprägt, ob sie sich nun formal als angebotsorientiert betrachten oder nicht. Allerdings war dies nicht die einzige Tendenz, welche die damaligen Ökonomen dazu brachte, ihre Bevorzugung der Angebotsseite aufzugeben. Für die klassischen Ökonomen waren die Fragen des Angebots und der Produktion eng verflochten mit der Theorie des ökonomischen Wertbegriffs und insbesondere des Wertes der Arbeit, was dann auch in einer spezifischen Arbeitswerttheorie zum Ausdruck kam. Die Neoklassik jedoch fegte in den Worten Joan Robinsons »die Arbeitswerttheorie mit ihrem unangenehmen Geruch hinweg und brachte den Nutzen auf die Tagesordnung «.[17] Nun setzten die Ökonomen sich auch mit dem Begriff des Nutzens und seiner Bedeutung für das wirtschaftliche Geschehen auseinander. Robinson zufolge ist »Nutzen jene Eigenschaft der Waren, welche die Individuen veranlaßt, sie kaufen zu wollen, und daß Individuen Waren kaufen wollen, zeigt, daß diese Nutzen haben«.[18] Demnach sollten nach Auffassung vieler Ökonomen die Waren einen Preis erhalten, der das Maß für ihren Grenznutzen darstellt. Dieses Konzept wurde später zugunsten der »offengelegten Präferenzen« und des »beobachtbaren Marktverhaltens« aufgegeben. Dementsprechend war der Bezugspunkt innerhalb des Wirtschaftssystems nun nicht mehr der Produzent, sondern der Konsument. Diese Abkehr von der Werttheorie hin zu den Begriffen des Nutzens und der Präferenzen führte auch dazu, daß die angebotsorientierte Ökonomie einem auf der Nachfrage gründenden Ansatz wich: Eine Wende, mit der wir auch heute noch auf in mancher Hinsicht unangenehme Weise konfrontiert werden.

Die Methodologie der neoklassischen Ökonomie

Die neoklassische Wirtschaftstheorie ist vor allem mit den Namen dreier Denker verknüpft: dem Engländer W. Stanley Jevons, dem Österreicher Carl Menger und dem Schweizer Léon Walras. Unabhängig voneinander entwarfen sie das Grundgerüst der modernen Wirtschaftswissenschaft. Während die klassische Ökonomie die Nachfrage vernachlässigte und über ihre mögliche Variabilität keine Rechenschaft ablegte, bauten die Neoklassiker sie in ein analytisches Verfahren ein, in dem sowohl die Nachfrage als auch Kostenelemente miteinander in einem allgemeinen theoretischen Bezugsrahmen verbunden werden konnten. Das Schlüsselelement ihrer Theorie bildet der Nutzen, das Urteil darüber, wie Konsumenten sich gemäß ihren Präferenzen verhalten und wie sich diese in Nachfrage nach Gütern manifestieren.

Die Einführung des Grenznutzenbegriffs lieferte das fehlende Glied in einer ansonsten als vollständig betrachteten Theorie des Marktmechanismus. Die walrasianische Ökonomie war der Höhepunkt der erste Phase der neuen Bewegung, denn sie entdeckte, wie die Wirtschaft als Ganze zu analysieren war: die Märkte für Arbeit, Land und Produkte mußten sich in einem simultanen allgemeinen Gleichgewicht befinden. Dieser Begriff eines allgemeinen Gleichgewichts verfolgt uns noch heute, da viele Wirtschaftswissenschaftler zu dem Glauben neigen, es sei das letztliche Ziel jeder Theorie, die Wirklichkeit in einem und als einen Zustand des Gleichgewichts und der Gewißheit zu erklären.

Während die klassischen Ökonomen die Bedeutung des knappen Landes für das Wachstum betonten, vertraten die Neoklassiker eine andere Ansicht. Die Prognose, das Land werde immer knapper, hatte sich nicht bewahrheitet. Die bestimmenden Kräfte des ökonomischen Wachstums wurden die Akkumulation des Kapitals und die Entwicklung und Anwendung neuer Techniken. Das neoklassische Wachstumsmodell ist eine Abstraktion der Realität, in der zwei Typen von Einsatzfaktoren (input), nämlich Kapital und Arbeit, nur eine einzige Ware produzieren. Kapital ist in diesem Zusammenhang jedes produzierte dauerhafte Gut, das im Produktionsprozeß verwendet wird, um ein anderes Gut zu produzieren.

Betrachten wir die Arbeitsweise des neoklassischen Systems eingehender. Das Ziel der Neoklassik oder der »angebotsseitigen« Ökonomie war es, das reale Gesamtprodukt relativ zur Nachfrage zu steigern, im Rahmen der Erkenntnis, daß die Nachfrage auf Nutzen beruht. Dieser Ansatz gründet auch auf der Annahme, daß ein sich selbst überlassenes Wirtschaftssystem auf einen stabilen Zustand der Vollbeschäftigung zustrebt oder vielmehr auf das, was die Neoklassiker als ein solches betrachten. Akteure – das heißt Unternehmer, Arbeiter, Haushalte – optimieren ihre Handlungen im Sinne des Homo oeconomicus und treffen rationale Entscheidungen im Hinblick auf ihre Handlungsmöglichkeiten, die sie auch dementsprechend umsetzen. Die Märkte werden geräumt, da alle Preise, eingeschlossen der für Arbeit, sich aneinander anpassen, so daß Angebot und Nachfrage zur Deckung kommen. Deshalb kann überschüssige Nachfrage oder ein überschüssiges Angebot einer Ware oder eines Produktionsfaktors, Arbeit eingeschlossen, überhaupt nicht auftreten.

Da die Wirtschaft sich selbst stabilisiert, hat die Regierung sich neutral zu verhalten, weil jeder ihrer Eingriffe unweigerlich destabilisierend wirkt. Was die Fiskalpolitik angeht, sollte die Regierung entweder ihren Haushalt ausgleichen oder eine stabile Beziehung von Haushaltsbilanz und Bruttoinlandsprodukt aufrechterhalten sowie eine neutrale Geldpolitik verfolgen. Neutral muß diese Politik sein, weil die bar im Umlauf befindliche oder in Banken deponierte Geldmenge eine feste Beziehung zum Einkommen hat. Vermehrt die Regierung das Geldangebot, werden die wirtschaftlichen Akteure einen Teil des Überschusses in Finanzanlagen, Gütern oder Dienstleistungen anlegen, um das von ihnen bevorzugte Verhältnis von Geld zu Einkommen wiederherzustellen. Andere Aktiva, etwa Grundeigentum oder langlebige Konsumgüter, werden als annehmbarer Ersatz für Geld betrachtet. So führt eine Steigerung des Geldangebots zu einer Steigerung des Bruttoinlandsproduktes, doch nur nominal hinsichtlich der Preise und nicht real bezüglich der produzierten Gütermenge.

Wie sich herausstellt, beruht das Argument, wonach eine Steigerung des Geldangebots nicht zu einer Steigerung des Gesamtprodukts führen kann, auf dem Glauben, daß das wirtschaftliche Gleichgewicht durch vollen Einsatz der Ressourcen und daher durch maximalen Produktionsausstoß gekennzeichnet ist. Die Neoklassiker verwarfen Keynes' Auffassung, daß der einzige Ersatz für Geld Finanzanlagen sind und daß daher eine Steigerung des Geldangebots das reale Bruttoinlandsprodukt nur indirekt durch die Absenkung der Zinssätze beeinflusse, was wiederum das Investitionsniveau und möglicherweise so den Konsum anheben könnte. Vielmehr treibe ein größeres Geldangebot nur die Inflation in die Höhe, nicht die Beschäftigung. Die Wirtschaft stabilisiert sich selbst im Zustand der Vollbeschäftigung, mit der laut Milton Friedman die »natürliche Arbeitslosenrate« gemeint ist.

Der Arbeitsmarkt funktioniert wie jeder andere Markt, insofern er vom Gesetz von Angebot und Nachfrage beherrscht wird, die über den Preismechanismus ins Gleichgewicht kommen. Der Schnittpunkt der Angebots- und der Nachfragekurve bestimmt die Reallohnrate und das Beschäftigungsniveau. Dieses wird als Vollbeschäftigung bezeichnet, da jeder, der zu dem vom Markt bestimmten realen Lohnsatz beschäftigt sein will, auch beschäftigt wird. Residual noch verbleibende Arbeitslosigkeit ist freiwillig, unfreiwillige gibt es nicht. Bei der natürlichen Arbeitslosenrate, und nur bei ihr, ist die Inflation stabil und liegt in der Nähe von Null. Sie ist unter diesen Bedingungen stabil, weil die tatsächliche Inflationsrate gleich der erwarteten Inflationsrate ist.

Falls die Regierung versucht, die Arbeitslosigkeit unter ihre natürliche Rate zu drücken, indem sie durch Steuersenkungen, höhere öffentliche Ausgaben oder Senkung der Zinssätze die effektive Nachfrage steigert, d. h. die Nachfrage nach Gütern und Dienstleistungen ebenso wie die nach Arbeitskräften, dann führt dies zu einer Anhebung der Geldlöhne. Wenn die Erwartung vorherrscht, daß die Inflation weiterhin gleich Null bleibt, wird dies als Wachstum der Reallöhne verstanden.

Beginnt die Inflation aufgrund der staatlichen Maßnahmen einmal zu steigen, dann sinken die Reallöhne, und die Arbeiter kommen zu dem Schluß, es habe keinen Sinn, ihre Arbeitsplätze zu behalten. Die Arbeitslosigkeit steigt wieder, doch weil die Löhne erhöht wurden, steigt auch die Inflation. Der Grund dafür ist nach Auffassung der Neoklassiker das Gesetz der abnehmenden Ertragszuwächse. Während die Produktionsziffern steigen, steigen auch die Stückkosten, und die Preise müssen ebenfalls angehoben werden, wenn die Profitraten gehalten werden sollen. Die Inflation sinkt nicht, weil die wirtschaftlichen Akteure erwarten, daß sie steigt, und solche rationalen Erwartungen bei ihren Entscheidungen berücksichtigen.

Die Regierung kann die realen Variablen wie Produktionsmenge, Beschäftigung und Arbeitslosigkeit auf lange Sicht nicht wirksam beeinflussen. Was die makroökonomische Politik angeht, sollten die Regierungen demnach ihre Maßnahmen auf den Ausgleich der eigenen Haushalte und die Gewährleistung eines dauerhaft stabilen Geldangebots beschränken. Die Wirtschaft wird sich dann auf die natürliche Arbeitslosenrate einpendeln, es wird zu dem jeweils möglichen Wachstum durch Steigerung der Produktivität und Zunahme der Beschäftigung kommen, und die Inflation wird sich in Grenzen halten. Wenn dann die natürliche Arbeitslosenrate immer noch auf unannehmbar hohem Niveau verharrt, bleibt der Regierung nur übrig, die natürliche Rate selbst zu reduzieren. Dies ist nur über angebotsseitige Maßnahmen möglich, vor allem solche, die geeignet sind, den Arbeitsmarkt durch Flexibilisierung aufzulockern. Typisch hierfür sind Steuersenkungen, eine Verringerung der Sozialleistungen und der Starrheiten am Arbeitsmarkt, die aus der Macht der Gewerkschaften erwachsen, sowie eine Steigerung der geographischen und beruflichen Mobilität.

Diesem auf Kapitalakkumulation und Arbeit beruhendem Modell gemäß kann das Wirtschaftswachstum durch Kapitalintensivierung gesteigert werden. Unter Kapitalintensivierung versteht man den Prozeß, bei dem das akkumulierte Kapital pro beschäftigter Arbeitskraft über die Zeit anwächst. Er soll die Produktivität steigern, also mit derselben Menge an Arbeit eine größere Produktionsmenge ermöglichen. Im Prozeß der Kapitalintensivierung auf einem gegebenen technischen Niveau vermindern die wachsenden

Investitionen in Produktionsmittel entsprechend dem Konzept der abnehmenden Grenzerträge die Kapitalrendite, d. h. den realen Zinssatz. Dies ist der Tatsache geschuldet, daß die produktivsten Investitionen zuerst getätigt werden und ihnen eine Reihe weniger produktiver Investitionen folgt.

Interessanterweise wird die Beschäftigung in dieser Theorie gleichermaßen von Kräften außerhalb wie innerhalb der Wirtschaft bestimmt. Die Löhne hingegen werden ausschließlich innerhalb des Systems festgelegt, da sie infolge der Kapitalintensivierung steigen. Dies ist eine direkte Auswirkung der Tatsache, daß die Arbeitskräfte, die mit mehr Kapital arbeiten, generell einen höheren Grenznutzen produzieren. Da die wettbewerbsfähigen Löhne mit dem Grenzprodukt der Arbeit wachsen, stehen Kapitalintensivierung und Lohnniveau in einer direkt proportionalen Relation zueinander. Auf lange Sicht könnte jedoch ein Zustand erreicht werden, in dem sich der Prozeß der Kapitalintensivierung erschöpft, die Reallöhne konstant und die Zinssätze stabil geworden sind. Diese Stagnation des Wirtschaftswachstums könnte mit hohen Löhnen einhergehen, schließt jedoch weitere Verbesserungen bei Einkommen und Produktionsmenge aus.

Diese Stagnationsphase wird der Theorie zufolge durch die Einführung neuer Techniken aufgrund von Erfindungen und Innovationen überwunden. Sie liefern den notwendigen Impuls für die Erlangung eines höheren Niveaus wirtschaftlicher Tätigkeit, wobei mit demselben Bündel von Einsatzgütern mehr oder verbesserte Produkte erzeugt werden. Wissenschaft und Technik gelten mithin als letzte Garanten einer unbegrenzten Elastizität des Angebots.

Die Untersuchungen von J. R. Hicks

Ein weiterer berühmter Ökonom, der die wissenschaftliche Disziplin vorangetrieben hat, war J. R. Hicks. Er war unablässig bemüht, neue Verfahren zur Analyse umstrittener ökonomischer Fragen einzusetzen. In seinem Werk *Value and Capital*[1] von 1939 legte er eine allgemeine Theorie der Funktionsweise miteinander verknüpfter Märkte vor, die vor allem auf den allgemeinen Gleichgewichtstheorien von Walras, Pareto und der sogenannten österreichischen Schule beruhte, die er weiterzuentwickeln trachtete. Die Resultate seiner Forschungen wandte er dann auf Fragen des Kapitals und Zinses, des Geldes und der Beschäftigung an. Besonderen Rang haben seine Arbeiten zur subjektiven Werttheorie sowie der Versuch, ein System der wirtschaftlichen Dynamik zu entwerfen.

Hicks faszinierten besonders die bahnbrechenden Arbeiten Alfred Marshalls, der den entscheidenden Impuls für Forschungen zur Rolle der Nachfrage in der Wirtschaftsgeschichte gab. Marshall trug dazu bei, jene Bresche zu schlagen, durch die zahlreiche Versuche unternommen wurden, einen neuen, grundlegenden Wertbegriff zu finden. Dieser Wertbegriff sollte den klassischen ersetzen oder zumindest ergänzen.[2] Folgerichtig beginnt Hicks sein Buch über *Value and Capital* in Teil I, der »Theorie des subjektiven Werts«, mit einem Verweis auf Marshall: »Die reine Theorie der Konsumentennachfrage, die Marshall und seine Zeitgenossen vorwiegend beschäftigte … ist zweifellos bewundernswert, erstaunlich jedoch ist, daß sie so lange unangezweifelt einen so hohen Stellenwert genossen hat.«[3] Er setzt sich kritisch mit den Ansätzen von Marshall und Pareto auseinander und bezeichnet den Gesamt- und Grenznutzen als willkürlich. Was als eine Analyse der Konsumentenentscheidungen zugunsten verschiedener Güter beginnt, endet als allgemeine Theorie ökonomischer Entscheidungen. Daraus leitet er die Gesetze des Marktverhaltens ab, die sich auf die Reaktionen der Konsumenten auf Veränderungen der Marktbedingungen beziehen. Wenn die Marktbedingungen sich änderten, so Hicks, bewege sich der Konsument von einem Gleichgewichtspunkt zu einem andern.

Obwohl Hicks die im allgemeinen statischen Wesenszüge der Wirtschaftswissenschaft seiner Zeit als unzulänglich begreift und daher »die Grundlagen einer dynamischen Theorie« schaffen will, denen er einen ganzen Abschnitt seines Buchs widmet, gelingt ihm kein wirkliches Verständnis der Elemente von Unsicherheit, die jeder Volkswirtschaft eigen sind. Die Hickssche Dynamik hängt immer noch von sich in diskreten Zeitabständen bewegenden Systemen ab, bei denen die Gleichgewichtszustände zu bestimmten Zeitpunkten nacheinander in andere übergehen. Rückkoppelungen in der Zeit sind somit nicht möglich und erlaubt. Um das System zu verbessern, muß diese Beschränkung überwunden werden, so daß es in der Lage ist, Elemente der Unsicherheit und unbegrenzter Dynamik zu erfassen, wobei im systemischen, kybernetischen Sinne alles Handeln ständig von seinen Wirkungen modifiziert wird und alle Elemente unterschiedliches Verhalten (Trägheit) in der Zeit aufweisen. Wir werden im Abschnitt »2. Die Abkehr vom Determinismus« näher auf diesen Punkt eingehen.

Die Wende der neoklassischen Ökonomen hin zum Angebot

Wie wir in den vorangegangenen Abschnitten festgestellt haben, basiert die neoklassische Schule der Ökonomie immer noch im wesentlichen auf der Priorität der Nachfrage, die auch ihre Fragestellung prägt. Damit haben sie freilich unser Bild von der wirtschaftlichen Realität vernebelt und es sehr schwierig gemacht, die entscheidenden Veränderungen richtig wahrzunehmen, die auf makroökonomischer, globaler und auch mikroökonomischer Ebene in der Struktur des Angebots oder der Produktion stattgefunden haben.

Um zu erkennen und richtig einzuschätzen, was die Dienstleistungswirtschaft wirklich darstellt, muß man daher unbedingt auf der Angebotsseite beginnen. Allerdings ist es notwendig und geboten, unsere Analyse von jener der amerikanischen Schule von Angebotstheoretikern abzusetzen. Diese stammen ideologisch aus bestimmten wirtschaftstheoretischen Schulen in Amerika, die anfangs mit dem subjektiven Wertbegriff und den konservativeren Schulen verbunden waren und es im Grunde bis heute noch sind. Die amerikanische Schule der Angebotstheoretiker ist recht bekannt geworden, weil sie Politikern wie Ronald Reagan und Margaret Thatcher (deren Wirtschaftspolitik wir weiter unten kurz erörtern werden) die Grundlage für ihr Denken und Handeln geliefert hat. Tatsächlich berühren diese Angebotstheoretiker nur peripher unsere Analyse: Sie untersuchen im allgemeinen nicht die sich ändernden Formen der Produktion von Wohlstand. Ihr Hauptziel ist es, den traditionellen wirtschaftswissenschaftlichen Paradigmen folgend das Wachstum zu fördern, als ob die Wirtschaft immer noch hauptsächlich auf einer reinen Produktionslogik beruhe. Allgemein sind sie der Auffassung, wenn ein solches Wachstum nicht erreicht werden könne, liege dies an negativen sozialen Einstellungen und Ungleichgewichten (der Starrheit des Arbeitsmarktes etwa) oder am übermäßigen Gewicht des Fiskalsystems, das unternehmerisches Verhalten nicht begünstige.

Man kann diese Probleme nicht vernachlässigen, wir müssen jedoch hierbei folgendes feststellen:

- Wenn die allgemeine Elastizität des Angebots so groß wäre wie vor 30 oder 40 Jahren, könnte jede der genannten Starrheiten leicht überwunden werden, wenn man die traditionellen Mittel zur Stimulierung der Wirtschaft einsetzt. Solche Maßnahmen haben in der jüngsten Vergangenheit zu Haushaltsdefiziten in schwindelerregender Höhe geführt und sich eher negativ auf die wirtschaftliche Leistung jener Länder ausgewirkt, die versucht haben, ihre Probleme auf diese Weise zu lösen. Von daher sollten diese Angebotsstarrheiten zunächst unter vergleichendem Blickwinkel betrachtet werden.
- Das wichtigste ökonomische Ziel ist die Schaffung von Wohlstand, und nicht, das Wachstum des Bruttoinlandsprodukts zu

54

fördern, eines recht begrenzten und nicht immer mit Wohlstand korrelierenden Typs von Indikator. Daher müssen wir Wohlstand in umfassenderer Weise betrachten und diese Begriffe und ihre Bestimmungen an die Produktionsbedingungen in der modernen Dienstleistungswirtschaft anpassen. Die amerikanischen Angebotstheoretiker nehmen die meiste Zeit eine rein konservative Haltung ein und lehnen jede allgemeine Diskussion über das Wesen und das Ziel der Erzeugung von Wohlstand ab.

• Unsere Priorität ist die Steigerung der menschlichen Fähigkeit, Wohlstand für sich selbst und die Gesellschaft zu produzieren, eine Priorität, die natürlich in Widerspruch stehen kann mit anderen wirtschaftlichen Notwendigkeiten und Grenzen oder ethischen Überlegungen.

Was die amerikanische Schule der Angebotstheoretiker entscheidend blockiert, sofern sie nicht einfach politisch engagiert sind, ist das Fehlen einer anderen und allgemeineren Herangehensweise an die ökonomische Wirklichkeit und eine modifizierte Analyse, die ihnen helfen würde, die Grenzen und Widersprüche ihres eigenen Systems zu überwinden. Offenbar war der Marxismus die letzte Schule, in der die Angebotstheoretiker der klassischen Ökonomie hohes Ansehen genossen und die sich ernsthaft der Angebotsseite des Wirtschaftssystems zuwandte. Was heute als moderne oder neoklassische Angebotsökonomie bezeichnet wird – die Transformation des neoklassischen Modells unserer Wirtschaft in angewandte Fiskalpolitik – ist trotz allem kein wirklich angebotsorientierter Ansatz. Er kam besonders unter den Regierungen Reagan (USA) und Thatcher (Großbritannien) in den achtziger Jahren in Mode, als man ihn als Heilmittel für die ins Stocken geratenen Volkswirtschaften einzusetzen suchte.

Die neue Politik verlegte sich wieder auf die Angebotsseite als dem beherrschenden Faktor für langfristiges Wachstum und Stabilität – wie man jedenfalls bekundete. An Stellenwert verloren die Beeinflussung der Nachfrage durch Steuersenkungen oder Ausgabensteigerungen im Falle steigender Arbeitslosigkeit und eine auf Verknappung ausgerichtete Geld- oder Fiskalpolitik in Zeiten hoher Inflation. Der typische Angebotstheoretiker sprach sich für großzügige Steuersenkungen aus, um die Wirtschaft zu beleben und das Produktivitätswachstum zu beschleunigen, sowie für Arbeits- und Sparanreize.

Steuersenkungen würden die Gesamtnachfrage und die Gesamtproduktion in viel geringerem Maße beeinflussen, als zuvor von den keynesianischen Ökonomen behauptet worden war. Den Angebotstheoretikern zufolge veranlassen hohe Steuern die wirtschaftlichen Akteure, ihr Arbeits- und Kapitalangebot zu verknappen. Diese Position kulminiert in Arthur Laffers These, daß zu hohe Steuern in der Praxis die Steuereinnahmen vermindern können, da der gesteigerte Grenzgewinn durch den Verlust an Durchschnittszahlungen überkompensiert wird. Dies war theoretisch zwar stimmig, jedoch eine krasse Fehlwahrnehmung der ökonomischen Wirklichkeit, da die großen Steuersenkungen zur Folge hatten, daß die Steuereinnahmen drastisch sanken und die Haushaltsdefizite in schwindelerregende Höhen stiegen.

Anreize spielten in dieser neoklassischen Angebotsökonomie ebenfalls eine entscheidende Rolle. Ihre Anhänger unterstreichen, daß Anreize schwinden, wenn die Steuern zu hoch angesetzt sind. Sie werfen dem keynesianischen System vor, die Wirkung von Steuersätzen und Anreizen auf das Gesamtangebot zu vernachlässigen und sich nur auf die Nachfrageseite zu konzentrieren. Der Gedanke besteht darin, die Einkünfte nach Steuern aus wachstumsanregenden Tätigkeiten wie Arbeit, Sparen und Investieren im Verhältnis zu Freizeit und Konsum zu steigern. Eine Steuersenkung auf Arbeit, Zinserträge oder Dividenden soll Spartätigkeit, Investitionen und Wachstum anregen.

Die neue angebotsorientierte Ökonomie stellte insgesamt eine Abkehr vom Keynesianismus dar, in dem die Gesamtnachfrage die Produktionsmenge und die Beschäftigung bestimmt und die Geld- und Fiskalpolitik zur Bekämpfung von Arbeitslosigkeit und Inflation eingesetzt werden sollen. Mit der Hinwendung zu den erneuerten Konzepten der klassischen Ökonomen mit ihrer Begeisterung für die Angebotsseite verlieh man den Faktoren mehr Gewicht, die das Wachstum der potentiellen Produktionsmenge stimulieren sollten. Die Wirtschaftspolitik verlegte sich tendenziell eher auf das Ziel langfristigen Wirtschaftswachstums als auf kurzfristige Stabilisierung.

Allerdings beschäftigte man sich, was die neue Bedeutung der Anreize anging, hauptsächlich mit dem Steuersystem und ließ andere Bereiche weitgehend außer acht. Die Steuersenkungen führten vor allem zur Steigerung der Haushaltsdefizite und stimulierten somit die Nachfrage deutlicher als das Angebot. Da die Hauptwirkung angebotsseitiger Steuersenkungen auf das Wachstum zumindest kurzfristig über die Wirkung auf die Gesamtnachfrage und nicht auf die potentielle Produktionsmenge und das Gesamtangebot zielt, sind manche Ökonomen der Auffassung, daß die neoklassische Angebotsökonomie der achtziger Jahre einer nachfrageorientierten Politik näher war als einer angebotsorientierten.

In diesem Zusammenhang ist es Ziel dieses Berichts, einer erneuten und vertieften Diskussion der Rolle der Produktion den Weg zu ebnen, auf dem in sich stimmigere Lösungen für die Bewältigung des Arbeitslosenproblems zu finden sind.

Kontroverse Thesen

3. Die Starrheit des Angebots
(Engpässe im Produktionssystem)

Seit Beginn der Industriellen Revolution gegen Ende des achtzehnten bis Anfang unseres Jahrhunderts gingen Wirtschaftskrisen weitgehend (außer in Kriegszeiten) mit einer Deflationsphase einher. Reale Deflation hieß in der Tat, daß in vielen europäischen Ländern zum Beispiel die Geldkosten für ein Kilo Brot in den zwanziger Jahren des neunzehnten Jahrhunderts höher lagen als am Ende des Jahrhunderts.

Angesichts der weit verbreiteten Armut und der Notwendigkeit, den Wohlstand der Nationen zu fördern, hatte die Ausweitung der Produktion für die klassischen Ökonomen den Vorrang vor anderen Aufgaben. Das Problem war, daß der Bedarf an Gütern und Dienstleistungen nicht ausreichte, um den Markt zu räumen. Der Bedarf mußte in Form von Geld zum Ausdruck gebracht werden. Auf der Angebots- oder Produktionsseite konnte die Industrielle Revolution nur entwickelt werden durch ein System des Entgelts für Kapitaleinsatz und Arbeit, das auf der Verfügbarkeit von Geld beruhte. Wenn es nicht genügend Geld auf der Nachfrageseite gab, konnten die Fabriken ihre Produkte nicht verkaufen und gingen bankrott. Von daher die Zyklen realer Deflation.

Diese fundamentalen Mängel der klassischen Ökonomie wurden schließlich von den neoklassischen ökonomischen Schulen überwunden, die ihre Aufmerksamkeit ab den zwanziger und dreißiger Jahren der Rolle von Nachfrage und Konsum zuwandten.

Während der beiden Weltkriege und besonders in der Zeit kurz nach dem Zweiten Weltkrieg wurde offensichtlich, daß der wissenschaftliche und technische Fortschritt genügend Elastizität auf der Angebots- oder Produktionsseite garantieren konnte, um sich jeder auf der Nachfrage beruhenden Politik einzufügen. Die Nachfragesteuerung war somit eine gewisse Zeitlang das entscheidende Thema. Sie ermöglichte es, alle menschlichen und materiellen Ressourcen besser zuzuordnen und auszulasten und damit den am Bruttoinlandsprodukt gemessenen Wohlstand der Nationen zu mehren.

Zu Beginn der siebziger Jahre jedoch wurden die Ökonomen und all jene, die sich mit der wirtschaftlichen Entwicklung befaßten, von einer neuen Entwicklung überrascht: die in der Vergangenheit vorherrschende schleichende Inflation beschleunigte sich zunehmend.

Während man generell noch davon ausging, daß eine effiziente Steuerung der Wirtschaft auf der Nachfrageseite zu geschehen hatte, ereignete sich – aufgrund des technischen Fortschritts – auf der Produktions- oder Angebotsseite etwas, das zu einer neuen Form von Inelastizität führte.

Dem lagen zwei elementare Phänomene zugrunde: einerseits die abnehmenden Ertragszuwächse der Technik und andererseits die fundamentale Rolle der Dienstleistungen – weniger als Sektor denn als eine Reihe von Funktionen, welche das Produktionssystem vollkommen veränderten.

2. Die Abkehr vom Determinismus

Determinismus, Preisbildungssystem und Ungewißheit

Die Ansichten der wirtschaftswissenschaftlichen Genies zur Wirklichkeit der Produktion und des Konsums haben in hohem Maße dazu beigetragen, die moderne Welt zu schaffen, in der, trotz aller schrecklichen Krisen und Rückschläge in dieser historischen Periode, ein entscheidender Schritt nach vorne für das Wohlergehen ihrer Bewohner gelungen ist. Die moralischen Zielsetzungen Adam Smiths und seiner Nachfolger haben dazu beigetragen, jene elementaren materiellen Produkte, Lebensmittel, Unterkunft, Kleidung usw. zu erzeugen und zu verteilen, die mit der Zeit die menschliche Geschichte im tiefsten Sinne revolutioniert und zu einem eindrucksvollen Anstieg der Lebenserwartung und der allgemeinen Gesundheit geführt haben. Dennoch befinden wir uns in einer Lage, in der die wirtschaftliche Realität nicht bloß die Feinabstimmung alter Ideen, sondern grundlegende neue Konzepte verlangt. Das Lieblingskind der Ökonomen, die positivistische Prognose mit ihren Trendankündigungen, der Extrapolation in die Zukunft und der darauf beruhenden Ableitung von Handlungsmöglichkeiten, wird bestimmt nicht in der Lage sein, den Anforderungen von morgen zu genügen und kann die Hoffnungen vieler traditioneller Ökonomen nicht erfüllen, es handle sich hierbei um ein Allheilmittel. Wir müssen uns einer Welt anpassen, in der das einzige, was wir über die Zukunft wissen, ist, daß sie ungewiß ist. Wir müssen das bezaubernde Konzept des Determinismus verwerfen, um unsere Köpfe aus den von ihm geschaffenen Fesseln zu befreien. Wir müssen unsere Horizonte erweitern, nicht nur, indem wir Ungewißheit als einen Spezialfall einiger ausgewählter Bereiche der Ökonomie wie bei der Einführung der Spieltheorie für die Erklärung von Verhaltensmustern akzeptieren, sondern als wesentliches Element unseres Lebens und unserer Handlungen. Demzufolge sollten wir nicht versuchen, die Ungewißheit zu überwinden, als ob sie nur ein eindimensionales Problem wäre, und darauf warten, daß die ultimative Formel auftaucht, die das allgemeine Gleichgewicht beschreiben würde, das dann so einfach zu steuern wäre. Nur das Ende des allgemeinen Gleichgewichts als Bezugspunkt unserer ökonomischen Theorien wird den Weg zu neuen Konzepten eröffnen, die ein besseres Bild der Wirklichkeit und neue und verbesserte Antworten auf die zentralen Fragen der Wirtschaft bieten. In diesem Zusammenhang meinen wir nicht nur eine Ungewißheit ersten Grades, bei der die möglichen Alternativen bekannt sind, nur nicht die jeweiligen Wahrscheinlichkeiten ihres Auftretens, sondern eine Ungewißheit zweiten Grades, bei der selbst die möglichen Ereignisse nicht vorausgesagt werden können.

Der historische Stellenwert der Gleichgewichtstheorie in der Wirtschaftswissenschaft geht auf den Umstand zurück, daß einer der wesentlichen Züge der Industriellen Revolution die Monetarisierung der Wirtschaft als Mittel zur Lösung logistischer Probleme der Ausnutzung höherer Ebenen der Technisierung war. Wenn man dem Begriff des Preisgleichgewichts jedoch universelle Bedeutung und eine Art abschließenden wissenschaftlichen Wert verleiht, ist dies viel eher eine Frage der Ideologie denn Ausdruck einer wahrhaft wissenschaftlichen Herangehensweise. Der Gleichgewichtsbegriff ist nicht wirklich ein Konzept oder eine Erklärung, sondern eher eine Tautologie, d. h. etwas, das richtig ist, weil es richtig ist. Man hat ihm den Wert oder Status eines Axioms verliehen, eine jener selbstverständlichen Wahrheiten, die in der Mathematik zur Entwicklung darauf beruhender logischer Deduktionen verwendet werden. Diesen Gleichgewichtsbegriff zu verstehen, bei dem das Angebot der Nachfrage gleicht, ist entscheidend, weil es erklärt, warum die ökonomische Theorie von Beginn an immer einseitig war. Der Begriff des wirtschaftlichen Gleichgewichts, die wesentliche Sorge der klassischen Ökonomen, wenn es darum ging, die Knappheit zu reduzieren, oder die ihrer neoklassischen Nachfolger, wenn es um die Bestimmung des Konsumentenverhaltens ging, hat Einstellungen wie die folgende hervorgebracht:»Wenn Angebot und Nachfrage notwendigermaßen gleich sind, dann haben wir, sobald wir die eine Seite der Gleichung klar verstanden haben – ex definitionem – auch die andere Seite bestimmt.« Das ist gleichbedeutend mit einem Widerspruch in sich selbst. Diese Übervereinfachung hat die klassischen Wirtschaftstheoretiker 150 Jahre lang daran gehindert zu begreifen, daß die Nachfrage ausgedehnt werden mußte, um deflationäre Wirtschaftskrisen zu überwinden. In neuerer Zeit hat sie zudem die neoklassischen Ökonomen, die sich vor allem mit Nachfragemechanismen befassen, daran gehindert, mit den gegenwärtigen Problemen der Angebots-Starrheiten zurechtzukommen.

Der Begriff des allgemeinen Gleichgewichts zu einem bestimmten Zeitpunkt ist auch mit dem Gewißheitsstreben des 19. Jahrhunderts verknüpft. In einer positivistischen und szientistischen Kultur wird Gewißheit gleichgesetzt mit wissenschaftlichem Beweis: Solange unser Verständnis einer gegebenen Lage nicht absolute Gewißheit erreicht hat, sagt die Ideologie, haben wir noch nicht das abschließende vollkommene Verständnis erlangt. Doch dies sollte nur eine Frage der Zeit sein, da wir über kurz oder lang zur vollkommenen Gewißheit gelangen und damit zum Bewußtsein des ultimativen Gleichgewichts. Doch die Theorie eines perfekten und im Grunde zeitlosen Gleichgewichts ist in Wirklichkeit »gewiß« nur wegen einer vorausgesetzten Tautologie. So ist sie zur Prämisse einer Denk- und Analyseweise geworden, die die Welt als einen Ort »zufälliger« Unvollkommenheit betrachtet. Doch Unvollkommenheiten und Ungleichgewichte sind nicht »zufällig«, sondern dauernde Wesenszüge der Entwicklung und einer dynamischen Wirklichkeit.

Im Lauf der vergangenen Jahrzehnte sind die Unvollkommenheiten der allgemeinen Gleichgewichtstheorie von vielen Ökonomen genauer untersucht worden. Angesichts der vielen Hindernisse, die einem vollkommenen Gleichgewicht entgegenstehen, sind die Begriffe der vollständigen und asymmetrischen Information in den Jargon der ökonomischen Theorie und Analyse eingedrungen. Doch verwendet man diese Begriffe immer noch so, als ob ein perfektes Gleichgewicht noch erreicht werden könnte. Die Utopie der Wissenschaftler und Positivisten ist bis heute, daß wir das Informationsniveau über die Funktionsweise des Marktes so weit anheben können, daß sich eines Tages das perfekte Gleichgewicht einstellt.

Diese Überlegungen zeigen, daß die Zeitbegriffe aus der Epoche vor Einstein, die Vorstellung, man könne singuläre Momente außerhalb der Wirklichkeit isolieren, immer noch genereller Usus sind. Sobald wir es mit der wirklichen Zeit zu tun haben, werden Ungewißheit und Ungleichgewicht zu Kriterien für den Wirklichkeitsbezug. Doch die Einführung des Begriffs der Realzeit in die Ökonomie von Angebot und Nachfrage (dem modernen Begriff gemäß dienstleistungsbasierte Produktion und Konsumtion) ist eine radikale Alternative zu der Auffassung, der wirtschaftliche Prozeß gründe auf einem zeitlosen (momentanen) Gleichgewicht.

Zeit-Dauer, d. h. Realzeit zu berücksichtigen heißt, daß jede Entscheidung, ein Produkt herzustellen, unweigerlich in einer Situation der (größeren oder geringeren) Ungewißheit getroffen wird, was den Zeitpunkt anbelangt, zu dem das Produkt auf dem Markt verfügbar wird. In dieser dynamischen Sichtweise des wirtschaftlichen Geschehens wird anerkannt, daß jede Produktionsentscheidung vor dem traditionellen Moment des ökonomischen Gleichgewichts getroffen wird und daß sich jede Preisbestimmung immer ex post vollzieht.

Der Zeitpunkt, zu dem der Preis auf dem Markt festgesetzt wird, ist nur ein Teil, ein Subsystem eines umfasenderen ökonomischen Systems. In der zeitlichen Abfolge der Entscheidungen von der Produktion zur Distribution und vom Point of sale zu den nutzungsbasierten Tätigkeiten und dem Recycling oder der Beseitigung ist die Marktfunktion der Preisbestimmung ein wichtiges Ereignis im Prozeß, doch nur ein Element in einem umfassenderen ökonomischen System. Und in diesem ist Ungewißheit kein Ausdruck von »Unvollkommenheit«, sondern ein gegebenes Faktum, das nicht weiter reduzierbare Risikoelemente enthält. Jede wirtschaftliche Tätigkeit oder Unternehmung beruht auf einigen unbekannten und ungewissen Faktoren oder Möglichkeiten, einfach deshalb, weil ihre Ziele in der Zukunft liegen.

Sobald wir einmal die Dimension des realen Gebrauchs berücksichtigen, können wir versuchen, jedes künftige Ereignis so wahrscheinlich wie möglich zu machen, doch wir können es nicht mit absoluter Sicherheit kontrollieren, weil wir die Dimension der Zeit nicht kontrollieren können. In der Natur wie auch in Wirtschaftssystemen treten ständig mannigfaltige konkurrenzbestimmte und häufig redundante Produktionsprozesse auf, von denen nur einige je den Point of sale und/oder den Zeitpunkt des Gebrauchs erreichen. Erfolgreiche moderne Techniken sind nur ein Teil aller Techniken, von denen viele trotz eines oftmals beachtlichen investiven Aufwandes gescheitert sind. Ein erfolgreiches Produkt auf dem Markt liefert eine Einkommensquelle im Rahmen einer auf vielen Initiativen beruhenden Strategie, von denen eine große Zahl scheitert. An diesem Punkt kommt der Rolle der Nachfrage, zeitlich von der Produktion abgesetzt, eine eigene Dimension und eine besondere Bedeutung zu, die sie zu einem wesentlichen Teil des ökonomischen Systems oder, in der Tat, jedes lebenden Systems macht: Sie stellt das Auswahlverfahren dar, das in einem sich auf den diversen Märkten abspielenden Selektionsprozeß über Erfolg und Mißerfolg entscheidet.

Kontroverse Thesen

4. Wirtschaftlicher und sozialer Wert, Preissystem, Ungewißheit und Risiko

Klassische und neoklassische Ökonomie beruhen auf einem Wertbegriff, der in ein »Gleichgewichtssystem« eingefügt ist. Preise sollen den Gleichgewichtspunkt von Angebot und Nachfrage zu einem bestimmten Zeitpunkt angeben. An diesem Punkt stellen alle Preise zusammen das allgemeine Gleichgewichtssystem dar.

Während die klassische Ökonomie die Bedeutung der Angebotsseite in dieser Gleichung betont, legt die neoklassische Schule die Priorität auf die Nachfrage. Doch in beiden Fällen nahm man übereinstimmend das Gleichgewichtssystem in Anspruch: Die eine Seite der Gleichung war definitionsgemäß gleich der anderen.

An diesem Punkt erzwingen der Begriff der Leistung als Maß für den Wert sowie die zunehmende Bedeutung der Dienstleistungen im Wirtschaftssystem einen grundsätzlichen Wandel des Ansatzes. Tatsächlich kann der Begriff der Leistung sich nicht auf einem Punkt in der Zeit, sondern nur auf einen Zeitraum beziehen. Nun ist eben jener Zeitraum, in dem das System genutzt wird, ungewiß, und kann nur seiner Wahrscheinlichkeit nach angegeben werden. Hinzu kommt, daß ein solches System auch innerhalb eines Umfelds von Ereignissen funktioniert, von denen einige ungewiß sein müssen. Alle künftigen Kosten, die mit der Leistung verknüpft sind, können – selbst wenn sie streng monetarisiert sind – nur in Begriffen der Wahrscheinlichkeit berücksichtigt werden.

Das moderne ökonomische System, das mit der neuen Dienstleistungsökonomie entsteht, ist daher definitionsgemäß ungewiß. In der klassischen Ökonomie wird Ungewißheit gleichgesetzt mit unzulänglicher, ungenügender oder asymmetrischer Information, als ob diese Information jemals vollständig sein könnte. Im Falle der Dienstleistungswirtschaft und des Begriffs des Leistungswerts ist Ungewißheit und allgemeines Ungleichgewicht als Voraussetzung für die Entwicklung dynamischer Systeme ein entscheidender Faktor.

Angesichts des Funktionierens einer sehr großen Zahl ökonomischer Tätigkeiten in der heutigen Welt ist klar, daß jeder Preis, der zu einem bestimmten Zeitpunkt festgesetzt wird, eine Wahrscheinlichkeit darstellt, die mit künftig entstehenden Kosten konfrontiert werden wird und ex ante nicht präzise bestimmt werden kann.

Für die Tätigkeit der Versicherungsbranche war dies immer schon der Fall, und dies erklärt auch, warum diese Disziplin von der klassischen und neoklassischen ökonomischen Theorie, so wie sie in den Universitäten weltweit gelehrt werden, weitgehend übergangen wird.

Es ist in der Tat paradox, daß der Preisbildungsmechanismus für alle Arten von Tätigkeiten zunehmend den probabilistischen Vorgängen ähnelt, mit denen ein Versicherungsmanager konfrontiert wird. Das gilt zum Beispiel für einen Forschungsleiter, der zwischen Investitionen in verschiedene Projekte mit unterschiedlichen Erfolgswahrscheinlichkeiten zu wählen hat. Es gilt auch für alle Investitionen oder Mechanismen, die mit dem Leasing von Gütern aller Art zu tun haben, und für jeglichen Produktionsprozeß, bei dem im Zusammenhang mit Abfallverwertung, Umweltverschmutzung und anderen Belastungen der Wahrscheinlichkeit nach mit unbekannten Kostenfaktoren zu rechnen ist. Ein weiteres historisches Paradox besteht darin, daß die Versicherung, die insbesondere vom wirtschaftstheoretischen Denken der letzten beiden Jahrhunderte vernachlässigt wurde, immer weiter ins Rampenlicht rückt, ähnlich wie die Textilindustrie im achtzehnten Jahrhundert die praktische Anwendung der neuen industriellen Produktionsverfahren symbolisierte.

All diese Argumente verweisen eindeutig auf die Tatsache, daß das Gleichgewichtssystem der klassischen und neoklassischen Wirtschaftstheorie auf einer deterministischen Philosophie beruht, die von den harten Wissenschaften schon zu Beginn des Jahrhunderts aufgegeben wurde. Der Begriff der Preisungewißheit und des Ungleichgewichts wurzelt in einer mit indeterministischen Systemen verknüpften Philosophie, Systemen, die seit vielen Jahren zeigen, wie sich Physik und andere sogenannte harte Wissenschaften weiterentwickeln. Dies bedeutet auch, daß der Begriff des Risikos in einem indeterministischen Rahmen nicht gleichbedeutend ist mit Gefahr, sondern mit Chance.

Risikomanagement, Störanfälligkeit und Unbeständigkeit

Der Begriff des Risikomanagements wie auch die Funktion des Risikomanagements und die entsprechende berufliche Tätigkeit wurden erstmals vor vierzig Jahren in den Vereinigten Staaten eingeführt. Dies war die Konsequenz aus der zunehmenden Störanfälligkeit der Leistung moderner Techniken im Produktionssystem.

Mit der Zeit wurde offensichtlich, daß der Erfolg der Technik im modernen Wirtschaftssystem die Notwendigkeit verschärft hat, die Störanfälligkeiten aus offenkundigen wirtschaftlichen Gründen zu kontrollieren. Erstens hat die Spezialisierung die Risikoklassen und ihre Homogenität zugleich reduziert und vervielfacht. Während man sich in der Vergangenheit nur mit einer begrenzten Zahl verschiedener Risiken auseinandersetzen mußte, ist die Wirtschaft unter den neuen Bedingungen mit spezifischeren und unterschiedlicheren potentiellen Gefahren konfrontiert, die auf die neue Realität der Produktion zurückgehen. Einerseits ist die Technik immer verläßlicher geworden, mit dem positiven Effekt, daß immer weniger Unfälle passieren. Andererseits jedoch, aufgrund der zunehmend komplexeren und miteinander verbundenen technischen Systeme, die heute eingesetzt werden, wiegen bei den immer unwahrscheinlicheren Fällen von Havarien die Folgen absolut wie relativ gesehen immer schwerer.

Diese Risiken haben nichts zu tun mit unternehmerischen, kommerziellen oder finanziellen Risiken, da sie von der Umwelt abhängen und außerhalb der Einflußsphäre von wirtschaftlichen und sozialen Akteuren eintreten. Sie spiegeln einfach die Störanfälligkeit des Systems wider.

Doch wegen ihrer schwerwiegenden Folgen erlangen sie mit der Zeit immer größeres strategisches Gewicht für die heutige industrielle Welt, auch wenn dieser Risikotypus in den ökonomischen Lehrbüchern fast gänzlich vernachlässigt wird. Die Profession des Risikomanagements hat sich daher nicht nur in den Vereinigten Staaten, sondern auch in der übrigen Welt entwickelt, als praktische Antwort auf die sich verändernden Anforderungen und Grenzen des Wirtschaftssystems.

Eine zweite wichtige Veränderung trat in den siebziger Jahren ein, als infolge der Veränderungen in der Produktionsweise von Wohlstand und der neuen Inelastizitäten des Angebots die nominalen Wachstumsraten in den Industrieländern zu sinken begannen. Der Begriff der Störanfälligkeit wurde daher auf die sozialen Systeme und den Sozialstaat im allgemeinen ausgedehnt. Ausgehend von dieser Analyse bietet sich ein Weg für die Neukonzeption einer angemessenen Sozialpolitik der Zukunft, welche die sich wandelnden Bedingungen der wirtschaftlichen Entwicklung, der Steigerung des Wohlstands der Nationen und der Risiko- und Störungsbewältigung berücksichtigt.

1973 war nicht nur das Jahr der ersten Ölkrise, sondern auch das Jahr, in dem auf internationaler geldpolitischer Ebene beschlossen wurde, das System der festen Wechselkurse aufzugeben. Zur gleichen Zeit schossen die Inflationsraten nach einer Periode mäßiger, schleichender Preissteigerungen in die Höhe. Die Vertreter des wirtschaftswissenschaftlichen Mainstream brauchten einige Zeit, um zu erkennen, daß es sich bei der auftretenden Inflation in der Tat um ein strukturelles und nicht bloß um ein zyklisches Problem handelte. In der Folge brauchten die Zentralbanken und die geldpolitischen Entscheidungsträger einige Zeit, um zu dem Schluß zu gelangen, daß es entscheidend sei, die Inflation auf ein Minimum zu drücken, um zu verhindern, daß die Wirtschaft sich allzu ungleichgewichtig entwickelte.

Doch viele Jahre lang hatte man nicht erkannt, daß etwas grundlegend Neues in der Wirtschaft geschehen war, weshalb die vorherrschende Politik vieler Regierungen in den siebziger Jahren eine ganze Zeitlang darin bestand, Defizite des Staatshaushaltes hinzunehmen und teilweise sogar zu fördern und sich auf einen kommenden »normalen« Aufschwung zu verlassen (man erwartete, daß sich ein historisch eher ungewöhnliches jährliches Wachstum des Bruttosozialproduktes von sechs Prozent auf Dauer wieder einstellen werde), der dann eine Art Gleichgewicht zurückbringen werde. Lamentablerweise blieb der rettende Aufschwung in notwendiger Dynamik aus, und alle großen sozialen Konflikte, denen die industrialisierten Länder während der siebziger bis hinein in die achtziger Jahre ausgesetzt waren, sind weitgehend diesem Fehlurteil geschuldet.

Unterdessen begannen die grundlegenden Elemente der monetären Ungewißheit, wie Inflationsraten, Zinssätze, Wechselkurse usw., die Natur des Bankensystems zu verändern und in großem Maße auch die Funktionsweise von Industrieunternehmen. Diese begannen zu erkennen, daß die abrupten Veränderungen der monetären Rahmenbedingungen sich in manchen Fällen stärker auf die Gewinne aus ihren Tätigkeiten auswirkten als ihre industrielle Kernleistung.

Die Banken und andere Finanzinstitutionen folgten dem Ansatz der Industrie und begannen alsbald, sich mit Risikomanagement auseinanderzusetzen, wobei sie die Rolle und die Vorstellungen, die sie von ihrem eigenen Geschäft hatten, grundlegend veränderten und ihre eigenen Investitionsprogramme überarbeiteten. Die Entwicklung von Finanzderivaten und anderen Systemen der Kontrolle der monetären Risiken war die Konsequenz dieser Entwicklung. Gegenwärtig befinden wir uns inmitten dieser globalen Revolution der Ökonomie von Ungewißheit und Risikomanagement – ein wesentliches Merkmal der globalen Dienstleistungsgesellschaft.

Das Konzept des Risikomanagements selbst ist inzwischen in

der Finanzwelt gängig geworden und spielt nunmehr eine Rolle in der Entwicklung des Wohlstands der Nationen. Es erscheint überzeugend, daß eine Strategie des Risikomanagements entscheidend ist, um den Wohlstand der Nationen in allen Richtungen und Sektoren wirtschaftlicher Tätigkeit zu fördern.

3. Die Rolle der Nachfrage

Nachfrage ist eine Art Selektionsmechanismus in einem unweigerlich asymmetrischen System. In der wirtschaftlichen und biologischen Realität kommt es ständig zu einer riesigen Zahl nicht abgesicherter Produktionsakte, deren Ergebnisse dann von der Nachfrage ausgewählt werden. Es herrscht ein enormer Unterschied zwischen einem Prozeß, dessen Zweck das Gleichgewicht ist (Angebot und Nachfrage), und einem Prozeß, in dem die Nachfrage eine Selektionsfunktion und keine Gleichgewichtsfunktion hat.

Eine ähnliche Position vertritt Karl Popper in seiner Widerlegung der Induktion und seiner Verteidigung des Empirismus: *»Es gibt also keine Induktion:* Wir schließen niemals von Tatsachen auf Theorien, es sei denn, auf ihre Widerlegung oder ›Falsifikation‹. Man kann diese Auffassung der Wissenschaft als selektiv, als darwinistisch bezeichnen. Im Gegensatz dazu sind methodologische Theorien, die behaupten, daß wir induktiv vorgehen, oder die den Akzent auf die *Verifikation* (statt auf die *Kritik,* auf die *Falsifikation*) legen, typisch lamarckistisch: Sie legen den Akzent auf das *Lernen von der Umwelt* und nicht auf die *Auslese durch die Umwelt.«*[4]

Wie wir schon gesehen haben, sind sowohl klassische wie neoklassische Theorien deterministischer Natur, sie gründen auf einem Newtonschen Modell, das von feststehenden, entdeckbaren Gesetzen ausgeht. Der einzige Unterschied ist, daß die klassische Theorie die Angebotsseite betonte, bis ein Überschuß im Angebot und ein Mangel bei der Nachfrage eine Revolution in der Denkweise erzwang. Die Wirtschaftskrisen der Industriellen Revolution waren solche realer Deflation, weil die Notwendigkeit von Nachfrage, die durch angemessene Produktionsmengen gedeckt werden konnte, unterschätzt wurde.

All dies änderte sich, als die verheerenden Auswirkungen des Börsenkrachs von 1929 Keynes veranlaßten, den Begriff der effektiven Nachfrage einzuführen und damit die zeitgenössische

Auffassung zu verwerfen, daß Vollbeschäftigung nach dem Abschwung der Konjunktur durch irgendeinen selbsttätigen Mechanismus erhalten oder wiederhergestellt werden würde. Vollbeschäftigung ist nicht einfach der Normalzustand, der durch die Flexibilität der Löhne oder Zinssätze aufrechterhalten wird. Keynes zufolge ist das Beschäftigungsniveau selbst eine Variable, determiniert von bestimmten Kausalfaktoren. Er gestand zu, daß das Beschäftigungsniveau kurzfristig vom Umfang der Produktion determiniert wird. Ist die produzierte Gütermenge groß, stellt eine Firma mehr Arbeitskräfte ein als im gegenteiligen Fall. Die Produktionsmenge hängt von der effektiven Nachfrage ab, d.h. von der Nachfrage, die tatsächlich durch Ausgaben getragen wird, ob nun durch konsumtive oder investive. Keynes wandte seine Aufmerksamkeit daher der Frage zu, wodurch sich Konsumniveau und das Investitionsniveau bestimmen, um zu verstehen, wodurch wiederum die Höhe der Beschäftigung determiniert wird.

Der hohe Stellenwert, den John Hicks dem Begriff der Nachfrage verlieh, und vor allem seine Einführung der subjektiven Werttheorie bildeten ein beachtliches Gegengewicht gegen den zentralen Stellenwert von Angebot und Arbeit, den Marx in seinen ökonomischen Theorien und die marxistische Ökonomie von den Klassikern übernommen hatten. Dies ermöglichte es den Verteidigern des freien Marktes, ihre Vorstellungen durch Rückgriff auf ein nachfrageseitiges Wertkonzept zu verteidigen.

Mit der neoklassischen ökonomischen Lehre wurde die Arbeitswerttheorie verabschiedet und der Schwerpunkt auf den Nutzen gelegt. Nutzen wird nach Joan Robinson als jene Eigenschaft von Waren bezeichnet, welche Individuen dazu veranlaßt, sie zu kaufen. Alfred Marshall vertritt die Auffassung, daß Nutzen als das Gegenstück zum Wunsch oder Bedarf behandelt werden sollte. Der Schlüssel für die ökonomische Entwicklung besteht also darin, das Wachstum zu fördern und die Individuen in die Lage zu versetzen, jene Güter zu kaufen, die »Nutzen« haben, ohne Inflation hervorzurufen. In den siebziger Jahren fiel das Produktivitätswachstum steil ab, und die Regierungen hatten es mit immer schlechteren Kompromissen zwischen Inflation und Arbeitslosigkeit zu tun. Versuche, diese Probleme mit keynesianischen Mitteln zu bewältigen, führten zu steigender Inflation und Arbeitslosigkeit zugleich. Die Nachfragesteigerung unter Vernachlässigung der Produktionsanreize verschärfte nur die Stagflation, da der Wert der Anreize schwand. Das Ziel der Neoklassik oder der neoklassischen angebotsorientierten Ökonomie war es dann, das Realprodukt im Verhältnis zur Nachfrage zu steigern, während man zugleich erkannte, daß die Nachfrage auf Nutzen beruht.

Wie wir in den vorangegangenen Abschnitten gesehen haben, ist an der angebotsorientierten Ökonomie im Grunde nichts neu: Adam Smiths »Wohlstand der Nationen« dreht sich prinzipiell um nichts anderes. Doch die wirtschaftliche Entwicklung sollte nun nicht mehr als eine Frage der Beeinflussung von Angebot und Nachfrage mit dem Ziel eines Preisgleichgewichts betrachtet werden. Sowohl das keynesianische Nachfragemanagement als auch die angebotsorientierte Ökonomie der Neoklassik scheitern, weil in beiden Fällen davon ausgegangen wird, daß die ökonomische Theorie einem deterministischen Modell wissenschaftlicher Gesetze entsprechen muß, wenn sie ernst genommen werden will. Der Unterschied zwischen beiden ist, daß die klassische Ökonomie das »Angebot« als entscheidend für die Deutung und Vorhersage der wirtschaftlichen Entwicklung betrachtete, während die neoklassischen Ökonomen die Ansicht vertreten, daß, wenn die Nachfrage einmal richtig verstanden sei, auch das Güterangebot vorhanden sein werde, um diese zu decken.

Ein vollkommen neuer Ansatz zum Verständnis der Komplexität der Produktion und der Rolle der Arbeit in der Produktion ist notwendig, da weder Angebot noch Nachfrage für sich genommen hinreichende Erklärungen für die wirtschaftliche Entwicklung bieten. Insbesondere bedeutet dies, die Vorstellung aufzugeben, wonach das Güterangebot durch Einsatz von Technik derart gesteigert werden kann, daß der Preis gesenkt oder auf einer Höhe gehalten kann, der für die meisten Konsumenten tragbar ist, womit wiederum eine hinreichend starke Nachfrage für die weitere wirtschaftliche Entwicklung gewährleistet wäre. Diese Auffassung beruht, wie wir gesehen haben, auf der fehlgeleiteten Anwendung angeblich wissenschaftlicher Prinzipien auf die ökonomische Theorie sowie auf der Unfähigkeit, die Grenzen der Technik richtig und realistisch einzuschätzen.

Wenn die gegenwärtige neoklassische, an der Nachfrage orientierte Theorie die Nachfrage als Verhaltensanweisung für die Wirtschaft deutet, dann zeigt sie deutlich, in welchem Maße immer noch eine zutiefst deterministische Philosophie die Sozialwissenschaften und insbesondere die Ökonomie durchdringt. Im Gegenteil: Selbst wenn ein Selektionsprozeß gewisse Hinweise und Informationen hinsichtlich seiner künftigen Bewegungen liefern kann, werden solche Hinweise in der Praxis immer Hypothesen bleiben, die erst später empirisch, durch die Fakten, bestätigt werden können. Doch zugleich wird es immer einen Bereich der Ungewißheit geben, weil es grundsätzlich unmöglich ist, Veränderungen der Umwelt insgesamt vorherzusagen, wenn Realzeit, Evolution und Dynamik als Eigenschaften des wirklichen Lebens anerkannt werden.

Es muß betont und wiederholt werden, daß wir uns gegenwärtig in einem dynamischen Umfeld befinden, in dem uns eine statische Gleichgewichtstheorie der Wirtschaft nicht helfen kann, die anstehenden großen Probleme zu lösen. Unserer Hypothese nach befinden wir uns in einer Situation, in der herkömmliche Gleichgewichtstheorien zu viele Mängel aufweisen, um wirklich effizient zu sein. Sie müssen daher rekonstruiert werden, so daß sie mehr Probleme behandeln und weniger unzulängliche Hypothesen enthalten. Damit verbietet es sich, das alte ökonomische Denken, das die Bedeutung des Angebots betont, einfach umzubenennen und anzupassen. Die Zeitdimension gibt der Produktionsfunktion eine viel umfassendere Bedeutung, als ihr in der klassischen Ökonomie zukam, und sie unterstreicht auch die wichtige ergänzende Rolle der Nachfrage. Eine Theorie des »Ungleichgewichts« erfordert ein richtiges und profundes Verständnis von Nachfrage und Angebot, und zwar auf verschiedenen Ebenen.

Während sich im ökonomischen Denken der Vergangenheit die Priorität vom Angebot auf die Nachfrage verlagern konnte, die jeweils für sich als brauchbare Instrumente betrachtet wurden, müssen wir heute nicht nur die Bedeutung der Angebotsseite neu bewerten, sondern auch die Tatsache, daß die Selektionsfunktion der Nachfrage eine absolute Notwendigkeit ist, eine Ergänzung der Produktionsfunktion. In Anlehnung an das Zitat von Karl Popper könnten wir sagen, daß ein ökonomisches System verpflichtet ist, auf der Basis von Hypothesen zu produzieren (und vielleicht sogar aufgrund von Träumen oder jedes anderen Prozesses, der Handeln und Initiative anregt). Dies ist der erste entscheidende Schritt. Doch der sich anschließend manifestierende Nachfrageprozeß muß im Hinblick auf seine Selektionsfunktion so effizient wie möglich sein (und Kriterien einschließen, wie materielle und menschliche Ressourcen am besten einzusetzen und gesellschaftliche Werte zu berücksichtigen sind).

All dies heißt natürlich nicht, daß die Nachfrage völlig unvorhersagbar ist, wenn die Produktionsentscheidungen getroffen werden, doch selbst die besten Marktforschungsstudien der modernen Ökonomie arbeiten immer mit einem gewissen Toleranzintervall der Unsicherheit der Prognose, das nicht beliebig reduziert werden kann. Wir müssen akzeptieren, daß es keine Gewißheit gibt, doch zugleich ist jede Annäherung besser als überhaupt keine. Wir müssen mit einem unvermeidlichen Maß an Ungewißheit und Risiko leben, welches in sich den Anreiz für Verbesserungen, Veränderungen, neue Ideen und Fortschritt liefert.

Die Selektionsfunktion der Nachfrage, mag sie zuzeiten auch als schwierig erscheinen, ist dennoch wesentlich. Produktion ohne Kontrolle durch Selektion kann ausufern bis zu einem Punkt, da sie das gesamte System zerstört. Krebs ist eine biologische Form unkontrollierter Eigenproduktion ohne den Mechanismus einer wirksamen Selektion. Der Nachfrageprozeß ist effizient aufgrund seiner Selektionsfähigkeit. Die deterministische Philosophie, die nach einer im voraus genau definierten Nachfrage strebt, nach im voraus regulierter Produktion, ist unnatürlich, kann nur ineffizient sein und wird zu einer Quelle der Zerstörung materieller und menschlicher Ressourcen. Deterministische Bestrebungen können nur durch ihre »Unvollkommenheiten« überleben. Je größer die Unvollkommenheiten, desto besser.

Die Nachfrage muß im Verlauf der Zeit bestimmen, ob verfügbare Produkte nützlich sind. Manchmal, nach einem anfänglich fieberhaften Erfolg (wie etwa bei Computerspielen) kann es sehr schnell bergab gehen. In anderen Fällen garantiert die Tatsache, daß dieser Selektionsmechanismus überhaupt existiert, das Streben nach einer besseren Qualität der Produktion. Mozart schuf seine Opern als einer von Hunderten Komponisten seiner Zeit. Sein Werk war die wesentliche Voraussetzung, aber in der Folge hat die Nachfrage ihn ausgewählt, und jedesmal, wenn wir seiner Musik im Radio oder im Konzert lauschen, wählt sie ihn wieder aus. In der neuen Dienstleistungsökonomie, in der Nutzungswert bedeutet, daß man die Realzeit berücksichtigt, erfüllt die Nachfrage eine wichtige ergänzende Rolle für die Produktion. Sie ist nicht mehr eine Frage der einseitigen Konzentration auf entweder die Angebots- oder die Nachfrageseite, wie im Rahmen der allgemeinen Gleichgewichtstheorie, sondern auf die Wirtschaft insgesamt. Ungewißheit zu akzeptieren bedeutet, daß wir wieder einmal, wie in Xenons Paradox, die Distanz zwischen unserem Verständnis der Ökonomie und der Realität halbieren.

Kontroverse Thesen

5. Die Bedeutung der Nachfrage in der heutigen Dienstleistungsökonomie

In jeder angemessenen Analyse der Veränderungen des Prozesses, durch den in der modernen Wirtschaft der Wohlstand der Nationen produziert wird, muß zunächst sorgfältig die von den Ökonomen so genannte »Angebotsseite« erörtert werden, das heißt die Systeme, in denen Güter und Dienstleistungen produziert werden. Auf den ersten Blick mag es scheinen, als plädierten wir für eine Rückkehr zu jenen Lehren, die der Angebotsseite den Vorrang über die Nachfrageseite geben, wie etwa bei den klassischen Nationalökonomen von Adam Smith bis Karl Marx und vielen anderen bis zum Beginn dieses Jahrhunderts.

Jedoch möchten wir auch darauf verweisen, daß in der neuen Dienstleistungswirtschaft die Nachfrage nicht einfach auf ihre traditionelle Funktion als Indikator des Gleichgewichts beschränkt ist. Denn unter den veränderten Bedingungen einer Dienstleistungsgesellschaft werden die Systeme der Produktion und Konsumtion in einen Zeitraum hinein verlängert, der in jedem Fall nur der Wahrscheinlichkeit nach zu bemessen ist.

In diesem Zusammenhang ist die Rolle der Nachfrage deutlich relevanter als in der klassischen Ökonomie. Die Nachfrage stellt einen Selektionsmechanismus dar, der nicht nur auf die Selektion von Produkten und Dienstleistungen, die auf dem Markt angeboten werden, beschränkt ist. Selbst Produktionsvorschläge und Ideen für neue Produkte werden diesem Selektionsprozeß unterworfen und erreichen möglicherweise nie den Markt und erhalten keinen Preis. Dies gilt insbesondere für die Formulierung von Strategien für die technische Innovation, die häufig ein Portfolio von Projekten umfassen, von denen jedes separate Investitionen verlangt und von denen nur ein oder zwei irgendeine Erfolgschance haben und tatsächlich auf dem Markt »erscheinen« werden.

Diese Rolle der Nachfrage, im wesentlichen ein Selektionssystem, ist zugleich ein Hinweis auf die Veränderung des philosophischen Bezugssystems. Wie Karl Popper festgestellt hat, funktionierte die Selektion im lamarckistischen System als eine Art normative Aktivität der Natur, bei der die Nachfrage der Produktion anzeigte, was zu tun sei. Dies mag für schon bekannte Produkte zum Teil stimmen, doch natürlich hat kein Produzent jemals Mozart gesagt, er solle seine Opern schreiben, oder einen Computerhersteller angewiesen, Computer zu erfinden. Tatsächlich ist die Selektion wesentlich, um das normale Funktionieren eines Systems aufrechtzuerhalten und die Effizienz der Produktion im wirtschaftlichen und sozialen Sinne zu prüfen. Es ist der »Produzent«, der neue oder andere Produkte erfindet und vorschlägt.

Es liegt weiterhin auf der Hand, daß in dem Moment, da die Leistung den Wert der Produktion darstellt, der Konsument viel mehr ist als nur ein simpler »Anwender«: er investiert Zeit und Geld oder beides für die Nutzung von Systemen, Produkten oder Dienstleistungen, um sicherzustellen, daß sie auf zufriedenstellende Weise arbeiten und ihre Leistung erbringen. Der Konsument ist, um Alvin Tofflers Neologismus zu verwenden, zum Prosumenten geworden.

Es scheint klar, daß die Konsumenten in der modernen Dienstleistungsökonomie nicht mehr nur passive Käufer sind, sie beginnen vielmehr, ihren eigenen Beitrag zur Produktnutzung und Wohlstandserzeugung zu leisten und werden somit zu einem essentiellen Teil des Produktionssystems.

4. Wissenschaft und Technik: Errungenschaften, Träume und Mythen

Wissenschaft und Technik in der Wirtschaftsgeschichte

Um den Übergang von der Industriellen Revolution zur Dienstleistungswirtschaft richtig bewerten zu können, ist es unabdingbar, die Rolle von Wissenschaft und Technik in der Wirtschaftsgeschichte und Wirtschaftstheorie zu betrachten. Die Debatte zu diesem Thema ist häufig unzulänglich, wirr und manchmal ohne die nötige fachliche Tiefe.[5] Technologie, Technik und die Entwicklung von Werkzeugen gehörten immer schon zur menschlichen Geschichte. Steinzeit, Eisenzeit und Industrielle Revolution stellten Knotenpunkte der menschlichen Entwicklung dar, und eine solche Bestimmung beinhaltet auch neue Ebenen der Verwendung von Technik. Es muß klar sein, daß die Technik bis zum Ende des letzten Jahrhunderts nie mit der wissenschaftlichen Entwicklung verknüpft war. Sie war das Ergebnis menschlicher Erfindungsgabe, Intuition und der Fähigkeit, Werkzeuge herstellen zu können, um die Jagd zu erleichtern, Tiere zu zähmen, Häuser zu bauen usw. Selbst die Industrielle Revolution wurde in der ersten Phase von praktischen »Ingenieuren« vorangetrieben, die den Dampf einsetzen konnten, ohne daß sie wirklich wußten, daß das Wasser selbst aus Wasserstoff und Sauerstoff besteht. Die Produktion von Eisen war die Folge pragmatischer Beobachtungen, die sich über die Jahrhunderte und die Jahrtausende entwickelte, ohne daß man verstand, was Kohlenstoff und Eisen sind.

Die moderne Wissenschaft hingegen ist die Tochter der philosophischen Frage nach dem Aufbau des Universums und der Zusammensetzung und dem Verhalten von Materie und Materialien. Wichtig zu verstehen ist, daß die wissenschaftliche Forschung erst am Ende des neunzehnten Jahrhunderts Wirkung auf die Produktion neuer Werkzeuge erzielte. David Landes beschreibt diesen

Prozeß in sehr angemessener Weise.[6] Die Analyse von Landes ist ein gutes Beispiel für einen hohen wissenschaftlichen Standard, denn er gehört zu jener raren Sorte von Forschern, welche die Erfahrung und das praktische Wissen vieler Experten nutzen und erweitern, die beruflich in den Manufakturen oder Industriebetrieben tätig waren.

Wir treffen diese Feststellungen, denn wenn man im vergangenen Jahrhundert den Begriff der Wissenschaft gebrauchte, meinte man damit in den meisten Fällen (auch bei Marx) nicht die Wirklichkeit und Praxis der Wissenschaft. Vielmehr ging es um eine Ideologie, in der die Bestimmung einer Tätigkeit als wissenschaftliche eine meist dogmatische und ideologische Art und Weise war, solchen Tätigkeiten die Eigenschaft der Vollkommenheit oder Gewißheit und letztgültigen Autorität zuzuschreiben. In einem praktischeren Sinne meinte man mit wissenschaftlichen Methoden damals und auch gegenwärtig noch häufig eine Aufgabe, die gut gemacht ist, d. h. mit einem Höchstmaß an Präzision ein erwünschtes Resultat liefert. Dies hebt solche Prozesse jedoch nicht unbedingt auf die Ebene der Wissenschaft. Nach Analyse der Schriften zu diesem Thema gewinnen wir den Eindruck, daß es möglich ist, die Qualifikation »wissenschaftlich« auf jede Art von »gut ausgeführter« Tätigkeit anzuwenden, im Extremfall auch auf den Frühmenschen, der Steine zuschneidet.[7]

Wenn wissenschaftliche Fortschritte einerseits auf menschlichen Träumen beruhen und in manchen Fällen durch Mythen angeregt werden, so gehen sie andererseits einher mit unablässiger Kritik und dem Aufzeigen von Grenzen für jede scheinbar präzise Definition oder Gewißheit. Dies ist der große Unterschied zwischen den philosophischen Auffassungen unserer Zeit und denen des vergangenen Jahrhunderts, als die Wissenschaft aufgrund deterministischer Annahmen als Methode betrachtet wurde, Gewißheit zu erlangen, und damit als eine Konkurrentin der Religion erschien.

Im Gegenteil, während die Religion einige Wahrheiten per Definition voraussetzt, selbst wenn sie nicht bewiesen werden können, gründet sich die Wissenschaft auf anerkanntes Wissen oder

die jeweils vorhandenen wissenschaftlichen Theorien, um herauszufinden, wo und an welchem Punkt eine solche Theorie unzulänglich und unvollständig ist und daher nicht als letztgültig in
Raum und Zeit betrachtet werden kann. Die Religion gibt sich
nicht damit ab, die Nichtexistenz Gottes oder seine Unzulänglich-
keiten zu beweisen, während die Wissenschaft etwa von der Ein-
steinschen Theorie ihren Ausgang nimmt, um ein hohes Maß an
Wissen zu erlangen, und versucht, ihre eigenen Grenzen und Un-
zulänglichkeiten zu entdecken. Wissenschaftliches Wissen hat daher zu tun mit einer immer wieder neuen Erkenntnis der Grenzen
der Gewißheit. Dank dieser Grenzen ist Fortschritt noch möglich,
während die Philosophien, die im letzten Jahrhundert das Ideal des
Fortschritts als Suche nach Gewißheit hochhielten, die Möglichkeit des Fortschritts gerade wegen ihrer deterministischen Auffassungen zerstörten. Der religiöse Glaube hat mit der Suche nach
universeller Wahrheit zu tun, der wissenschaftliche Glaube – wenn
dieses Bild hier überhaupt brauchbar ist – hat mit der Ungewißheit
zu tun.

Management von Unwägbarkeiten
der modernen Technik[8]

Um das historisch recht einmalige wirtschaftliche Wachstum der
Industrieländer nach dem Zweiten Weltkrieg (von durchschnittlich
real über sechs Prozent in einem Zeitraum von fünfundzwanzig
Jahren) zu erklären, ist das Verständnis der Beziehungen zwischen
Wissenschaft und Technik von entscheidender Bedeutung. Tatsächlich brauchte es einige Zeit, bis diese Verbindung wirklich
vollendet war und als tiefgreifende Revolution erkannt wurde. Erst
zu Beginn der dreißiger Jahre wurde sowohl die technologische als
auch die wissenschaftliche Forschung zu einem ernsthaften Betätigungsfeld innerhalb der Wirtschaft. Mit anderen Worten, man ord-
nete bestimmte Haushaltsmittel bestimmten Zielen zu. Der Zweite
Weltkrieg beschleunigte die gegenseitige Durchdringung von Wis-

senschaft und Technik, so daß die Produktionskapazitäten auf der Angebotsseite 1945 einen historisch einmaligen Stand erreicht hatten. Diese Tatsache, von den Wirtschaftswissenschaftlern vermutlich wegen mangelnder ähnlicher Erfahrungen in der Vergangenheit weitgehend übersehen, erklärt das einzigartige wirtschaftliche Wachstum der Industrieländer in der Zeit von 1947 bis 1973.

In manchen Kreisen hält sich die Auffassung, daß Wissenschaft und Technik eine Art magische Leistung des menschlichen Verstandes darstellen, die, abstrakt gesehen, in Zukunft die unbegrenzte Elastizität des Produktionsprozesses garantiert. An die Stelle ernsthafter Analyse trat ein wuchernder neuer Mythos, der zwar im Hinblick auf das menschliche Bedürfnis zu träumen verständlich ist, in manchen Fällen jedoch einem modernen Aberglauben Tür und Tor öffnet, der genau das Gegenteil von Wissenschaft darstellt. Dieser Tendenz trat man häufig nur mit einer gleichermaßen einseitigen Sicht der Dinge entgegen: für andere Kreise ist die moderne Technik die Wurzel der meisten, wenn nicht aller modernen »Übel«. Beide Denkweisen sollte man zurückweisen, da die Technik der Menschheit nur eine Reihe von Werkzeugen liefert, die für sich genommen weder gut noch schlecht sind. Worum es geht, ist die Verantwortung der Menschheit und die Art und Weise, in der diese Werkzeuge genutzt werden. Wie Innovationen und Entdeckungen genutzt werden, ist in jedem Fall, zum Guten wie zum Schlechten, abhängig von der menschlichen Natur. Global gesehen geht es der Menschheit weit besser als je zuvor.

Der Aufstieg der Wissenschaft zum Fundament neuer Techniken schuf die Bedingungen für eine wirtschaftliche Entwicklung, die bis heute oftmals vernachlässigt oder falsch verstanden worden ist. Der erste wichtige Punkt, der hier erörtert werden muß, ist der Umstand, daß die Wissenschaft, der es um grundlegendes Wissen geht, sich durch neue Entdeckungen weiterentwickelt. Solche Errungenschaften können jedoch nicht im voraus bestimmt werden, und sie reifen in einem Prozeß heran, der wirtschaftlichen oder marktförmigen Anreizen weitgehend unzugänglich ist. Neue Erkenntnisse, neue Tatsachen sind per definitionem im voraus nicht bekannt, und selbst auf dem Weg zu ihnen kommt man nur über Hypothesen und Wahrscheinlichkeiten voran.

Während vorhandenes Wissen und verfügbare Techniken mobilisiert werden können, um ein realisierbares Projekt zu entwerfen und es in der vorgegebenen Zeit durchzuführen (wie etwa in den sechziger Jahren der Bau einer Trägerrakete durch die NASA gemäß der Entscheidung zur Mondlandung), ist andererseits klar: Wann immer eine neue Technik von noch nicht gemachten Entdeckungen abhängt, kann dieser Prozeß nicht als eine direkte Folge wirtschaftlicher oder kultureller Eigenkräfte betrachtet werden. Diese Tatsache und diese Art des Zusammenhangs von Wissenschaft und Technik liegen dem Phänomen der abnehmenden Ertragszuwächse der Technik zugrunde.

Der Begriff der abnehmenden Ertragszuwächse erscheint unter verschiedenen Namen und Theorien in fast allen Disziplinen, sowohl in den harten Naturwissenschaften (Entropie) als auch in den Sozialwissenschaften (in der Ökonomie, wenn sie die abnehmenden Ertragszuwächse der technischen Produktionsfaktoren erkennt). Es ist klar, daß Erfindungen sowie die Entwicklung und die Produktion von neuen Werkzeugen Möglichkeiten sind, das Phänomen der sinkenden Ertragszuwächse zu bekämpfen. Dieser Punkt soll an einem Beispiel erläutert werden.

Die normale Gehgeschwindigkeit eines Menschen beträgt etwa fünf Kilometer pro Stunde. Kurze Distanzen können jedoch viel schneller zurückgelegt werden, 100 Meter zum Beispiel in zehn Sekunden. Wenn wir 200 statt 100 Meter laufen wollen, ist klar, daß die zusätzlichen 100 Meter nicht mit der gleichen Geschwindigkeit wie die ersten zurückgelegt werden können. Das trifft noch mehr für längere Distanzen zu, wie 500 Meter, fünf Kilometer oder fünfzig Kilometer. Je länger die zu überwindende Strecke ist, desto länger dauert ihre Bewältigung, absolut wie auch relativ. Mit einem Fahrrad wiederum können wir große Fortschritte erzielen und unsere Leistung verbessern. Dennoch tritt das Phänomen der sinkenden Leistung – oder der abnehmenden Ertragszuwächse – auch beim Fahrradfahren auf. Es wird vielleicht später wirksam werden, aber es wird unweigerlich eintreten. Verbesserungen der Fahrradtechnik, wie die Einführung der Gangschaltung, eines leichteren Rahmens oder schmalerer Reifen, können nur den Moment hinauszögern, in dem sich die Technik schließlich als ungenügd und inadäquat erweist. Um die Beschränkung der vorhandenen zu überwinden, muß eine neue Technik eingeführt werden. Die Ersetzung des Fahrrads durch ein Automobil wird wiederum für eine gewisse Zeit unsere Leistung verbessern, aber dann werden wir wiederum auf ein anderes, noch überlegeneres System umsteigen müssen: das Flugzeug. Und anschließend könnte es ein Raumschiff sein. Auf jeder Stufe einer neuen, fortgeschritteneren Technologie sind wir in der Lage, dem Phänomen der sinkenden Ertragszuwächse der vorgehenden Stufe entgegenzutreten. Je höher das Niveau der Technik ist, desto mehr wissenschaftliche Kenntnisse müssen von uns angewandt werden, um die Leistung zu verbessern.

Es gibt immer und auf allen Gebieten Möglichkeiten, die vorhandene Technik zu verbessern, doch immer kommt es zunächst zu sinkenden Grenzerträgen. Wann immer vorhandene Techniken bis an ihre Grenzen ausgelastet sind, kann nur die Einführung ganz neuer Techniken zu einem Effizienzsprung führen, um tendenziell sinkende Ertragszuwächse zu überwinden. Dieser grundlegende Fortschritt ist jedoch mit wissenschaftlichen Entdeckungen und Erfindungen verbunden, die von einem ihm exogenen Prozeß abhängen.

Deshalb hat uns das Phänomen der sinkenden Ertragszuwächse der Technik, das während der gesamten Entwicklung der Industriellen Revolution beobachtet werden kann, die ganze Zeit über begleitet. Diese Erscheinung erleichtert das Verständnis dieses Prozesses innerhalb der Weiterentwicklung menschlicher Leistungen nach Maßgabe einer Begrifflichkeit, die nicht mythisch oder ideologisch, sondern realistisch ist. Und sie zeigt den Weg zu weiteren Entwicklungen.

Wir wissen auch, daß zwischen dem Augenblick, in dem eine grundlegend neue wissenschaftliche Entdeckung gemacht wird, und ihrer späteren Anwendung in der Technik eine lange Zeitspanne liegt, die man eher nach Jahrzehnten als nach Jahren messen muß. In der Literatur finden sich Beispiele einer raschen Umsetzung neuer technischer Entwicklungen bis zur Produktionsreife, doch es handelt sich immer um Innovationen, bei denen keine fundamentale Entdeckung notwendig war. Was bei Verbesserungen im Rahmen bestehender Entwicklungen möglich ist, kann nicht mit fundamentalen Entdeckungen verglichen werden, die die ganze Art und Weise revolutionieren, in der wir Sachverhalte und Materialien verstehen und mit ihnen umgehen.

Einige werden sich erinnern, daß es vor dem Verbrennungsmotor schon das elektrische Automobil gab und daß beide Systeme eine Zeitlang nebeneinander angewandt wurden. Aber die Effizienz der Batterien verbesserte sich nur relativ wenig, und wegen des unzureichenden Wissens über Produktion und Leistung kleinerer Systeme zur Herstellung und Speicherung von Energie gab man deshalb in der Praxis der Verbrennungsmaschine den Vorzug. Die ökonomische Entscheidung wurde so in der Tat durch die Begrenztheit des fundamentalen Wissens bestimmt.

Es ist wichtig, die Macht der Technik zu erkennen und zugleich die Grenzen unserer Fähigkeit, spezifische, vorausbestimmte wissenschaftliche Durchbrüche zu erringen, die notwendig sind, um bestimmte Ergebnisse zu erlangen. Wir können nicht erwarten, daß Wissenschaft und Technik immer die Lösungen all unserer Probleme liefern. Derart irrationale Haltungen müssen bekämpft werden; Wissenschaft und Technik sind keine moderne Zauberei, die beliebig eingesetzt werden kann. Es wird immer ein Moment von Ungewißheit und Herausforderung geben.

Die Dienstleistungswirtschaft und die Wechselbeziehungen von Technik und wirtschaftlicher Leistung

Die Wechselbeziehung von Technik und Wirtschaftsleistung in der Moderne stellt ein fundamentales Phänomen dar, das ökonomisch gesehen zur Dienstleistungswirtschaft führt. Der Übergang kann besonders von jenen festgestellt werden, die der Praxis der industriellen Produktion verbunden sind. Im folgenden sollen einige Beispiele aus der Praxis der späten sechziger und frühen siebziger Jahren zur Illustration angeführt werden.[9] Gegen Ende der sechziger Jahre hielt man es für wahrscheinlich, daß dank der neuen Energiequellen auf Grundlage der Atomkraft die Energiekosten im Vergleich zu anderen Energiequellen beträchtlich gesenkt werden könnten. Man erwartete eine Energierevolution, ähnlich der, die in der Computerindustrie später stattfand. Weltweit führte man eine Reihe technisch-ökonomischer Untersuchungen durch, um alle chemischen Prozesse ausfindig zu machen, die durch thermische Prozesse auf Grundlage der Atomenergie ersetzt werden könnten. Am Ende der sechziger Jahre kam es dann zu den ersten Schwierigkeiten bei dem Versuch, die Kosten für die Atomenergie zu senken, und so wurde der Markt für weitere Forschungen auf diesem Gebiet zunichte gemacht.

In derselben Zeit wurde der Jumbo-Jet auf den Markt gebracht, der 500 Personen auf einmal transportieren sollte. Die Existenz eines noch größeren Flugzeugs, des Militärtransporters Galaxy, beflügelte die Phantasien über die nächste Generation von Flugzeugen mit einer Transportleistung von über 1000 Personen. Bis heute gibt es kein kommerzielles Flugzeug dieser Größe. In der Chemieindustrie versuchten die Forschungszentren immer noch, Studien über und Prototypen großer chemischer intermediärer Substanzen wie Ammoniak oder Äthylen zu liefern, die auf vereinfachte Weise in einem einzigen Reaktor mit einer Tagesleistung von bis zu 5000 Tonnen hergestellt werden sollten. Während man in den fünfzehn Jahren zuvor unablässig vorangekommen war, kam diese Entwicklung jetzt zum Stillstand.

In all diesen Fällen schien der Prozeß der Kosteneinsparung durch Ausweitung der Produktion in der traditionellen ökonomischen Logik seine Grenzen erreicht zu haben. Die Verwirklichung dieser größeren Systeme wurde immer dann fraglich, wenn die Sicherheitsprobleme und die wachsenden Kosten für die Logistik in Rechnung gestellt wurden. Das hieß, der organisatorische Aufwand, der nötig war, um diese Anlagen funktionstüchtig zu machen, verursachte Kosten, die höher waren als die Gewinne, die durch die Konzentration der Produktion erzielt werden konnten.

In wirtschaftlicher Hinsicht bedeutete dies, daß die Kosteneinsparung durch Ausweitung der Produktion nicht nur ihr Maximum erreichte, sondern auch, daß unter Berücksichtigung aller Kosten für die Logistik (und aller Formen von Dienstleistungen) die Produktivität weltweit relativ und absolut zurückging. Mit dem Fall der flüssigen Düngemittel läßt sich dieser Punkt noch weiter verdeutlichen. Es hätte nahegelegen, ihre Produktion zu fördern, wenn die Bauern in der Lage gewesen wären, sie auf einfachere Weise anzuwenden. Doch mußten solche Dünger in einem bestimmten Zeitraum von drei bis sechs Wochen im Jahr ausgebracht werden, und sie erforderten teure Sprühgeräte – besonders, wenn man berücksichtigte, daß sie elf Monate im Jahr nutzlos gewesen wären. Der Begriff der Nutzung kapitalintensiver Werkzeuge war in diesem Fall zentral, ebenso das Problem der Anfälligkeit und der Volatilität. Tatsächlich erforderte die Vermarktung von Dünger schon damals den Transport von mehreren Millionen Tonnen. Die Kosten für die Lagerhaltung waren und sind beträchtlich. Es reichte schon, wenn es in einigen wichtigen Gebieten ein paar Wochen länger oder später als erwartet regnete, um starken Druck auf die Vorräte auszuüben. Und selbst wenn in einigen Gebieten sehr gut organisierte Kartelle das ganze System im Griff hatten, waren sie nicht immer in der Lage, solche Situationen zu bewältigen.

Zum Beispiel haben sich die Preise von Ammoniak und damit auch von Stickstoffdüngern stark erhöht oder verringert, wenn solch ein äußerer Zwang vorlag, der durch eine Produktmenge verursacht wurde, die, auf den Weltmarkt bezogen, nur in einer Größenordnung von weniger als einem oder zwei Prozent von der »normalen« Situation abwich. Produktions- und Verteilungszwänge übten einen starken Druck auf die Preise aus, die ohne wirksame Kontrolle immer anfälliger für Schwankungen wurden. Zusätzlich wurde die Lagerung der Dünger wegen der Feuchtigkeit ein immer größeres Problem.

Die Ölkrise von 1973 hatte vor allem wegen der tiefgreifenden

Veränderungen innerhalb der Produktion und der Anfälligkeit des Lager- und Verteilungssystems derart verheerende Auswirkungen. Es war zuallererst das Wirtschaftssystem, das so anfällig und schwankend geworden war. Die Fähigkeit der ölexportierenden Länder zur Koordination und Kontrolle des Marktes war eher sekundär, und sie profitierten sogar noch von einer Situation, die wegen der neuen Realitäten in Produktion und Distribution wirtschaftlich und politisch ausgenutzt werden konnte. Dies ist der Grund, weshalb die Ölkrise von 1973 zum Signal für den allgemeinen Rückgang der Wachstumsrate wurde (von durchschnittlich sechs Prozent jährlich auf zwei bis drei Prozent in den klassischen Industrieländern).

Wenn es nur um die Bereitstellung von Erdöl gegangen wäre, hätte der Preisanstieg nur etwa ein bis zwei Prozent betragen dürfen. Das zumindest ist das Ergebnis eingehender Untersuchungen seitens der weltweit wichtigsten Forschungsinstitute. Dabei wurden die Auswirkungen der erhöhten Ölkosten auf sämtliche Wirtschaftstätigkeiten analysiert. Schon ein oder zwei Jahre vor der Ölkrise hatte man solche Untersuchungen mit Input-Output-Modellen durchgeführt. Daher war die Ölkrise nur ein Aspekt eines tiefergehenden Wandels der Wirtschaft. Die entscheidende Veränderung war, daß die Dienstleistungsfunktionen, insbesondere die der Lagerung, Verteilung und Nutzung, die wirtschaftlichen Schlüsselfaktoren wurden, während die reinen Produktionsgesichtspunkte zu einem Subsystem mutierten.

Produzierende und verarbeitende Unternehmen weltweit begriffen diese Situation in ihrem Kern: Sie benötigten keine neuen Wirtschaftstheorien, die Erfahrung reichte aus. Sie waren mit offensichtlichen Problemen konfrontiert, die neue Lösungen erforderten, welche man zumeist auch fand und in die Praxis umsetzte. Auf der allgemeinen makroökonomischen Ebene war es jedoch schwierig, die wesentlichen Gründe für die neuen Starrheiten im Angebot, für die Hartnäckigkeit der Inflation und die Mißerfolge der unentschiedenen Wirtschaftspolitik der siebziger Jahre zu verstehen.

Möglicherweise wäre die Entwicklung anders verlaufen, wenn in den siebziger Jahren in genau den Bereichen neue fundamentale

Entdeckungen gemacht worden wären, in denen sie am meisten benötigt wurden, um den Trend zu starreren Produktionssystemen auszugleichen. Doch dies war nicht der Fall. Große Fortschritte gelangen nur in Sektoren, die nicht in der Lage waren, die neuen Inelastizitäten kurzfristig auszugleichen. Hier findet sich wiederum die Logik des exogenen Charakters fundamentaler Veränderungen, die mit dem Mechanismus von Wissenschaft und Technik verknüpft sind.

Dennoch sollte beachtet werden, daß der Zuwachs an Dienstleistungstätigkeiten[10] innerhalb des produzierenden und verarbeitenden Systems selbst nicht notwendigerweise ein Indikator für steigenden Wohlstand der Nationen war und ist. Die Volkswirtschaften müssen noch lernen, wie die reale Produktivität der Dienstleistungen erhöht werden kann. Das Hauptproblem besteht darin, daß der Reichtum der Staaten heute noch immer so gemessen wird, wie es üblich war, als das rein produzierende System den Vorrang hatte und jeden anderen Aspekt der Wirtschaftsentwicklung beherrschte.

Im neuen System, in dem Wert mit Leistung verknüpft ist, ist es unabdingbar, die notwendigen Schritte einzuleiten, um das Wachstum des Wohlstands der Nationen differenzierter zu messen und zugleich eine bessere Wirtschaftspolitik anzuregen. Voraussetzung ist dabei, daß die grundlegenden Bedingungen der Produktion von Reichtum verstanden werden. Unser besseres Verständnis der Realität sollte den Weg in eine positivere Zukunft ebnen. Das Gefühl der Ohnmacht oder Unzulänglichkeit der gegenwärtigen Wirtschaftspolitik ist nicht die Folge der Herausforderung durch die Realität, sondern unserer Fähigkeit, diese adäquat zu verstehen. Diese Auffassung vertritt auch Charles Goodhart, Professor an der London School of Economics und Experte auf diesem Gebiet, in seiner Antwort auf die Frage, wie man mit dem Beschäftigungsproblem umgehen könne:»Eine ehrliche Antwort wäre, daß es tatsächlich niemand weiß. Man versteht kaum etwas von den Ursachen des schwierigen und sich noch verschlimmernden Arbeitslosenproblems in Europa. Allgemeine Übereinkunft besteht darin...daß es von der Angebotsseite herrührt.«[11] Mit dem vorliegenden Bericht verbinden wir die Hoffnung, diese Situation verändern zu können. Er bietet eine Erklärung des Geschehens der vergangenen Jahrzehnte und der Entstehung des Arbeitslosenproblems. Unsere Lösung besteht jedoch nicht in der Anwendung traditioneller Lehren und herkömmlicher Instrumente. Vielmehr müssen wir den ganzen Bezugsrahmen verändern und einen neuen Standpunkt einnehmen, von dem aus die neue Dienstleistungsgesellschaft und ihr Wirtschaftssystem wahrgenommen werden können.

Kontroverse Thesen

6. Beschränkungen in der technischen Entwicklung

Die Technik ist wie schon in der Steinzeit oder später in der Eisenzeit auch heute, im Zeitalter der Information, ein Indikator für wirtschaftliche Entwicklung. All diese Epochen sind durch ein bestimmtes technisches Niveau gekennzeichnet.

Doch gegen Ende des letzten Jahrhunderts fand ein grundlegender Wandel statt: Das erste Mal in der Geschichte ermöglichten wissenschaftliche Entdeckungen die Entwicklung neuer Technologien und Techniken. Dieses Schlüsselphänomen (die Verzahnung von Wissenschaft und Technik) war die Ursache für die einzigartige Wachstumsrate der Industrieländer in dem Vierteljahrhundert nach dem Zweiten Weltkrieg.

Diese Verzahnung machte die Technik jedoch nicht nur zunehmend von der Fähigkeit gut ausgebildeter Ingenieure und Spezialisten bei der Handhabung von Prozessen und Materialien abhängig. Wegen der Verknüpfung mit grundlegenden wissenschaftlichen Entdeckungen, und damit auch der Abhängigkeit von ihnen, war die Technik zunehmend angewiesen auf ein dem wirtschaftlichen Prozeß exogenes Phänomen. Mit anderen Worten, es nützte nichts, die Preise anzuheben, wenn die benötigte technische Lösung von fundamentalen wissenschaftlichen Erkenntnissen abhing, die noch nicht verfügbar waren.

So war es nach 1973, als der Ölpreis drastisch anstieg und jedermann hoffte, dank des technischen Fortschritts ließen sich geeignete Alternativen finden. Zehn Jahre später fiel der Ölpreis wieder, doch nur aufgrund einer langsamen Anpassung des Energieverbrauchs. In-

87

zwischen setzte anderswo eine unglaubliche Entwicklung ein, als die wissenschaftlichen Erkenntnisse auf dem Gebiet der Informationsspeicherung und -weitergabe einen unvorhergesehenen Reifegrad erlangten.

Außerdem hatte ein weiterer tiefgreifender Wandel im Angebots- und Produktionsbereich stattgefunden: Das Wachstum der Dienstleistungen als eine paradoxe Konsequenz des Erfolgs der industriellen Technik.

Es gibt natürlich immer und in allen Sektoren Chancen für technische Verbesserungen, doch wie bei jeder anderen menschlichen oder natürlichen Tätigkeit unterliegen sie einem Prozeß der abnehmenden Ertragszuwächse. Jede vorhandene Technik kann bis zu einem Maximum entwickelt werden, über das hinaus neue Erfindungen (für die Technik) und neue Entdeckungen (für die Grundlagenforschung) benötigt und in einem negentropischen Prozeß entwickelt werden müssen. Nur wenn ein größerer wissenschaftlicher Durchbruch gelingt, infolge dessen dank eines höheren Wissensniveaus neue Techniken eingeführt werden, kann es zu einem Effizienzsprung kommen, der das Gesetz der abnehmenden Ertragszuwächse überwindet. Wir können auf Durchbrüche hoffen und für ein förderliches Umfeld sorgen, doch da wir ihre Natur nicht kennen, wissen wir auch nicht, wann und wo sie stattfinden werden. Dementsprechend können solche Durchbrüche, insbesondere wenn sie grundsätzlicher Natur sind, nicht einfach herbeikommandiert werden. Folglich kann die (Wirtschafts-) Politik nicht darauf vertrauen, daß ein bestimmtes technisches Wunschziel realisiert wird, sondern muß innerhalb der Grenzen des derzeit Machbaren operieren.

Teil 3
Produktive Arbeit im System
der Industriellen Revolution

Die Industrielle Revolution schuf eine Gesellschaft von bis dahin nie gekanntem Reichtum und einer Vielschichtigkeit ohne gleichen. Die auf ihr basierenden Vorstellungen und zugrundeliegenden Annahmen, wie ein Wirtschaftssystem funktioniert, prägen noch immer unser Denken und Handeln. Aus diesem Grund bezeichnen wir das Wirtschaftssystem, das in den letzten beiden Jahrhunderten vorherrschte und sich durch eine historische Zäsur deutlich von der vorangegangenen Agrargesellschaft und der derzeit sich etablierenden neuen Dienstleistungsgesellschaft abhebt, als das System der Industriellen Revolution.

Es liegt auf der Hand, daß die gewaltigen, von der Industriellen Revolution ausgelösten Veränderungen ihr Gegenstück in der Transformation von Arbeitsweisen finden würden. Die Einführung neuer Produktionsweisen, die Umstellung auf das, was wir ein Fabriksystem nennen, die Fülle der vielfältigen Innovationen bildeten den Kern dieser Revolution. David Landes subsumiert die Fortschritte der so geprägten Gesellschaft nach drei Grundsätzen:»Die Ersetzung der menschlichen Fertigkeiten und Anstrengungen durch Maschinen – schnell, stetig, präzise, unermüdlich –; die Ersetzung der belebten Energiequellen durch unbelebte, insbesondere durch die Einführung von Antriebsmaschinen, die Hitze in Leistung umwandeln und dabei dem Menschen eine neue, beinahe unbegrenzte Energiequelle liefern; die Verwendung neuer und in weit größerer Zahl vorrätiger Rohstoffe, insbesondere die Ersetzung pflanzlicher oder tierischer Substanzen durch mineralische.«[1]

Für die Arbeiter bedeutete dies grundlegende Veränderungen, die sich nicht nur auf ihre Rolle im Arbeitsleben auswirkten, sondern auf ihre gesamte Lebensweise. Die Einführung von Maschinen in den Produktionsprozeß hatte für viele erstmals eine komplette Loslösung von den Produktionsmitteln zur Folge. Der Produktionsprozeß spaltete sich plötzlich in menschliche Arbeit und Kapital. Der Rhythmus der Maschine diktierte das Arbeitstempo, und kein Arbeiter konnte mehr frei entscheiden, was er tun wollte und wann er es tat. Die Arbeit mußte unter Aufsicht ausgeführt werden und als Teil eines Kollektivs, das nach den Erfordernissen des neuen Fabriksystems anfangen, pausieren und aufhören mußte. Mit den fortwährenden Innovationen, die zu veränderten und stets unterschiedlichen Produktionsweisen führten, wurde ein neues Element des ständigen Wandels eingeführt. Der Wechsel von einem ländlichen Leben, das von der agrarischen Produktion geprägt war, zu der neuen Fabrikarbeit war nicht einfach der Wechsel von einem Arbeitsstatus zu einem anderen, von einem Lebensstil zu einem anderen. Es war der Startschuß für eine gänzlich neue Stufe der Evolution einer Gesellschaft, die sich ab nun im kontinuierlichen Fluß befinden sollte.

Historisch gesehen war der Bauer oder Handwerker bei seinen Erwartungen für sich und seine Kinder den Traditionen verhaftet. Das Wissen und die Kunstfertigkeit wurden in den meisten Fällen vererbt und vom Vater an den Sohn, von der Mutter an die Tochter weitergegeben. Über Generationen herrschten die gleichen Produktionsprozesse vor und wurden selten in größerem Ausmaß verändert. Als Folge stieg die reale Pro-Kopf-Produktion im Zeitraum von 500 bis 1800 n. Chr. in Westeuropa im Durchschnitt um nicht mehr als 0,1 bis 0,2 Prozent jährlich. Bei solcher Geschwindigkeit verbessert sich im Laufe eines Menschenlebens der Lebensstandard nur unmerklich, und das Realeinkommen verdoppelt sich erst alle fünfhundert Jahre.

Mit der Industriellen Revolution änderte sich das alles, und die Arbeit mußte nunmehr der Veränderung des Produktionsprozesses folgen, wie sie von jeder Innovation oder neuen Entwicklung vorgegeben wird. Die Menschheit benötigte mehrere hunderttausend Jahre, bis sie lernte, durch den Anbau von Getreide und die Domestizierung von Vieh von der Natur unabhängiger zu werden. Dann benötigte sie mehrere tausend Jahre, bis sie noch autonomer wurde, indem sie menschliche und tierische Arbeit im großen Stil durch unbelebte Energie ersetzte. Der letzte Sprung von der Industriellen Revolution hin zur Atomkraft, zum Personalcomputer und zur Gentechnik muß bereits in Jahrzehnten gemessen werden und nicht in Jahrhunderten. Wir sind immer noch nicht so weit, daß wir den technologischen und wissenschaftlichen Fortschritt nach Belieben steuern können, und werden es vermutlich nie sein, doch beschleunigt sich das Tempo von Innovationen als Folge der neuen effizienteren Strukturen immer mehr. Jedes Innehalten bedeutet heutzutage einen Rückschritt, jedes Zögern ein Verpassen von Möglichkeiten. Die Halbwertszeiten von Technologie und Wissen nehmen ständig und vielleicht unweigerlich ab und erfordern eine lebenslange kontinuierliche Fortbildung, um den Anforderungen der Wirtschaft von morgen gewachsen zu sein.

1. Eine einführende historische Analyse

Der Wert der Arbeit vor der Industriellen Revolution

Die Wirtschaft der Agrargesellschaft, die der Industriellen Revolution vorausging, wurde – wie der Name schon sagt – von der landwirtschaftlichen Produktion geprägt. Das Verhältnis zum Land war maßgeblich für die gesellschaftliche Stellung jedes Mitglieds der Agrargesellschaft. In diesem Stadium der Wirtschaftsentwicklung hing der Wohlstand von der Kontrolle über das Land ab und von der Fähigkeit, es auszubeuten. Auch der Wert der Arbeit wurde auf diese Weise festgelegt. Dagegen waren Handel und der Besitz kostbarer Gegenstände wie Edelmetalle oder Edelsteine von geringerer Bedeutung. Als direkte Folge lag die oberste Priorität der Wirtschaftspolitik im Erwerb von immer mehr Land durch politische Aktion oder militärische Intervention. Soziale Maßnahmen im modernen Sinne gab es praktisch nicht, mit Ausnahme von mildtätigen Gaben, Gefälligkeiten oder persönlichem Beistand, mit denen kein Geldtransfer verbunden war.

Die Wirtschaft hing im Agrarzeitalter hauptsächlich von der Leistung der Bauern, ab, die 80 bis 90 Prozent der Gesamtbevölkerung ausmachten. Ihre Hauptsorge galt der Produktion von genügend Nahrung zum Überleben. Den größten Teil des Ertrags verzehrten sie selbst, dagegen waren die Möglichkeiten, einen Überschuß zu verkaufen, sehr begrenzt. Etwa zwei Drittel ihrer Arbeit erbrachten sie in Produktionssystemen auf der Grundlage von Eigenleistung. Es gab fast keine Erwerbsarbeit, und in den wenigen Fällen wurde sie in der Regel mit Naturalien vergütet. Für ihr Recht, das Land zu nutzen, mußten die Bauern den Zehnten entrichten, der gewöhnlich einen Teil ihrer Ernte umfaßte. Als Gegenleistung sorgte der Grundherr für die Unterkunft, organisierte das Gesellschafts- und Rechtssystem und bot militärischen Schutz. Es leuchtet ein, daß in diesem System des wechselseitigen Austauschs in Form von Naturalien oder bestimmten Leistungen

Geld als ein Mittel zur Befriedigung von Ansprüchen nahezu überflüssig war.

Lediglich ein verschwindend geringer Teil der Agrargesellschaft, der im (Fern-)Handel tätig war, hätte tatsächlich von der umfassenden Einführung einer Geldordnung profitiert, deren Gestaltung komplex ist und die im großen Stil schwer zu lenken und zu überwachen ist. Es gab kein leistungsfähiges Geldsystem, das zur Unterstützung des Handels hätte eingesetzt werden können, ganz einfach, weil die Mehrheit der Bevölkerung keinen Bedarf hatte an einem solchen Austausch über eine dritte Wert- und Recheneinheit, also Geld. Hätte jemand versucht, die Wirtschaftsleistung nach einem monetären Bruttosozialprodukt (BSP) zu messen, wie es heutzutage der weltweit anerkannte Standard ist, so hätte das Ergebnis nicht nur die Agrarwirtschaft enorm unterbewertet, sondern es hätte als Basis einen Teil der Wirtschaft zugrunde gelegt, der weder die Gesamtheit repräsentierte, noch eine bedeutsame Wechselbeziehung mit dieser aufwies.

Erst die radikalen sozialen und wirtschaftlichen Veränderungen der Industriellen Revolution, die einem zuvor unbedeutenden Geldsystem förderlich waren, gaben den Statistikern später die Möglichkeit, das monetäre Bruttosozialprodukt als Gradmesser für den wirtschaftlichen Wohlstand anzusehen. Das ließ ein völlig neues Konzept von Wirtschaftsleistung aufkommen, das beinahe ausschließlich in den Erträgen des monetarisierten Teils der Wirtschaft angesiedelt ist.

Die neue Priorität monetisierter Tätigkeiten im System der Industriellen Revolution

Das Ende der vorindustriellen Agrargesellschaft ging einher mit einem Anstieg der Bedeutung der Güter produzierenden Industrie. Bis zum 18. Jahrhundert bildete die landwirtschaftliche Produktion den Kern der Wirtschaft, doch im Laufe jenes Jahrhunderts änderte sich das, zunächst in England und dann in der ganzen Welt.

Die industrielle Warenproduktion wurde der beherrschende Faktor in der Wirtschaft. Mit der Erfindung der Dampfmaschine durch James Watt im Jahr 1793 und mit deren Integration in den Produktionsprozeß ließ sich die menschliche Arbeitskraft in einem bis dahin unvorstellbaren Ausmaß durch Maschinenkraft ersetzen. Das hatte einen Wechsel der Prioritäten weg von einer auf den Grundbesitz konzentrierten hin zu einer auf die Produktion ausgerichteten Gesellschaft zur Folge.

Innerhalb dieser neuen Gesellschaft wurden die Bauern nach und nach durch Fabrikarbeiter ersetzt, die Handwerker durch Bedienungspersonal von Maschinen. Die Geschichte der Industriellen Revolution ist ferner die Geschichte der Ablösung eines Sektors durch einen anderen: Innerhalb von zweihundert Jahren fiel der Anteil der Beschäftigten im Agrarsektor weltweit von etwa 80 auf 48% und in fortgeschrittenen Industrieländern auf unter 10%.[2] Die neuen hochspezialisierten Fabrikarbeiter, eine Folge der zunehmenden Arbeitsteilung, waren nicht mehr in der Lage, sich durch die Produktion in Eigenleistung zu ernähren. Sie mußten für ihre Arbeit entlohnt werden, und folglich wurde es immer weniger wichtig, untereinander als Gegenleistung Naturalien auszutauschen.

Die grundlegenden ökonomischen Werte wurden nunmehr materiellen Gegenständen und ihrem Tauschwert zugeordnet. Damit kehrte sich das gesamte System der nichtbezahlten Arbeit als Regel und der bezahlten Arbeit als Ausnahme um. Im Zuge der Industriellen Revolution wurde Erwerbsarbeit zum Standard für alle Tätigkeiten, die mit der Produktion von Gegenständen und Waren zu tun hatten. Dadurch änderte sich auch die Wertschätzung der nichtbezahlten Arbeit innerhalb der Gesellschaft. War nichtbezahlte Arbeit zuvor als generell gleichwertig und ebenso produktiv erachtet worden, galten nunmehr diese anderen Tätigkeitsarten – im Vergleich zu den üblichen Erwerbsarbeiten – als nichtproduktiv. Dienstleistungen wurden infolgedessen als zweitrangig betrachtet, auch wenn sie bezahlt waren, weil sie nicht unmittelbar zum Produktionsprozeß beitrugen. Die Wirtschaftsleistung eines Staates wurde am Bruttosozialprodukt gemessen, eine vermeintliche Bewertung des Wohlstands über eine Geldsumme anhand der bezahlten produktiven Leistungen.

Heutzutage, an der Schwelle zur Dienstleistungsgesellschaft, stehen wir immer noch stark unter dem Einfluß dieser anachronistischen Auffassung von Wohlstand. Erst in jüngster Zeit haben Wirtschaftswissenschaftler begonnen, ihren Standpunkt zum Wohlstand und zur Festlegung des Bruttosozialprodukts als objektiven Vergleichswert für die nationale Wirtschaftskraft zu überdenken.

Kontroverse Thesen

7. Produktive Tätigkeiten und Beschäftigung

Das Hauptmerkmal der Industriellen Revolution war die verbreitete Vorstellung gewesen, daß Beschäftigung in erster Linie eine produktive Tätigkeit sei, die in den industriellen Fertigungsprozeß eng eingebunden und durch Bezahlung vergütet würde.

Was heute einleuchtet, war vor der Industriellen Revolution nicht so selbstverständlich: Bis ins 18. Jahrhundert hinein wurde die große Mehrzahl der produktiven Tätigkeiten, die Nahrung und Schutz liefern sollten, in Produktionssystemen auf der Grundlage von Eigenleistungen ausgeübt. Erwerbsarbeit, so wichtig sie war, machte lediglich einen sehr kleinen Teil der Produktion dessen aus, was die Bevölkerung für die materielle Existenz benötigte.

Mit der Zeit wurde der Einsatz von Geld durch den zunehmenden Austausch bis zu einem Punkt getrieben, wo ein kleiner Teil dessen, was ansonsten für Transaktionen vorgesehen war, erstmals auf die Seite gelegt wurde und das schuf, was heutzutage Ersparnisse genannt wird. Diese Ersparnisse wiederum bilden Investitionskapital für den Erwerb von Produktionsmitteln in der Zukunft.

Der moralische Einsatz und Eifer eines Adam Smith waren nötig, damit Ersparnisse ein gebührendes Ansehen erlangten, weil die sofortige Veräußerung (und somit die Stimulanz des Handels und unmittelbaren Austauschs) in der vorindustriellen Gesellschaft als entschieden effektiver betrachtet worden war. Die Herausbildung des Kapitalismus sollte zum zentralen Aspekt der Industriellen Revolution werden. Selbst der Kommunismus war letzten Endes nicht mehr als ein Versuch, den privaten Kapitalismus durch eine staatlich gelenkte Form des Kapitalismus zu ersetzen. Wie sich zeigte, hat sich der letztere als weit weniger leistungsfähig erwiesen. Im Zuge der Industriellen Revolution erhielten bezahlte Stellen in sozioökonomischer Hinsicht die Priorität, und mit der Zeit entstanden Gesellschaftsformen, in denen der Beitrag der Produktion in Eigenleistung vernachlässigt wurde und nichtbezahlte produktive Tätigkeiten lediglich als Ausdruck des guten Willens galten.

Als Folge dieser Entwicklung und als eine der wichtigsten Erbschaften der Industriellen Revolution werden heutzutage, beinahe automatisch, produktive Tätigkeiten und die Vorstellung von Beschäftigung mit Arbeitsstellen gleichgesetzt, für die man bezahlt wird (Erwerbsarbeit).

Aber wie genau beschreiben diese drei Kategorien produktiver Tätigkeit (bezahlte Arbeit, Produktion in Eigenleistung und nichtbezahlte Arbeit) eine Situation, in der sich die Bedingungen für die Schaffung von Wohlstand grundlegend geändert haben?

An dieser Stelle ist es hilfreich, sich an das »Paradoxon des Paradieses« zu erinnern: Das Paradies ist ein Ort, wo die Technologie so weit fortgeschritten ist, daß es möglich ist, alle materiellen Waren praktisch ohne jegliche Kosten herzustellen. Der Haken an der Sache ist, daß in einer solchen Situation niemand bezahlt werden könnte, mit dem Ergebnis, daß unser Produktionsparadies eher wie eine gesellschaftliche Hölle – kein Geldeinkommen und hundert Prozent Arbeitslosigkeit – aussähe. Wir haben uns inmitten dieses Paradoxons festgefahren.

Auf der Suche nach einem Ausweg erscheint es vernünftig, das Wesen der Veränderungen, die das Produktionssystem durchlaufen hat, sorgfältig zu untersuchen.

Die Bevölkerungsentwicklung[3]

Die Industrielle Revolution und die mit ihr verbundene Umgestaltung der Gesellschaft und des menschlichen Lebens haben zu einem enormen Bevölkerungswachstum geführt, das häufig als Explosion bezeichnet wird. Die letzten beiden Jahrhunderte waren in der Geschichte der Menschheit gewiß nicht die erste Phase einer raschen Bevölkerungszunahme, doch jetzt vollzog sich zweifellos der dramatischste Anstieg. Frühere Phasen des Bevölkerungswachstums wurden gewöhnlich in den folgenden Jahren durch die Auswirkungen von Seuchen, Hungersnöten und Kriegen zum Teil kompensiert. Die Industrielle Revolution wirkte sich jedoch erheblich auf diese regulativen Faktoren aus.

Schätzungen zufolge lag die Weltbevölkerung zu Beginn des Zeitalters der Landwirtschaft um 10 000 v. Chr. irgendwo zwischen fünf und zehn Millionen Menschen. Sie waren noch als Jäger und Sammler tätig und bildeten weit verstreute Gruppen oder Sippen aus vier oder fünf Familien mit insgesamt zwanzig bis fünfundzwanzig Mitgliedern. Die Bevölkerungsdichte erreichte nirgends eine Person pro Quadratkilometer und variierte sehr stark von Region zu Region und je nach klimatischen Bedingungen. Wegen der geringen Bevölkerungsdichte waren Seuchen noch kein wesentlicher Faktor, aber gewaltsame Tode und Zeiten der Nahrungsmittelknappheit in Verbindung mit einer hohen Sterberate unter Neugeborenen hielten die durchschnittliche Lebenserwartung sehr niedrig.

Mit der Einführung der ersten landwirtschaftlichen Techniken mußten die Menschen seßhaft werden, wollten sie Felder bearbeiten. Das hatte eine größere Unabhängigkeit von kurzfristigen Veränderungen der Umweltbedingungen zur Folge und ermöglichte die Ernährung einer gewachsenen Bevölkerung. Die Agrargesellschaft konnte deutlich mehr Menschen ernähren als die vorhergehende präneolithische, und in guten Jahren stiegen die Wachstumsraten auf 0,5 bis 1,0 Prozent. Aber mit der Existenz von Siedlungen tauchte ein bis dahin unbekannter Faktor der Bevölkerungskontrolle auf: die Seuche. Dieses neue Phänomen hatte entscheidenden Einfluß auf die demographische Entwicklung, weil in manchen Jahren die Sterberate von dem üblichen Niveau von dreißig bis vierzig Toten auf 1000 Einwohner auf das Zehnfache emporschnellen konnte. Dieses plötzliche Verschwinden von fast der Hälfte der Bevölkerung war natürlich eine Katastrophe, aber es hielt andererseits ein unkontrolliertes Bevölkerungswachstum in Grenzen. Infolgedessen wuchs in den folgenden fast 12 000 Jahren die Weltbevölkerung nicht immer gleichmäßig, aber mit einer relativ konstanten Rate, bis sie 650 bis 850 Millionen im Jahr 1750 erreichte, dem Beginn der Industriellen Revolution.

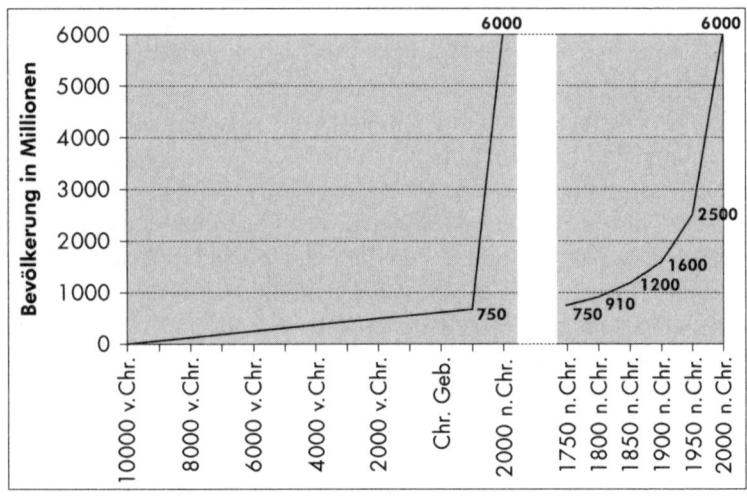

Bevölkerungswachstum.

Quelle: Cipolla, The Economic History of World Population (1963) und UN (1996)

Die traditionellen Grenzen für das Bevölkerungswachstum waren jedoch hinfällig, weil als Folge der Industriellen Revolution neue Energiequellen und effizientere Produktionssysteme genutzt und Fortschritte in der Medizin und der Hygiene erzielt wurden. Hungersnöte wurden in der industrialisierten Gesellschaft zur Ausnahme dank der wissenschaftlichen und ertragreicheren Anbauweise und dank einer verbesserten Infrastruktur, die Nahrungsmitteltransporte von einem Ort zum anderen in einer kürzeren Zeit ermöglichte. Durch die Einführung neuer Medikamente und vor allem durch die Entdeckung von Impfstoffen gemeinsam mit einer verbesserten Hygiene und sanitären Einrichtungen wurden die Seuchen zurückgedrängt. In den folgenden zweihundert Jahren sollte der Krieg, als die dritte exogene Kraft, den stärksten Einfluß auf das Bevölkerungswachstum haben.

Innerhalb von einhundert Jahren, von 1750 bis 1850, verdoppelte sich die Weltbevölkerung beinahe, von rund 750 Millionen auf 1200 Millionen Menschen. Danach nahm sie sogar noch schneller zu, erreichte 2500 Millionen im Jahr 1950, und heute, im Jahr

1997, leben annähernd sechs Milliarden Menschen auf diesem Planeten.

Aus demographischer Sicht läßt sich die Tendenz eines Bevölkerungswachstums durch eine allgemein steigende Lebenserwartung erklären und durch sinkende Sterberaten, vor allem unter Neugeborenen und Kindern, welche die sinkenden Geburtenraten mehr als ausglichen. Erst in jüngster Zeit erleben wir das Phänomen, daß in einigen frühen Industrieländern die Geburtenrate unter die Sterberate gefallen ist, was zur Folge hatte, daß die Bevölkerung »auf natürliche Weise« abnahm, d. h. nicht als Folge von Hungersnöten, Seuchen oder Krieg. Diese Entwicklungen waren eng der Umgestaltung in Richtung einer Industriegesellschaft verbunden. Zu Beginn der Industrialisierung in England im Jahr 1750 lag die jährliche Sterberate bei dreißig Toten pro 1000 Einwohner. Fünfzig Jahre später, als der Anteil der im Agrarsektor beschäftigten Menschen auf rund 40 % zurückgegangen war, war die Sterberate auf 23 % gefallen. Andere Länder erlebten eine ähnliche Entwicklung: Die Sterberate in Deutschland fiel von 27 auf 18,5 %, die in Frankreich von 24 auf 19,5 % und in Rußland von 40 auf 29,5 % — alles in den Jahren zwischen 1850 und 1900, dem Zeitraum, in dem die Industrialisierung in diesen Ländern in Gang kam. Heute liegen in Friedenszeiten die Sterberaten der meisten Länder deutlich unter 10 %.

Die Industrialisierung wirkte sich zwar unmittelbar auf die Sterberaten und die Lebenserwartung aus, doch ein Rückgang der Geburtenraten stellte sich erst wesentlich später ein. Folglich nahm die Bevölkerung von Ländern, die sich in der Phase der Industrialisierung befanden, wesentlich schneller zu. Heute können wir dieses Phänomen in vielen Entwicklungsländern beobachten, in denen nur eine Weiterentwicklung der Wirtschaft eine Verzögerung des Bevölkerungswachstums versprechen mag.

2. Erwerbstätige Bevölkerung und (bezahlte) Beschäftigung in dem System der Industriellen Revolution

Bevölkerung: heute und morgen

Nach dem Bericht zur Entwicklung der Menschheit der Vereinten Nationen von 1995 betrug die Weltbevölkerung im Jahr 1992 5,4 Milliarden und wächst mit einer geschätzten Rate von jährlich 1,5 Prozent. Dieser Schätzung zufolge werden es 6,1 Milliarden Menschen im Jahr 2000 sein und zehn Jahre später etwa sieben Milliarden. Das Bevölkerungswachstum ist jedoch keineswegs gleichmäßig über die Erde verteilt. In den Industrieländern ist eine sehr moderate Wachstumsrate von unter 0,5 % jährlich zu beobachten, in den Entwicklungsländern hingegen liegt sie bei jährlich 1,8 %. Es ist kaum denkbar, daß die Bevölkerungszahl in den Entwicklungsländern auch in Zukunft mit einer so hohen Rate weiterwächst, weil das alle neununddreißig Jahre eine Verdoppelung bedeuten würde. In der Tat zeigt sich ein deutlicher Rückgang von 2,3 auf 1,8 %, wenn man die Dynamik des Bevölkerungswachstums untersucht und die durchschnittliche Wachstumsrate von 1960 bis 1992 mit der geschätzten Wachstumsrate für die Jahre 1992 bis 2000 vergleicht. Es hat den Anschein, daß die Industrialisierung in den nunmehr sich entwickelnden Ländern dieselbe Reaktion auslöst: zunächst beschleunigtes Wachstum, dann Stabilisierung oder gar leichter Rückgang, wie in den Industrieländern in den vergangenen beiden Jahrhunderten.

Als Folge des höheren Lebensstandards, verbesserter sanitärer Einrichtungen und Gesundheitsdienste sowie eines Rückgangs der Sterberate von Neugeborenen und Müttern steigt die Lebenserwartung in allen Ländern und hat sich die durchschnittliche Lebenserwartung seit 1960 um siebzehn Jahre verlängert. Heute liegt sie bei 65,7 Jahren von der Geburt an, das heißt, ein neugeborenes

Kind wird fast sechsundsechzig Jahre leben, falls die zur Zeit der Geburt gültigen Sterblichkeitsmuster während des gesamten Lebens des Kindes gleichblieben. Es ist aber eher unwahrscheinlich, daß sie in den kommenden Jahren gleichbleiben. In der Vergangenheit wies die Lebenserwartung eine Wachstumstendenz auf, vor allem für die über Sechzigjährigen; sie dürfen heute in den Industrieländern auf weitere zwanzig Lebensjahre hoffen. In den Entwicklungsländern ist kein geschlechtsspezifischer Unterschied bei der Lebenserwartung zu beobachten; im Gegensatz dazu können sich in den Industrieländern Frauen im Vergleich zu den Männern fünf zusätzlicher Lebensjahre erfreuen.

Wir sehen anscheinend einer Zukunft entgegen, in der sich die Bevölkerung in den Entwicklungsländern bis zum Jahr 2025 verdoppelt haben wird, während die der Industrieländer viel langsamer zunehmen wird. Es wird auch die Zukunft einer reiferen Gesellschaft sein, weil sowohl das Durchschnittsalter wie die Lebenserwartung weiter steigen werden. Der Anteil der Bevölkerung, der als abhängig gilt, d. h. unter fünfzehn und über vierundsechzig Jahre alt, wird gegenüber dem Teil der Bevölkerung im erwerbsfähigen Alter (von fünfzehn bis vierundsechzig Jahren) sinken. In Industrieländern hat er bereits 50 Prozent erreicht, während die Entwicklungsländer wegen ihrer sehr »jungen« demographischen Struktur eine höhere Quote aufweisen.

Als Folge dieser Entwicklungen wird sich auch die Zusammensetzung des Arbeitskräfteangebots nach Alter, Geschlecht und Qualifikation mit der Zeit grundlegend ändern. Diese Veränderungen in der Erwerbsbevölkerung werden sich wegen gewandelter ökonomischer Präferenzen einer anders strukturierten Gesellschaft wiederum auf den künftigen Bedarf an Arbeitskräften auswirken. Und das wird seinerseits wieder Einfluß haben auf das Arbeitsangebot, weil sich neue Möglichkeiten eröffnen und der Bedarf an einigen traditionellen Arbeitsplätzen zurückgehen wird; das System wird auf diese Weise veranlaßt, seine Prioritäten und Anreize zu ändern.

Rein rechnerisch betrachtet läßt sich der Großteil der Beschäftigungszunahme in der Vergangenheit auf das Bevölkerungswachstum zurückführen. Die OECD schätzt, daß etwa 85 Prozent der Beschäftigungszunahme in ihren Mitgliedsländern in den achtziger Jahren durch Bevölkerungswachstum verursacht wurde. Daher sollte man eigentlich erwarten, daß die Regionen mit den höchsten Wachstumsraten auch die höchsten Raten bei der Beschäftigungszunahme aufweisen. Nationale Unterschiede in der Entwicklung der Erwerbsquote, vor allem in der allgemein steigenden, aber regional unterschiedlichen Beteiligung von Frauen und älteren Menschen am Arbeitsmarkt, sowie die ungleiche Fähigkeit, das gestiegene Arbeitskräftepotential ohne zusätzliche Arbeitslose zu absorbieren, können allerdings zu wesentlichen Unterschieden in dieser Entwicklung führen.

Da der Anteil der Altersabhängigkeit in den meisten Ländern erwartungsgemäß steigen wird, was Veränderungen im Rentenalter und in der Finanzierung der Rentensysteme erforderlich macht, wird sich dies auch auf die Zusammensetzung der Erwerbsbevölkerung auswirken. Die Bevölkerungsentwicklung ist jedoch, zumindest über den Zeitraum einer Generation hinweg, als exogener Faktor zu betrachten. Folglich muß der Anstieg des Anteils alter, abhängiger Menschen von etwa 19% heute auf über 22% im Jahr 2005 in den Industrieländern (nach Berechnungen der OECD) auf einer anderen Ebene bekämpft werden.

Die Einwanderung aus Ländern mit einer deutlich »jüngeren« Bevölkerungsstruktur in den sich entwickelnden Regionen der Welt kann das Problem nur zum Teil lösen. Um die Altersabhängigkeit in den Industrieländern auf dem heutigen Stand zu halten, wäre in den kommenden zehn Jahren eine Nettoeinwanderung von nahezu 200 Millionen Einwanderern im Arbeitsalter erforderlich, etwa ein Fünftel der gegenwärtigen Bevölkerung der OECD-Länder. Die sozialen Probleme, die sich daraus ergeben würden, sind kaum vorstellbar. Zum Vergleich: Die Europäische Union erlebte in den vergangenen zehn Jahren eine Nettozuwanderung von etwa 1,4% der Gesamtbevölkerung, und selbst traditionelle Einwanderungsländer wie die USA und Kanada wiesen Anteile von lediglich 2,8% auf.

Die logische Lösung des Problems einer steigenden Altersabhängigkeit wäre es, die Altersgrenze anzuheben. Durch die Erweiterung der Definition der arbeitenden Bevölkerung von heute 15 bis 64 Jahren um weitere fünf Jahre auf dann 15 bis 69 Jahre würde sich die Altersgruppe der Unabhängigen in den USA sofort um 3,9 %, in Frankreich um 4,7 % und in Deutschland um 4,9 % der Bevölkerung erhöhen.[4] Diese technische Veränderung würde die Abhängigkeitsquote drastisch senken und die demographischen Auswirkungen der kommenden Jahre überkompensieren. Eine Erweiterung um lediglich ein oder zwei Jahre sollte mehr als ausreichen, um den unmittelbaren demographischen Veränderungen angemessen entgegenzuwirken. Bei der steigenden Lebenserwartung wird jedoch eine fortlaufende Anhebung der Altersgrenze notwendig sein.

Ein ganz anderer Faktor ist der vermutliche Rückgang des Anteils junger Menschen, der in die Erwerbsbevölkerung eintritt. Das bedeutet, daß der Effekt, nach dem in der Regel immer qualifiziertere Neuzugänge zum Arbeitsmarkt zu einer Überqualifizierung führen, abnehmen wird. Eine Förderung der Einwanderung wird einen ähnlichen Einfluß auf die durchschnittliche Qualifikation haben, weil Einwanderer in Industrieländer durchschnittlich weniger gebildet sind als einheimische Arbeitende. Als Folge müssen künftig mehr Ressourcen zurückgelegt werden oder mehr Anreize geschaffen werden für die Fortbildung der Arbeitenden während ihres ganzen aktiven Berufslebens.

Wir müssen die Problematik dieser demographischen Entwicklungen und ihre Auswirkung auf die Struktur und die Zusammensetzung des Arbeitsmarktes im Kopf behalten, wenn wir uns über die Zukunft der Arbeit Gedanken machen.

Bildung und Beschäftigung

Bildung ist eine Voraussetzung für Beschäftigung und vielleicht der wichtigste Aktivposten von uns Menschen angesichts einer unsicheren Zukunft. Allerdings ist sie keine Garantie gegen eine mögliche Arbeitslosigkeit in der Zukunft, sie verbessert aber im allgemeinen die Aussichten, eine Stelle zu finden. Eine erfolgreich abgeschlossene Ausbildung wird den Lernenden darauf vorbereiten, mit den Anforderungen der Gesellschaft von morgen und deren Wirtschaftssystem fertigzuwerden.

Zwei Tendenzen, die starken Einfluß auf Bildung und Lehre ausüben, haben wir bereits genannt: die abnehmende Halbwertszeit des Wissens und die steigende Lebenserwartung. Im Gegensatz zu früher, als ein Mensch ein bestimmtes Fachwissen erwerben konnte, das sich während seiner aktiven Zeit im Arbeitsmarkt kaum veränderte, sieht er sich heute mit einer Situation konfrontiert, in der er sich ständig weiterbilden muß, um mit den neueren Entwicklungen Schritt zu halten. Je höher und spezialisierter sein Wissen ist, und je schneller neue Entwicklungen sein Arbeitsumfeld beeinflussen, desto kürzer sind die Intervalle, nach denen sie wieder auf den neuesten Stand gebracht werden müssen. IBM schätzt, daß die gegenwärtige Halbwertszeit des schulischen Grundwissens bei etwa zwanzig Jahren liegt, des Wissens aus dem Studium bei zehn Jahren, des spezifischen Fachwissens für die meisten Berufe bei etwa fünf Jahren und in technischen Berufen bei etwa drei Jahren. Das bedeutet, daß ein Ingenieur alle drei Jahre die Hälfte seines gesamten Fachwissens aktualisieren muß, die Programmierer von Computern sogar im jährlichen Rhythmus.

Die Implikationen dieses Beschleunigungsprozesses liegen auf der Hand. Gerade eine ständige Fortbildung der Beschäftigten, und vor allem der älteren Arbeitnehmer, ist heute stärker notwendig als in der Vergangenheit, damit sie auf dem Arbeitsmarkt tätig bleiben und ihre Chancen steigen, nach einer Entlassung eine neue Beschäftigung zu finden.

Eine OECD-Studie für das Jahr 1989 konstatiert »einen direkten Zusammenhang zwischen dem Stand der [über Bildung erworbenen] Kenntnisse und der Arbeitslosenzahl in der gesamten Bevölkerung im Erwerbsalter ... Gruppen mit dem niedrigsten Kenntnisstand haben tendenziell die höchsten Arbeitslosenquoten – gerade die am wenigsten Gebildeten leiden am meisten unter einer hohen Arbeitslosigkeit.«[5]

Die Rolle der Bildung und Ausbildung bei der Entwicklung von

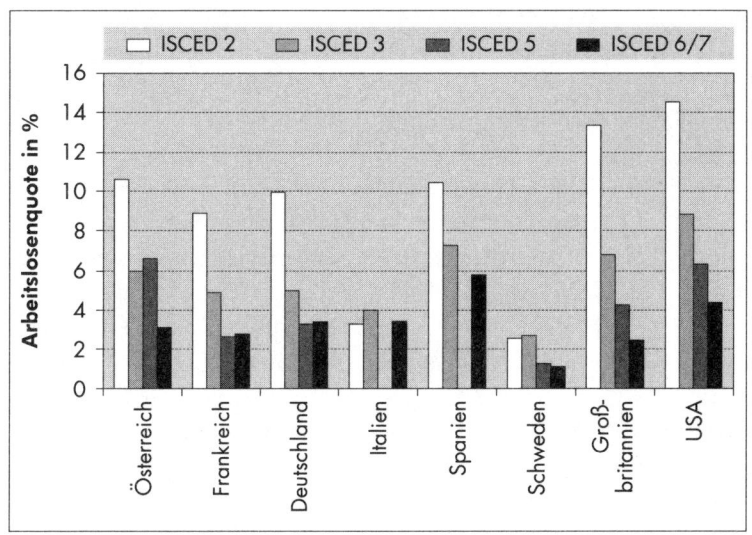

Arbeitslosenquoten nach dem Bildungsstand (Männer von 25–64 Jahren).

ISCED = Internationale standardisierte Klassifizierung der Bildung[6]
Quelle: OECD (1994)

beschäftigungsbezogenen Fertigkeiten ist als ein Grundelement der Wirtschaftsleistung jeder Gesellschaft erkannt worden. Diese Entwicklung beinhaltet für verschiedene Altersstufen jeweils verschiedene Dinge. Für junge Menschen heißt das, daß ihnen zumindest die Möglichkeit geboten wird, eine Primärschule zu besuchen und, wo immer möglich, eine weiterführende Schulausbildung abzuschließen. Beides wird ihre Aussichten, eine Stelle zu finden, erhöhen und die Grundlage liefern für eine berufsbezogene Ausbildung, sobald die Notwendigkeit gegeben ist. Für die Erwachsenen gilt: Über Ausbildung und Fortbildung müssen sie sich ständig an die aufkommenden technologischen und strukturellen Veränderungen anpassen.

Das Angebot von Ausbildung ist nicht nur Sache der Regierungen, sondern auch der Arbeitgeber: Die Regierungen spielen eine wesentliche Rolle bei der Festlegung der Struktur des Bildungs-

105

systems, die Arbeitgeber hingegen bei der Festlegung der Ausbildung, die nach der staatlichen Bildung oder in Verbindung mit ihr angeboten wird. Auf jeden Fall muß gewährleistet werden, daß die Qualität der Bildung und der Ausbildung so weit wie möglich den künftigen Anforderungen entspricht. Eine größere Verschwendung menschlichen Potentials läßt sich kaum denken als in den Fällen, wo hochqualifizierte Menschen zwar dem allgemeinen Qualitätsniveau des Arbeitsmarktes entsprechen, wegen einer ungeeigneten Ausbildung aber nicht dem konkreten Bedarf. Wir stehen jedoch vor noch einem Problem, nämlich unserer Fähigkeit, Daten und Informationen auszuwählen. Jedesmal, wenn Experten ein Bild der künftigen Gesellschaft zeichnen, dann ist dieses Bild stark von zunehmendem Wissensbedarf und der Vorstellung der sogenannten Informationsrevolution geprägt. Diese Informationsrevolution bedeutet in den meisten Fällen, daß wir mit einem zunehmenden Datenfluß konfrontiert werden. Heutzutage haben es uns Computer und die Kommunikationstechnik ermöglicht, jederzeit Zugang zu mehr Daten zu haben als in der Vergangenheit. Eines steht jedoch fest: Jede dauerhafte menschliche Gesellschaft der Zukunft wird nicht allein auf einem Zugewinn an Daten aufgebaut sein, und der künftige Wohlstand der Menschheit wird nicht allein von dem Ausmaß der verfügbaren Daten abhängen, sondern von unserer Fähigkeit, diese Daten zu selektieren.

Noch bevor moderne Informationstechnik und elektronische Netze den Informationsfluß zu einem reißenden Strom anschwellen ließen, drangen ständig gewaltige Mengen von Daten auf unsere Sinne ein. Im täglichen Leben wählen wir von diesen Daten ständig die Anteile aus, die uns als relevant erscheinen. Dieser Vorgang der Informationsselektion hängt von unseren persönlichen Erfahrungen und Neigungen in einer bestimmten Situation ab. Wenn wir beispielsweise etwas betrachten, dann wird die große Masse der Daten, die unseren Augen zur Verfügung steht, streng selektiert und je nach unserem Gemütszustand, Neugier und Konzentration gewichtet, aber auch nach unseren spezifischen Begabungen und bisherigen Erfahrungen. Diese Erfahrungen sind eng verknüpft mit Bildung, Ausbildung und Beruf. Ein Maler wird schnell Farben erkennen, ein Architekt Formen, ein Sozialarbeiter die Menschentypen um ihn herum und so weiter. Somit stehen uns beinahe in jedem Augenblick mehr Daten zur Verfügung, als wir verarbeiten können, und der größte Teil davon wird, ob bewußt oder unbewußt, selektiert.

Die Verfügbarkeit elektronischer Medien, die den Zugriff auf verschiedenartige Daten erleichtern und beschleunigen, kann gleichzeitig den Selektionsprozeß stören. Die gegenwärtigen Kommunikationssysteme haben ganz offenkundig den Überfluß redundanter Informationen, irrelevanter Nachrichten und mehrfacher Wiederholungen derselben Zeichen und Publikationen noch verschärft. Sie sind eine zunehmende Herausforderung an unsere Fähigkeit auszuwählen, worin das eigentliche Problem des sogenannten Informationszeitalters besteht.

In Zukunft ist in erster Linie nicht nur eine Zunahme von Daten nötig, sondern eine Steigerung der Effizienz, mit der wir diese Daten selektieren und danach für unsere Schlußfolgerungen gewichten. Unsere Fähigkeit auszuwählen und zu gewichten ist von unserer Bildung und Erfahrung geprägt, von unserer Kultur und unserem Wertsystem, unserer Absicht und unserem Ziel. Diese Faktoren verleihen dem, was wir aufnehmen, Bedeutung, der Rest ist »weißes Rauschen«, wie die Techniker sagen. Als Folge wird das Übermaß aller Arten von Informationen, welche die neuen Technologien bieten, nur dann von Nutzen sein, wenn es gleichzeitig einen stärkeren Sinn für Verantwortung und Verständnis erzeugt, ein höheres kulturelles Niveau und letzten Endes eine gesteigerte Fähigkeit zu selektieren. Diese Befähigung kann nur über fortwährende und effiziente Bildung vermittelt werden. Nur auf diese Weise werden wir in der Lage sein, den Herausforderungen von morgen entgegenzutreten – und dies nicht nur auf dem Arbeitsmarkt.

Arbeit, Tätigkeit und der Lebenszyklus
(von jung bis alt)

Nie zuvor in der Geschichte hat die Menschheit eine so ungeheure Veränderung der Bevölkerungsstruktur erlebt wie im Zuge der Industriellen Revolution. Ob es sich um einen präneolithischen Sammler handelte oder um ein Mitglied der Agrargesellschaft vor 1750: Die Lebenserwartung bei Geburt lag im Durchschnitt zwischen 20 und 40 Jahren, ohne ausgesprochene Tendenz hin zu längeren Lebensspannen. Doch dann ereignete sich ein Wunder, plötzlich sollten die Menschen deutlich länger leben: Um 1900 betrug die Lebenserwartung in Westeuropa 47 Jahre, im Jahr 1950 kletterte sie auf 67 Jahre, heute wird sie auf 77 Jahre geschätzt und steigt immer noch an. Zudem dürfen wir heute alle erwarten, den größten Teil des verbliebenen Lebens bei guter Gesundheit zu verbringen. Damit bleibt uns reichlich Zeit und Gelegenheit für die verschiedensten Tätigkeiten. Leider haben sich unsere Wirtschafts- und Gesellschaftsordnungen diesen dramatischen Veränderungen nicht entsprechend angepaßt. Unsere Gesellschaftsordnung ist immer noch so organisiert, als hätten wir dieselbe Lebenserwartung wie im Jahr 1950, und erst allmählich beginnen wir, unser Bildungssystem auf das Konzept des lebenslangen Lernens umzustellen.

Die verschiedenen Abschnitte eines Menschenlebens sind von verschiedenen Einflüssen an Bildung und Ausbildung, bezahlter Arbeit, freiwilliger Arbeit und sonstigen Aktivitäten gekennzeichnet. Zu diesen sonstigen Aktivitäten zählt, neben den lebensnotwendigen Tätigkeiten wie Essen und Schlafen, die Freizeit, die, wenn dies so gewünscht wird, in einer gänzlich unproduktiven Weise verbracht werden kann. Im klassischen System der Industrieländer beziehen wir unsere Bildung zuerst über unsere Eltern und dann durch den Besuch einer primären und weiterführenden Schule. Neben dieser grundlegenden Bildung wird die meiste Zeit den oben erwähnten anderen Aktivitäten gewidmet und ein kleiner Teil möglicherweise freiwilliger, unbezahlter Arbeit. Die aktive Teilnahme am Wirtschaftsleben ist tendenziell sehr niedrig, weil der Schulbesuch in den meisten Fällen obligatorisch ist. Dieser erste Lebensabschnitt endet entweder mit dem Abschluß der sekundären Bildung und dem Eintritt ins Berufsleben oder wird durch eine zusätzliche ganztägige tertiäre Bildung verlängert.

Die nächste Phase ist traditionellerweise diejenige, in der die aktive Teilnahme am Wirtschaftsleben in Form von Erwerbsarbeit die wichtigste Rolle spielt. Die Quoten der wirtschaftlichen Tätigkeit in fortgeschrittenen Industrieländern bestätigen dies laut Schätzungen der International Labour Organisation; zwischen 80 und 90% der Gesamtbevölkerung im Alter von 25 bis 55 Jahren stellen das Angebot an Arbeitskräften, d.h., sie erfüllen die Anforderungen für die Einbeziehung in die Gruppe der Beschäftigten oder der Arbeitslosen. Bildung und Weiterbildung sind drastisch reduziert, und zuweilen wird freiwillige, unbezahlte Arbeit verrichtet. Dieser Abschnitt währt bis zum offiziellen Ruhestand, wenn die Erwerbsarbeit plötzlich und abrupt aufgegeben wird und die so frei gewordene Zeit entweder mit freiwilliger Arbeit oder mit anderen Aktivitäten ausgefüllt wird. Diese recht starre Ordnung stimmt jedoch weder mit den Wünschen des einzelnen überein, der eine begleitende Weiterbildung während des zweiten Abschnitts vermißt und häufig am Beginn des dritten Abschnitts den Ruhestand wie einen Schock erlebt, noch entspricht sie den Anforderungen unserer modernen Gesellschaft.

Zum Teil vielleicht als Reaktion auf die Mängel der herkömmlichen Ordnung sind zur Zeit zwei Haupttendenzen zu beobachten: Im Zuge der Industriellen Revolution hat, vor allem in den letzten paar Jahrzehnten, sich eine Tendenz verstärkt, nach der die Jugendlichen zugunsten einer längeren Phase der Bildung später ins Berufsleben überwechseln – manchmal heute sogar erst nach dem 30. Lebensjahr. Darüber hinaus haben ältere Menschen begonnen, sich früher zur Ruhe zu setzen als in der Vergangenheit: In den USA stieg die Zahl der Menschen in Vorruhestandsregelungen von 1,2 Millionen im Jahr 1970 auf 2,5 Millionen im Jahr 1990, in Deutschland stieg sie von 8000 im Jahr 1975 auf 21000 im Jahr 1990, und in Frankreich explodierte sie von 11600 im Jahr 1981 auf 200000 im Jahr 1989 (Daten der OECD). Von 1976 bis

1983 erhielten alle französischen Lohn- und Gehaltsarbeiter und die meisten Selbständigen aufgrund einer Reihe von Maßnahmen abhängig von den Beitragszahlungen bereits im Alter von 60 Jahren die Möglichkeit, in den Vollruhestand zu gehen. Auch andere Länder setzten damals das Renteneintrittsalter herab: Kanada, Irland, Deutschland, Neuseeland, Norwegen, Schweden und die Vereinigten Staaten.

Dieser zweite Trend in Richtung früheren Ruhestands wird nun jedoch allmählich wieder rückgängig gemacht, weil einige Länder Maßnahmen ergreifen, die das Renteneintrittsalter ihrer Arbeitnehmer heraufsetzen – in erster Linie unter dem Druck überlasteter Sozialversicherungssysteme. Die Gesetzesergänzungen in den USA von 1983 zur Sozialversicherung waren die erste Maßnahme, die das Alter für den vollen Rentenanspruch herauf- und nicht herabsetzte. Sie treten im Jahr 2000 in Kraft und heben die Altersgrenze von ehemals 62 Jahren jedes Jahr um zwei Monate bis auf 66 Jahre an. Andere Länder wie Frankreich, Deutschland, Italien, Japan, Schweden oder Großbritannien sind dem Beispiel gefolgt, indem sie entweder das Rentenalter oder die Zahl der Beitragsjahre zur Sozialversicherung erhöht haben und Frührentnern weniger günstige Konditionen anbieten.

Die jüngste Entwicklung auf diesem Gebiet ist die Einführung eines flexibleren Ruhestands, der Möglichkeit, eine Rente mit Einkünften aus einer Beschäftigung zu kombinieren, und verschiedene Varianten für einen stufenweisen oder gleitenden Ruhestand. Die entsprechenden Gesetze sind bereits in verschiedenen Ländern verabschiedet worden, unter anderem in Dänemark, Frankreich, Deutschland, Italien, Japan, Spanien und Schweden. Das bietet älteren Arbeitnehmern die Möglichkeit, graduell aus dem Berufsleben auszuscheiden und länger aktiv zu bleiben; es vermeidet auch den Schock eines abrupten Übergangs in den Ruhestand.

Frauen und Arbeit

Eine kurze historische Analyse der Frauenarbeit

Frauen sind ebenso ein Teil der Wirtschaft wie Männer, und sie haben über ihre Arbeitsleistung stets auf dieselbe Weise einen großen Teil dazu beigetragen. In diesem Sinn hat die Industrielle Revolution zu keiner neuen Ära der Frauenarbeit geführt. Aber im Laufe der letzten beiden Jahrhunderte wurde – in gewisser Weise – die Frauenarbeit als neuer Teil einer sich verändernden und veränderten Gesellschaft entdeckt. Eine nähere Betrachtung der historischen Rolle der Frau und ihrer Beschäftigung in der Wirtschaft wird diesen Umstand erhellen.

Mitte des 18. Jahrhunderts war die Bevölkerung Europas, genau wie die der übrigen Welt, in erster Linie ländlich geprägt, und Frauen hatten weitgehend teil an der produktiven Arbeit zu Hause und an einigen Formen der Heimarbeit. In den Städten waren Frauen als Lohnempfänger nichts Ungewöhnliches, und ein beträchtlicher Teil der Frauen arbeitete in verschiedenen Formen des Handels mit. Allerdings übten Frauen dabei häufiger die gleiche Arbeit wie ihre Männer aus und traten auch öfter als deren Partner auf. Als Folge der Umwälzungen, die in der zweiten Hälfte des 18. Jahrhunderts zunächst in England und dann in der ganzen Welt eintraten, mußte sich die Sachlage zwangsläufig ändern. Die Möglichkeiten für Frauen zu produktiver Arbeit zu Hause gingen allmählich zurück, weil neue Agrartechniken und -methoden voranschritten, während sie gleichzeitig wegen der Veränderungen in der Industrie ihre Beschäftigung in der traditionellen häuslichen Wirtschaft verloren.

Um die Jahrhundertwende, in der Übergangsphase, bis die Frauen wieder eingegliedert wurden oder ihren Platz in der neuen Ordnung gefunden hatten, herrschte eine große Not und Arbeitslosigkeit unter den Frauen. Weil trotz der veränderten Bedingungen der Arbeiterlohn unter dem notwendigen Niveau für den Erhalt einer Familie blieb, wurden neue Tätigkeiten für Frauen und Kinder eine dringende Notwendigkeit. Soweit es möglich war, wurden neue häusliche Produktionsweisen eingeführt, wie das Klöppeln von Spitzen, das Flechten von Stroh, das Sticken, die Anfertigung von Handschuhen und Knöpfen etc. Jede Form der Heimarbeit erlebte einen neuen Zustrom von Arbeiterinnen, weil andere Möglichkeiten für eine einträgliche und bezahlte Arbeit schwanden. Die Arbeiter als Gruppe profitierten zwar nicht in dem Ausmaß, wie es möglich gewesen wäre, von dem Einsatz der Maschinen, aber dennoch bedeutete dies für die Mehrheit der Arbeiter höhere Löhne, bessere Nahrung und Kleidung und einen höheren Lebensstandard. Das galt insbesondere für die Frauen, die in erster Linie von den schlechtbezahlten, ungelernten Stellen in den verschiedenen Handelszweigen, aus der Landwirtschaft und der Heimarbeit kamen. In wirtschaftlicher Hinsicht wirkte sich die Industrielle Revolution entscheidend aus. In der Vergangenheit war die Ehe für viele Frauen eine Art der Geschäftspartnerschaft in der Landwirtschaft, im Handel oder in der häuslichen Produktionsgemeinschaft gewesen, doch im Zuge der Reorganisation der Arbeit, die mit der Industriellen Revolution einherging, verloren viele Frauen ihre wirtschaftliche Unabhängigkeit. Wenn sie nicht zu Lohnempfängerinnen außerhalb des eigenen Heims wurden, trugen sie nichts mehr zum finanziellen Familieneinkommen bei und wurden ihrerseits finanziell abhängig von ihren Ehemännern.

Verheiratete Frauen hatten nie einen rechtlichen Anspruch auf ihre eigenen Verdienste oder ihren Anteil am Familieneinkommen besessen. Dennoch war in der neuen Situation ihre finanzielle Abhängigkeit stärker als zu der Zeit, als sie noch ihren eigenen Anteil zum Familieneinkommen beitrugen. Aus der Sicht des einzelnen mag dies vielleicht als Rückschritt erscheinen, doch unter der Arbeiterklasse war es nicht immer ein gesundes wirtschaftliches Unterfangen für die verheirateten Frauen, selbst Erwerbsarbeit zu übernehmen. Ihre Erwerbseinkünfte glichen in seltenen Fällen den Verlust aus der Nichterfüllung von wichtigeren Haushaltspflichten aus. Ihre eigene Arbeitskraft wurde häufig ausgebeutet, und in vielen Fällen dienten die Einkünfte von Frauen lediglich dazu, den Lohn des Mannes auf dem Niveau der individuellen

Subsistenz zu halten. Somit markierte die Industrielle Revolution einen echten Fortschritt, weil sich in ihrem Verlauf die Auffassung herauskristallisierte, daß die Löhne der Männer die Existenzgrundlage für eine Familie bilden sollten.

Diese Entwicklung bahnte einerseits der Vorstellung den Weg, die Ehefrauen würden in der Kindererziehung und Haushaltsführung einen angemessenen wirtschaftlichen Beitrag leisten, auch wenn dieser Beitrag keinesfalls bezahlt ist. Auf der anderen Seite wurden Frauen dazu verurteilt, eine Rolle in der Gesellschaft zu übernehmen, die der des Mannes nicht gleichwertig war. Durch ihre Beschränkung auf die Hausarbeit sahen sich Frauen in einem großen Ausmaß von der höheren Bildung und der Politik ausgeschlossen und hatten in vielen Fällen keine Möglichkeit, auf soziale und wirtschaftliche Veränderungen Einfluß zu nehmen. Das System der wirtschaftlichen Abhängigkeit der Frauen brachte ihre soziale Abhängigkeit mit sich und führte zu einer Situation, die langfristig nicht geduldet werden konnte. Schon bald wurden sich die Frauen ihrer Lage bewußt, und die Bedeutung ihrer wirtschaftlichen Emanzipation manifestierte sich sofort in ihren Forderungen nach einem breiteren Einflußbereich: das Recht des einzelnen, darunter das Recht auf politische Betätigung, Unabhängigkeit und Selbstbestimmung, die Forderung nach höherer Bildung und Ausbildung und die Agitation für den Zugang der Frauen zur Industrie und in die Berufslaufbahn.

Viele dieser Forderungen haben zwar großen Erfolg gehabt – durch sie wurde es den Frauen ermöglicht, den ihnen gebührenden Platz einzunehmen und die dominierende Stellung der Männer in der Wirtschaft zu untergraben – doch der Kampf ist längst noch nicht vorüber. Ihre neue Stellung in der Gesellschaft geht einher mit neuen Idealvorstellungen von einer wirtschaftlichen Unabhängigkeit und Selbstbestimmung und ist schon allein deshalb als ein echter Vorteil für die Gesellschaft anzusehen, weil sie zuvor unterdrückte Energien und menschliche Ressourcen freisetzt; dennoch ist die Frau in der Gesellschaft noch immer nicht völlig gleichberechtigt.

Frauen und Arbeit in der heutigen Wirtschaft

»Die Entwicklung der Menschheit ist in Gefahr, wenn sie sich nicht an der Gleichheit der Geschlechter orientiert«, lautet die simple, aber folgenschwere Botschaft des Jahresberichts der Vereinten Nationen zur Entwicklung der Menschheit von 1995.[7] Nach dem Bericht haben Frauen in keiner Gesellschaft die gleichen Chancen wie Männer, und obwohl alle Länder Fortschritte gemacht haben bei der Förderung der Fähigkeiten von Frauen, leben Frauen und Männer immer noch in einer ungleichen Welt. Frauen leiden in einem stärkeren Maß unter Armut als Männer – von 1,4 Milliarden Menschen in Armut sind 70 % Frauen. Sie erhalten gewöhnlich einen niedrigeren Durchschnittslohn als Männer, vor allem, weil sie schlechtbezahlte Stellen haben oder im informellen Sektor arbeiten, zum Teil aber auch, weil sie für die gleiche Arbeit schlechter bezahlt werden als Männer. Alle Regionen der Welt verzeichnen unter den Frauen eine höhere Arbeitslosenquote als unter Männern. Und während die Frauen in Entwicklungsländern immer noch weniger als 15 % der Verwaltungsbeamten und Direktoren stellen, nehmen sie weltweit nur 10 % der Sitze in Parlamenten ein und haben nur sechs Prozent der Kabinettsposten inne.

In den letzten beiden Jahrzehnten hat sich die Kluft, was Bildung und Gesundheit betrifft, zwischen Männern und Frauen beträchtlich verringert, doch die Ungleichheiten in den wirtschaftlichen und politischen Möglichkeiten sind immer noch unübersehbar. Frauen erfreuen sich in allen Weltregionen einer deutlich höheren Lebenserwartung bei Geburt als Männer, das reicht von zwei Jahren mehr in Entwicklungsländern bis hin zu acht Jahren in einigen Industrieländern. Der Besuch von weiterführenden Schulen liegt inzwischen in Entwicklungsländern bei 78 % der entsprechenden Quote bei Männern und steigt weiter an, während in OECD-Ländern ebenso viele Frauen wie Männer eine sekundäre oder tertiäre Bildung erhalten.

Dennoch wird die wirtschaftliche Stellung von Frauen weit geringer bewertet als die von Männern. Ein Großteil ihrer Arbeit wird noch immer zu wenig oder überhaupt nicht anerkannt und oftmals unterbewertet; das wiederum mindert den Status der Frauen in unserer Gesellschaft und ihre Chancen, im öffentlichen Leben eine deutlichere Rolle zu spielen. Das Hauptproblem dabei liegt in den Konsequenzen eines Wirtschaftssystems, das nichtmonetisierte Beiträge nicht honoriert. Wenn die unbezahlten und im wirtschaftlichen Sinn nicht gewerteten Beiträge von Frauen und Männern zu unserer Wirtschaft anerkannt würden, dann hätte das weitreichende Konsequenzen für die Sozial- und Wirtschaftspolitik und ebenso für gesellschaftliche Normen.

Vor allem Frauen tragen in hohem Ausmaß zu den nichtmonetisierten und den nichtmonetarisierten Teilen unserer Wirtschaft bei. Schätzungen zufolge bleiben etwa zwei Drittel der Zeit, die Frauen wirtschaftlichen Tätigkeiten widmen, ob nun vergütet (monetisiert) oder nicht (nichtmonetisiert), im System der volkswirtschaftlichen Gesamtrechnung unsichtbar. Der entsprechende Anteil bei Tätigkeiten von Männern, der in den Volkseinkommen nicht auftaucht, wird auf lediglich ein Drittel bis ein Viertel geschätzt. Als Folge bleibt ein Großteil der Frauenarbeit nicht nur unbezahlt, sondern auch unerkannt. Wenn wir die nichtmonetisierten Tätigkeiten der Männer und Frauen miteinbezögen, um ihren jeweiligen Anteil an der Wirtschaft zu veranschlagen, dann würden wir feststellen, daß Frauen in beinahe jedem Land der Erde mehr Stunden arbeiten als Männer. In Entwicklungsländern tragen Frauen durchschnittlich 53 % der Gesamtlast der Arbeit und in Industrieländern 51 %. Und doch erhalten Männer den Löwenanteil des Einkommens und erfahren daher mehr Anerkennung ihrer Wirtschaftsleistung.

Diese Kluft zwischen den Geschlechtern müßte mit der Einführung eines neuen Wirtschaftssystems, das nichtmonetarisierte und nichtmonetisierte Tätigkeiten berücksichtigt, verschwinden oder zumindest deutlich geringer werden. Erst wenn wir anfangen, Beiträge außerhalb der monetären Sphäre unserer Wirtschaft ebenso zu quantifizieren wie solche, die innerhalb liegen und heute schon erfaßt werden, werden wir in der Lage sein, die Bedeutung der Arbeitsleistung von Frauen und ihre Rolle in unserer Wirtschaft voll anzuerkennen.

Industrieländer gegenüber Entwicklungsländern

Gegenwärtige Lage und Vergleich

Nach dem Jahresbericht zur Menschheitsentwicklung der Vereinten Nationen von 1995 leben lediglich 22% der Weltbevölkerung in Industrieländern, während die sich entwickelnden Regionen der Erde den großen Rest ausmachen: 4,2 Milliarden Menschen von einer Gesamtheit, die rasch auf die Sechs-Milliarden-Marke zustrebt. Das geschätzte jährliche Bevölkerungswachstum bis zum Jahr 2000 für alle Industrieländer liegt bei 0,4%, im Gegensatz zu 1,8% für die Entwicklungsländer.

Obwohl bei der Bevölkerung die Waagschale zur einen Seite ausschlägt, neigt sie sich beim Bruttosozialprodukt zur anderen Seite: Den Entwicklungsländern kommen lediglich 16% des weltweiten (monetären) Einkommens zu. Die Welt ist heute reicher als je zuvor; seit 1950 ist das Welteinkommen beinahe um das Fünffache gestiegen, von zuvor vier Billionen Dollar auf 23 Billionen Dollar im Jahr 1992. Selbst wenn wir das Bevölkerungswachstum während des Zeitraums in Rechnung stellen, hat sich das Pro-Kopf-Einkommen dennoch mehr als verdreifacht.

Auch die Struktur der Erzeugung des Welteinkommens hat sich auf bedeutsame Weise verändert. Der Anteil des Agrarsektors ist nicht nur in den Industrieländern zurückgegangen, sondern hat auch in den Entwicklungsgebieten in den vergangenen 30 Jahren um etwa ein Drittel abgenommen. Aber immer noch arbeiten über die Hälfte der Arbeitskräfte in den Entwicklungsländern in diesem Sektor, im Gegensatz dazu nähert sich in der industrialisierten Welt der Dienstleistungssektor der Marke von 70%. Nicht einmal in der aus historischer Sicht einmaligen Phase eines hohen Wirtschaftswachstums nach dem letzten Weltkrieg ließ sich hohe Arbeitslosigkeit verhindern. In den vergangenen 30 Jahren hinkte die Beschäftigung in einigen Regionen ständig hinter dem Wirtschaftswachstum hinterher. Die Welt insgesamt hat einen hohen Stellenmangel zu verzeichnen: 35 Millionen Menschen ohne Arbeit in den industrialisierten Regionen und ein Bedarf von einer

Milliarde neuer Stellen in den Entwicklungsländern im nächsten Jahrzehnt.

Wir leben immer noch in einer Welt, die von Hunger, Armut und sich verschärfenden Ungleichheiten gekennzeichnet ist. Beinahe ein Drittel der Bevölkerung in den Entwicklungsregionen existiert unter der Armutsgrenze, dreizehnmal mehr als in den Industrieländern. Die 31 ärmsten Länder Afrikas wiesen zwischen 1965 und 1985 im Durchschnitt ein jährliches Realwachstum des Bruttosozialprodukts pro Kopf von minus 0,3 % auf.

Dennoch hat sich während der letzten 30 Jahre die Lage der Menschen in den Entwicklungsländern wie nie zuvor verbessert. Es war möglich, die Kluft zumindest ein wenig weiter zu schließen, die immer noch zwischen den Entwicklungs- und den Industrieregionen so deutlich sichtbar ist. Die Lebenserwartung, ein entscheidender Gradmesser für den Wohlstand und die gesundheitlichen Rahmenbedingungen, liegt nun 17 Jahre höher als im Jahr 1960, und die Kindersterblichkeit ist mehr als halbiert worden. Allerdings müssen wir gleichzeitig beobachten, daß über 90 % der 17 Millionen HIV-Infizierten in unterprivilegierten Regionen leben und etwa 17 Millionen Menschen jedes Jahr an infektiösen und parasitären Krankheiten wie Diarrhöe, Malaria und Tuberkulose sterben.

Die Welt sieht sich auch einer großen Gefahr für die Umwelt in Form einer ständigen Verkarstung gegenüber. Sage und schreibe 70 000 Quadratkilometer Ackerland werden jedes Jahr aus diesem Grund aufgegeben, und etwa vier Millionen Hektar vom Regen bewässertes Anbauland gehen jährlich wegen Bodenerosion verloren. In Europa sind 475 000 Quadratkilometer des Waldgebietes von der Luftverschmutzung geschädigt, dadurch entsteht ein wirtschaftlicher Verlust von beinahe 35 Milliarden Dollar jährlich.

Ein Vergleich des Produktivitätsstandes zeigt, daß weniger entwickelte Länder eine relativ niedrige Produktivität aufweisen. Dies läßt sich durch den Mangel an eingesetzten komplementären Produktionsmitteln wie Finanzkapital, geeigneten gesetzlichen Rahmenbedingungen und/oder ein erfahrenes Management erklären. Schlechte Ernährung und ein niedriger Hygienestandard mit einem höheren Krankheitsrisiko könnten weitere Erklärungen liefern.

Mit einem kurzen Satz läßt sich die Lage folgendermaßen umschreiben: Trotz erheblicher Verbesserungen der Lage der Menschen in den Entwicklungsländern herrschen immer noch unübersehbare Ungleichheiten, vor allem auf wirtschaftlicher Ebene, aber der rasche Fortschritt der Menschheit und die Ausrichtung der Bemühungen auf die wesentlichen Ziele sollten in Zukunft die Kluft weiter schließen helfen.

Ausblick

Ganz offenkundig haben wir es bei den Entwicklungsländern mit äußerst dynamischen Gesellschaften zu tun, mit allen damit verbundenen Implikationen. Zu den Hauptaufgaben der kommenden Jahrzehnte zählt die Reduzierung des Bevölkerungswachstums, weil eine der Hauptursachen für Armut darin wurzelt, daß sämtliche Errungenschaften auf wirtschaftlichem Gebiet durch eine enorme Wachstumsrate zunichte gemacht werden. Dienstleistungen zur Familienplanung und andere Hilfe in diesen Angelegenheiten müßten allen dazu bereiten Paaren zugänglich gemacht werden. Andere Aufgaben sind die Bereitstellung einer grundlegenden Sozialversorgung für alle mittellosen Menschen und die Beschleunigung des auf Arbeitsplätze orientierten Wirtschaftswachstums. Es ist wichtig, ein Umfeld zu schaffen, das einem gleichmäßig verteilten Wirtschaftswachstum dienlich ist, insbesondere durch die Beseitigung von Handelsschranken und Investitionsbarrieren und durch globale Abkommen zur Linderung der Armut und Verbesserung der Umweltsituation.

Als Voraussetzung für die künftige Entwicklung müssen in den Entwicklungsländern die primäre und die sekundäre Schulbildung ohne geschlechtsspezifische Diskriminierung weiter gefördert werden. Die Analphabetenquote unter den Erwachsenen ist heute immer noch viel zu hoch: Lediglich 68 % der Bevölkerung in den Entwicklungsländern insgesamt und magere 47 % in den am wenigsten entwickelten können lesen. Die 130 Millionen Kinder aus der Primärstufe und die über 275 Millionen aus der Sekundärstufe, die nicht zur Schule gehen, müssen wieder auf die Schulbank zurückkehren.

Die massive Unterernährung muß bekämpft werden, weil annähernd 800 Millionen Menschen, die nicht immer genug zu essen erhalten, und 500 Millionen chronisch unterernährte Menschen bei weitem zuviel sind. Auch die Versorgung mit gesundem Trinkwasser und sanitären Einrichtungen gehört zu den dringlichsten Aufgaben.

Es läßt sich schwer sagen, was als erstes in Angriff genommen werden muß, und noch schwerer fällt es, die begrenzten Mittel zu verteilen, die für die Hilfe an die Entwicklungsregionen der Erde zur Verfügung stehen, um die Industrieländer einzuholen. Aber die Entwicklungsregionen haben ein großes Potential, wenn sie von grundlegenden Beschränkungen für ihre künftige Entwicklung befreit werden können.

Horizontale und vertikale Transferwirkungen

Eine kurze Anmerkung zur Terminologie

Bei der Analyse der Transferwirkungen von Staatseinkünften muß unterschieden werden nach horizontalen Transfers, d. h. innerhalb einer Altersgruppe oder Arbeitsgeneration (intragenerationellen), und vertikalen Transfers, d. h. von einer Altersgruppe zur anderen (intergenerationellen). Die intergenerationelle Ebene beinhaltet zwei verschiedene Aspekte: den Vergleich einer Generation mit einer anderen zu einem bestimmten Zeitpunkt und das Verhältnis der gleichen Generation zu sich selbst zu verschiedenen Zeitpunkten. Gewöhnlich wird in der wirtschaftlichen Analyse vorwiegend die erstere, sogenannte Querschnittsanalyse angewandt. Wir müssen diese Unterschiede im Blick behalten, wenn wir die Transferwirkungen untersuchen.

Die Transferwirkungen der sozialen Systeme

Die Verteilung des monetären Einkommens unter der Bevölkerung ist in den verschiedenen Ländern sehr unterschiedlich. Der Anteil des reichsten Fünftels der Bevölkerung am Einkommen hat, nach Angaben der Vereinten Nationen, in den Jahren 1980 bis 1992 in Polen durchschnittlich das 3,9fache des Anteils des ärmsten Fünftels betragen, in Japan das 4,3fache, in Deutschland das 5,8fache, in Frankreich das 7,5fache und in Großbritannien und den Vereinigten Staaten das 9,6fache. Es ist nicht genau definiert, wie das Einkommen innerhalb einer Gesellschaft verteilt sein sollte, aber wachsende Ungleichheiten werden im allgemeinen als unerwünscht angesehen. Unglücklicherweise herrscht in vielen Ländern genau die Situation, daß die Reichen immer reicher werden und die Armen immer ärmer. Das US-Bureau of Census hat geschätzt, daß das oberste Fünftel der amerikanischen Familien im Jahr 1967 über Einkommen verfügte, die 7,3mal so hoch waren wie die Einkommen des ärmsten Fünftels. Im Jahr 1972 stieg diese Quote auf 7,7, erreichte 8,0 im Jahr 1977, 9,1 im Jahr 1984, 9,7 im Jahr 1989 und steigt immer noch. In vielen Entwicklungsländern ist die Lage noch schlimmer, weil es Regionen gibt, in denen die untersten 40% aller Haushalte in manchen Fällen weniger als 10% des Gesamteinkommens verdienen; das Verhältnis zwischen dem obersten und dem untersten Fünftel klettert damit bis auf das Dreißigfache. Die meisten Regierungen versuchen, durch verschiedene Maßnahmen wie progressive und andere Steuersysteme und Sozialleistungen eine gleichmäßigere Verteilung des Einkommens zu erreichen. Unter Ökonomen wird jedoch ständig darüber gestritten, wie, und im Extremfall, ob überhaupt, das Einkommen umverteilt werden sollte. Da Theorien zur optimalen Einkommensverteilung eher normativ sind als positiv, beinhaltet die Aufstellung eines Verteilungsziels nicht weniger als die Formulierung einer ethischen Anschauung, wie eine Gesellschaft auszusehen habe. Weder der utilitaristische Ansatz noch das Maximin*-

---

* *Die Maximin-Regel, manchmal auch Minimax-Regel, beschreibt die Handlungsweise eines Entscheidungsträgers, der unter Unsicherheit sein Risiko zu begrenzen sucht.*

Prinzip können eine zufriedenstellende Antwort auf diese Frage geben.

Im Gegensatz dazu leidet die intergenerationelle Analyse nicht unter diesem Manko. Es ist nicht so schwierig, die Stellung einer Generation zur vorigen oder nachfolgenden bezüglich ihres finanziellen Wohlstands zu vergleichen. Von 1950 bis zur ersten Ölkrise im Jahr 1973 ließ sich eine durchschnittliche Wachstumsrate von jährlich nahezu fünf Prozent in den OECD-Ländern beobachten, beinahe das Doppelte der Wachstumsrate bis zu diesem Zeitpunkt. Es war eine Periode des Wiederaufbaus; die Produktion, der Handel, die Investitionen und die Beschäftigung sprachen sehr stark auf die günstigen wirtschaftlichen Rahmenbedingungen an. In dieser Zeit hatte kaum ein Land Probleme mit der intergenerationellen Verteilung, weil die positive Wirtschaftsentwicklung zusammenfiel mit niedrigen Dependenzraten, also einer geringen Belastung der Erwerbstätigen durch den Rest der Bevölkerung. Dann jedoch gingen die Wachstumsraten zurück, und die allgemeinen demographischen Veränderungen führten zu einer Situation, in der immer weniger Arbeitnehmer eine steigende Zahl von Rentnern und Arbeitslosen ernähren sollen. Die Frage, ob die Rentensysteme über regelmäßige Beitragszahlungen oder über einen Kapitalstock und dessen anschließende Abschmelzung finanziert werden sollten, ist hier relativ bedeutungslos, weil beide Systeme nicht immun sind gegen substantielle demographische Veränderungen.

Ob ein System auf der Grundlage von Beitragszahlungen zwei Generationen gegenüber gerecht wird, hängt von dem Verhältnis der geleisteten Zahlungen heutiger Rentenempfänger zu ihrem tatsächlichen Einkommen verglichen mit den tatsächlichen Zahlungen heutiger Arbeitnehmer in Relation zu deren mutmaßlichem Einkommen als Rentner ab. Systeme der Kapitalanhäufung verhalten sich nur so lange neutral bezüglich der intergenerationellen Verteilung, wie der gültige Zinssatz gleichbleibt. Eine veränderte Bevölkerungsstruktur wirkt sich aber auf den Zinssatz aus, weil Veränderungen im Verhältnis der Kapitalbildung und dem Abbau von Kapital auch Unterschiede im Zinssatz bedingen. Als Folge leiden beide Systeme unter einer alternden Gesellschaft mit einer steigenden Dependenzrate: das System der Beitragszahlungen direkt und das System der Kapitalanhäufung indirekt. Künftige Arbeiter werden schlechter gestellt sein als ihre Eltern, weil sie mehr einzahlen müssen und dabei weniger von dem Rentensystem erwarten können. Längere Jahre bezahlter Arbeit und/oder höhere Beiträge zum Rentensystem müssen das Risiko der steigenden Lebenserwartungen ausgleichen.

3. Das Problem der Arbeitslosigkeit

Die Anatomie der Beschäftigung und der Arbeitslosigkeit

In diesem Jahrzehnt sind in den Industrieländern mehr Menschen ohne Arbeit als je zuvor, nach Angaben der OECD insgesamt annähernd 35 Millionen oder etwa 8,5% der Erwerbsbevölkerung. Solch hohe Arbeitslosenquoten sind nicht allein auf eine wachsende Zahl Arbeitnehmer zurückzuführen, noch sind sie historisch gesehen der Normalzustand. In den Jahren nach dem Zweiten Weltkrieg und bis in die frühen siebziger Jahre hinein war die Arbeitslosigkeit kein dringendes Problem, weil weniger als 10 Millionen Menschen in den OECD-Staaten von ihr betroffen waren, ohne starke Aufwärtstrends. Innerhalb eines Jahrzehnts, von 1972 bis 1982, und als Folge der beiden Ölkrisen in den Jahren

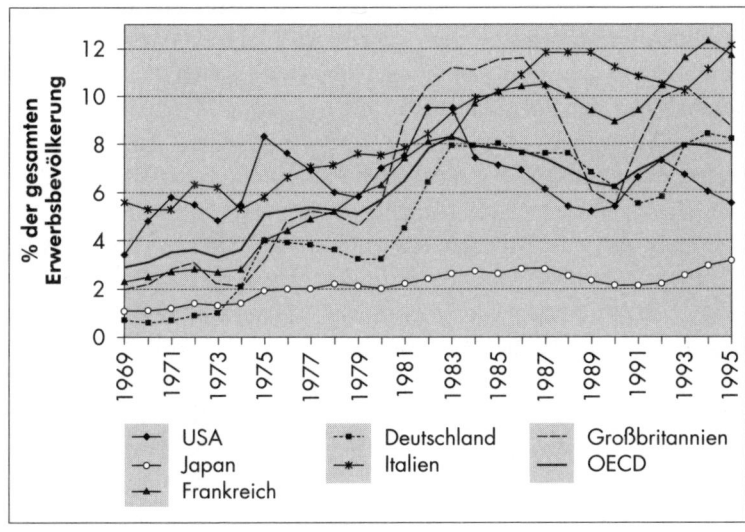

Arbeitslosenquoten von 1969 bis 1995.
Quelle: OECD (1997)

123

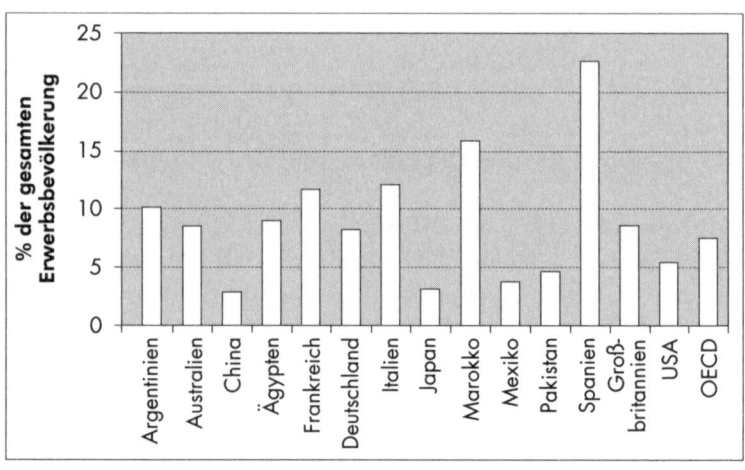

Regionale Arbeitslosenquoten.
Quelle: aktuelle OECD-, ILO-Angaben

1973 und 1979, verdreifachte sich plötzlich die Zahl der Arbeitslosen und erreichte zum ersten Mal 30 Millionen. Ein starkes Wirtschaftswachstum in den Achtzigern brachte etwas Erleichterung, senkte aber die Gesamtzahl der Arbeitslosen auch nicht annähernd auf den vorigen Stand. Mit gegenwärtig beinahe 35 Millionen Menschen ohne Arbeit nach offiziellen Angaben und vielen Arbeitslosen, die in offiziellen Statistiken nicht erfaßt sind, scheint der Aufwärtstrend ungebrochen. Darin spiegeln sich sowohl Not für viele Menschen als auch eine wirtschaftliche Ineffizienz wider, außerdem untergräbt dies den gesellschaftlichen Zusammenhalt und das Vertrauen in die Mechanismen des Marktes und die demokratischen Institutionen.

Deutlich ist in dem Schaubild zu erkennen, daß es nicht nur in verschiedenen Zeiten unterschiedlich hohe Arbeitslosigkeiten gegeben hat, sondern auch in den verschiedenen Weltregionen. Im Gegensatz zu einigen Ländern, in denen zur Zeit eine eher hohe Beteiligung der Erwerbsbevölkerung herrscht und die lediglich unter der gelegentlich als unvermeidlich bezeichneten Arbeitslosenquote leiden (darunter zum Beispiel Menschen während des

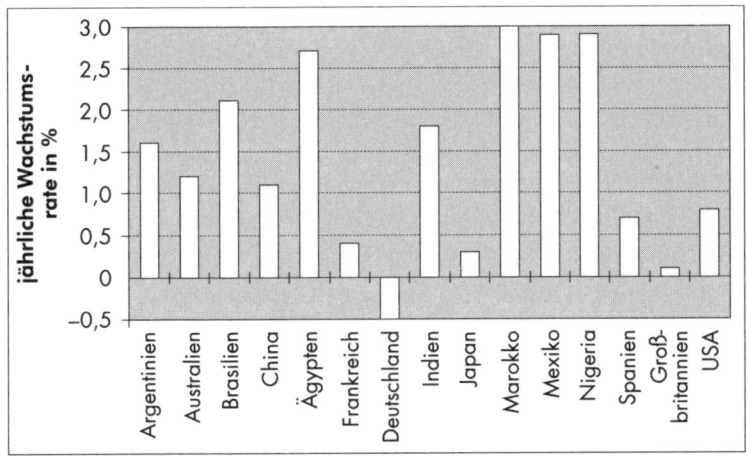

Geschätzte Wachstumsraten der Erwerbsbevölkerung bis zum Jahr 2000.
Quelle: ILO (1995)

Wechsels von einem Arbeitsverhältnis zum nächsten), sind die meisten Länder in großer Not, weil sie es mit wesentlich höheren und weitgehend strukturell bedingten Arbeitslosenquoten zu tun haben. Jeder Prozentpunkt der Arbeitslosigkeit (über einer unvermeidlichen Quote) steht für die unzureichende Leistungsfähigkeit der jeweiligen Volkswirtschaft.

Unglücklicherweise können wir nicht davon ausgehen, daß sich das Problem mit der Zeit von selbst lösen wird, weil sich der Druck auf den Arbeitsmarkt durch die demographische Entwicklung noch verstärken wird. In den meisten Ländern wird in den kommenden Jahren mit einer gleichbleibend hohen Wachstumsrate der Erwerbsbevölkerung gerechnet. Und wo die demographische Entwicklung zu einer Schrumpfung der Erwerbsbevölkerung führt wie in Deutschland und der Schweiz und folglich der Arbeitsmarkt etwas entlastet wird, werden vermutlich die gesetzlichen Rahmenbedingungen dahingehend verändert, daß ein größerer Teil älterer Arbeitnehmer in die Erwerbsbevölkerung aufgenommen und die Entlastung damit wieder aufgehoben wird.

125

Noch im letzten Jahrhundert war es üblich, wenigstens 12 bis 14 Stunden täglich zu arbeiten und bis zu sechs oder sieben Tage die Woche. Heute beträgt die durchschnittliche Arbeitszeit lediglich einen Bruchteil der Zeit von vor hundert Jahren, da die gegenwärtige durchschnittliche Arbeitswoche in den meisten Industrieländern bei nichtlandwirtschaftlichen Tätigkeiten 40 Stunden nicht wesentlich überschreitet – Vereinigte Staaten: 34,7 Stunden, Deutschland: 38,3, Frankreich: 38,9, nach den Angaben der ILO. Berücksichtigt man noch die Urlaubstage und andere Sozialleistungen wie Krankheitsurlaub, dann hat es den Anschein, als würden wir heute im Vergleich zu unseren Vorfahren lediglich Teilzeit arbeiten. Führen wir uns ferner vor Augen, daß nicht nur die wöchentliche oder jährliche Arbeitszeit zurückgegangen ist, sondern auch die Zahl der Arbeitsjahre, dann beträgt die Gesamtmenge der Erwerbsarbeit in einem Leben, die der durchschnittliche Erwerbstätige verrichten muß, lediglich einen Bruchteil der früheren Summe. Dies wird besonders deutlich, wenn wir die Jahre der Erwerbsarbeit im Verhältnis zu der erwarteten Lebensspanne berücksichtigen. Dennoch, selbst diese auffallende Aufteilung der Arbeit kann nicht gewährleisten, daß jeder eine Stelle erhält.

Zusätzlich zu dieser Entwicklung sind gemäß den Vorstellungen aus der Zeit der Industriellen Revolution nichtbezahlte Tätigkeiten und Produktion in Eigenleistung völlig von der Vorstellung von produktiver Beschäftigung für globalen Wohlstand ausgeschlossen worden.

Während viele Länder in Asien und anderen Kontinenten noch heute von einer Situation profitieren, die zum Teil den Frühphasen der Industriellen Revolution entspricht, sehen sich die älteren Industrieländer mit erheblichen Arbeitslosenproblemen konfrontiert (bezüglich der monetarisierten Produktivtätigkeiten). Auf den ersten Blick scheinen zwei Prozesse parallel abzulaufen. Auf der einen Seite die Absicht, das soziale Sicherungssystem so weit wie möglich zu erhalten, durch den Versuch, selbst denen, die nicht arbeiten, ein Einkommen zu verschaffen. Und auf der anderen Seite die Tendenz, den Wohlfahrtsstaat mehr und mehr abzubauen oder grundlegend zu reformieren und dabei darauf zu verweisen, daß der Markt im Zusammenspiel von Angebot und Nachfrage den Preis für und damit die Vergütung von Arbeit festlegt. Im ersten Fall ergibt sich das Problem des finanziellen Gleichgewichts und der Solidität. Im zweiten Fall liegt das Problem darin, daß, wenn jeder einen Arbeitsplatz erhalten soll, ein Niveau der Bezahlung erreicht wird, das in Wahrheit einen wachsenden Teil der Bevölkerung dazu verdammt, unter der Armutsgrenze zu existieren – Amerikas »arbeitende Arme« (working poor) können als ein negatives Paradebeispiel gelten.

Es erscheint nur natürlich, einen Kompromiß zwischen den beiden Tendenzen zu suchen, indem die Menschen beginnen, sich auf ein niedrigeres Niveau des monetarisierten wirtschaftlichen Wohlstands einzustellen. Dies wird natürlich durch die Vorstellung unterstützt, daß öffentliche Zuteilungen die Initiative und die Bereitschaft zu arbeiten untergraben und gefährliche Auswirkungen auf die Arbeitsmoral haben. Das sind schwerwiegende Fragen, die durch eine sorgfältige Analyse von Lebensbedingungen eindeutig quantifiziert werden müssen.

Der Nachteil an diesem Gedanken, der in Wahrheit der Versuch ist, sich »durchzuwursteln«, liegt darin, daß er auf zweierlei Art ein sehr negatives Bild der Zukunft zeichnet: Zum ersten wird die große Mehrheit der Bevökerung beobachten, wie ihr Lebensstandard abnimmt und unter die Armutsgrenze sinkt. Bereits rund 1,4 Milliarden Menschen leben in Armut, selbst in industrialisierten Ländern sind es etwa 100 Millionen. Und zum zweiten wird sich die Kluft zwischen arm und reich vergrößern. Von 1965 – 1990 verdreifachte sich der Welthandel, und der Austausch von Dienstleistungen stieg um mehr als das Vierzehnfache, aber das ärmste Fünftel der Weltbevölkerung hat kaum davon profitiert, sein Anteil am Welthandel beträgt lediglich ein Prozent. Doch auch die Ungleichheiten innerhalb der Industrieländer nehmen zu, die ärmsten 40 % der Haushalte verdienen hier lediglich 18 % des Gesamteinkommens.

All das widerspricht der Vorstellung, daß das Potential in der heutigen Welt für eine Steigerung des Wohlstands und des Gemeinwohls größer ist als je zuvor. Kurzum: Die Situation, die durch diesen Kompromiß entstanden ist, der im Grunde lediglich die gegenwärtigen Tendenzen fortschrieb, kann kaum als zufriedenstellend bezeichnet werden. Genau an diesem Punkt versucht unser Bericht an den Club of Rome, den Weg freizumachen für eine positivere und aktivere Sozial- und Beschäftigungspolitik.

Arbeitslosigkeit und Sozialpolitik

Da beinahe alle industrialisierten Länder Arbeitslosenquoten erleben, die als zu hoch erachtet werden, greifen die jeweiligen Regierungen zu unterschiedlichen Maßnahmen, um diesen Zustand zu beheben. Die Palette aktiver Maßnahmen auf dem Arbeitsmarkt läßt sich in vier allgemeine Kategorien einteilen: die Mobilisierung des Angebots an Arbeitskräften, die Entwicklung von beschäftigungsorientierten Fertigkeiten, die Förderung der aktiven Suche und die direkte Schaffung von Arbeitsplätzen.

Die erste Kategorie, die Mobilisierung des Angebots an Arbeitskräften, beinhaltet Programme, die darauf abzielen, die Beschäftigungschancen für schwer vermittelbare Personen zu verbessern, die sonst vermutlich untätig bleiben würden. Dazu gehören Weiterbildung und Training für arbeitslose Erwachsene (in einigen Fällen auch für diejenigen, denen der Verlust des Arbeitsplatzes droht), Sondermaßnahmen für arbeitslose Jugendliche und Rehabilitation von Behinderten. Eine andere Strategie ist die Gewährung von Subventionen für regelmäßige Beschäftigung im privaten Bereich und für Personen, die selbst ein Unternehmen gründen wollen. Die staatlichen Ausgaben für die Mobilisierung des Angebots an Arbeitskräften ist in den meisten industrialisierten Ländern im letzten Jahrzehnt auf rund 0,5 % des Bruttoinlandsproduktes gestiegen, auch wenn hier große Unterschiede zu beobachten sind: Die angelsächsischen Länder geben lediglich ein Fünftel der Aufwendungen von Schweden oder Dänemark aus.

Die zweite Aktivität, die Weiterentwicklung der beschäftigungsorientierten Fertigkeiten, fällt hauptsächlich in die Verantwortung der Arbeitgeber und des Bildungs- und Ausbildungssystems eines Landes. In Gegenden, wo die Bildungsmöglichkeiten als unzureichend erachtet werden, kann die Arbeitsmarktpolitik eine ergänzende Rolle spielen. Dennoch herrscht anscheinend eine Tendenz hin zu einer Verstärkung des Ausbildungselements in der Arbeitsmarktpolitik, die in erster Linie die zuvor erwähnten gezielten Maßnahmen zur Mobilisierung beeinträchtigt hat. Aber in einigen Ländern haben sich breitere Modelle herausgebildet, die eine Fortbildung für Erwachsene umfassen, unabhängig von ihrer Beschäftigungssituation, ebenso eine Lehrzeit und verwandte Formen einer allgemeinen Jugendausbildung.

Das dritte politische Ziel, die Förderung einer aktiven Suche, will die Abläufe erleichtern, in denen Arbeitsplatzsuchende und potentielle Arbeitgeber miteinander in Kontakt kommen. Dieses Betätigungsfeld hat unter anderem neue Methoden hervorgebracht, organisatorische Veränderungen bewirkt oder die Zuweisung zusätzlicher Ressourcen erreicht, um neue Verhältnisse zwischen den beiden Parteien zu fördern. Vermittlungsdienste bilden das Rückgrat für dieses Ziel, und obwohl sie für alle Arbeitnehmer und Arbeitgeber wichtig sind, richtet sich ihr Augenmerk in erster Linie auf die unbeschäftigten Arbeitnehmer, häufig in Gestalt von Sonderprogrammen für Langzeitarbeitslose.

Die letzte Kategorie ist die direkte Schaffung von Arbeitsplätzen, entweder in Form von zeitlich befristeter Arbeit oder in einigen Fällen in Form von regulären Arbeitsplätzen im öffentlichen Bereich oder in gemeinnützigen Organisationen. Diese sehr allgemeine und im großen und ganzen nicht zielgerichtete Maßnahme ist in den letzten zehn Jahren zugunsten von Maßnahmen zurückgegangen, die gezielter das Angebot an Arbeitskräften für Erwerbsarbeit mobilisieren. Allgemein ist man zu der Ansicht gelangt, daß sich die unmittelbare Schaffung von Stellen als kostspielig erwiesen hat, während sie sich gleichzeitig als wenig effizient zeigte.[8] Dennoch spielt sie eine wichtige Rolle bei Behinderten, die möglicherweise besondere Maßnahmen zur Anpassung des Arbeitsplatzes und zur Ausbildung benötigen.

Gleich mehrere Probleme treten in Zusammenhang mit den

sozialpolitischen Maßnahmen und Arbeitslosen auf. Neben der Ungewißheit über den Erfolg verschiedener Maßnahmen oder der Frage der Finanzierung der Arbeitslosenprogramme bildet die genaue Definition der Erwerbsbevölkerung eine weitere Schwierigkeit. Sie schließt Teile der Gesellschaft aus, die ebenfalls an bezahlter Arbeit interessiert wären, und liefert keinen idealen Maßstab für das vollständige Potential von Arbeitskräften. Einige vom Arbeitsmarkt ausgeschlossene Personen sind in andere Formen produktiver Tätigkeit eingebunden wie Erziehung oder ehrenamtlicher Arbeit, andere wollen möglicherweise unter den gegenwärtigen Bedingungen gar nicht ins Berufsleben eintreten, wieder andere wollen vielleicht, können es aber nicht, zum Beispiel aus gesundheitlichen Gründen oder wegen elterlicher Verpflichtungen. Vor allem bei den Frauen ist der Anteil der nicht an der Erwerbsbevölkerung beteiligten Menschen immer noch besonders hoch, ungeachtet der Tatsache, daß er allgemein zurückgeht, während der Anteil der Männer mehr oder weniger gleichbleibt.

An die Frage, welche Lösung am besten geeignet ist, die Arbeitslosigkeit zu bekämpfen, knüpft sich stets die Kontroverse über das Ausmaß der Regulierung des Arbeitsmarktes. Nach über zwei Jahrzehnten zunehmend strengerer gesetzlicher Rahmenbedingungen und einer stärkeren Einmischung von Regierungen und Regierungsinstitutionen hat sich inzwischen die Auffassung über die optimale Palette von Vorschriften geändert. In den achtziger Jahren setzte zuerst in den Vereinigten Staaten und in Großbritannien eine Tendenz ein, die Interventionen auf dem Arbeitsmarkt zurückzunehmen, und breitete sich von dort auf viele früh industrialisierte Länder aus. Vor allem das europäische Modell des Wohlfahrtsstaates mit hohen Löhnen, hoher sozialer Sicherheit, niedriger Armut, aber gleichzeitig hohen Arbeitslosenzahlen ist in jüngster Zeit scharf kritisiert worden. Es wird häufig dem amerikanischen Modell gegenübergestellt, wo das Einkommen weniger gleichmäßig verteilt und die Armut stärker verbreitet ist, die Mindestlöhne weit geringer sind, dafür aber die Arbeitslosenzahlen stets niedriger waren als in Europa.

Die Kommission über die Wettbewerbspolitik stellt fest, daß

»das europäische Sozialmodell überprüft und modernisiert werden muß, damit es besser für die tiefgreifenden wirtschaftlichen, sozialen und demographischen Veränderungen gerüstet ist, die sich in der gesamten Weltwirtschaft abspielen«.[9] Dieser Ansicht stimmen wir zwar voll und ganz zu, aber gleichzeitig haben wir den Eindruck, daß nicht nur das europäische Sozialmodell teilweise unzureichend ist und geändert werden muß, sondern auch das der meisten übrigen Länder der Welt, die Vereinigten Staaten eingeschlossen. Die Frage, wie stark der Arbeitsmarkt reguliert oder dereguliert werden muß, ist zwar eine politische Frage und umfaßt zahlreiche moralische und philosophische Aspekte, die sich nicht mathematisch optimieren lassen, doch der Bedarf an neuen Lösungen für das gegenwärtige Problem der Arbeitslosigkeit steht außer Frage. Allerdings geht es nicht um linke oder rechte Politik, noch um aktuelle europäische, amerikanische oder asiatische politische Maßnahmen, denn wirksame Lösungen rufen nach neuen Ansätzen, Theorien und ihre praktische Umsetzung, wie wir in diesem Bericht zu zeigen versuchen.

Anreize und moralische Risiken der Arbeitslosenleistungen

In den meisten Industrieländern gibt es Vorkehrungen, welche die Auszahlung von Arbeitslosengeldern an die meisten Gruppen arbeitsloser Menschen in der einen oder anderen Form für unterschiedliche Zeitspannen gestatten. Manche Modelle bieten allen in Frage kommenden Einzelpersonen dieselbe festgelegte Summe an, während andere die Höhe der Leistungen an die Höhe der einstigen Einkünfte knüpfen und davon einen bestimmten Anteil auszahlen, in der Regel verbunden mit einer Höchstgrenze. Die Leistungsbestimmungen unterscheiden sich erheblich von einem Land zum anderen, enthalten aber in der Regel einen Mindestzeitraum mehr oder weniger regelmäßiger Beitragszahlungen und einen Ausschluß von Zahlungen oder eine Reduzierung in dem Fall einer freiwilligen Kündigung. Arbeitslosengelder sind an Berechtigungsbedingungen geknüpft, in denen festgelegt ist, daß der Antragsteller für eine Arbeit zur Verfügung stehen, arbeitswillig sein und mit den staatlichen Arbeitsämtern zusammenarbeiten muß. Den Arbeitslosengeldern liegt der Gedanke zugrunde, daß die unmittelbaren finanziellen Nöte der Menschen erleichtert werden, die ohne eigenes Verschulden ihre Stelle verloren haben – freiwillige Arbeitslosigkeit ist folglich meist ausgeschlossen –, auf diese Weise soll es ihnen ermöglicht werden, effizienter nach einer neuen Stelle zu suchen. Diese Leistungen haben deshalb sowohl einen wirtschaftlichen wie auch einen sozialen Billigkeitsanspruch, zum Beispiel die Minderung der Armut unter den Arbeitslosen und die Abfederung der nachteiligen Auswirkungen hoher und steigender Arbeitslosigkeit.

Da die Arbeitslosenquoten sich in vielen Ländern der Zehn-Prozent-Marke nähern oder sie in einigen Fällen gar überschreiten, haben die vergleichsweise großzügigen Vorschriften oft zu Ausgaben in der Größenordnung von zwei Prozent des Bruttoinlandsproduktes für die Einkommenssicherung geführt. Darin sind alle Formen der Geldleistungen zum Ausgleich für Arbeitslosigkeit enthalten, mit Ausnahme des Vorruhestands. Neben der Arbeitslosenversicherung und -hilfe gehören dazu staatlich finanzierte Entlassungsabfindungen, Entschädigungen für Arbeitnehmer, deren Arbeitgeber Konkurs gemacht hat, und Sonderzahlungen für verschiedene Gruppen wie die Bauarbeiter, die während der schlechten Witterung vorübergehend entlassen werden.

Auf der einen Seite bieten die staatlichen Arbeitsämter zwar zahlreiche Anreize, um Menschen zurück zum Arbeitsmarkt zu locken, und unterstützen sie in ihrer Suche nach einer neuen Stelle, doch gleichzeitig bergen die großzügigen Vorschriften stets eine gewisse Gefahr des moralischen Risikos und Mißbrauchs und führen in vielen Fällen sogar zum Leistungsbetrug. Zu den illegalen Handlungen zählen falsche Angaben, indem Leistungen beantragt werden, obwohl man weder für eine Arbeit zur Verfügung steht, noch aktiv nach einer Arbeit sucht, wozu man gesetzlich verpflichtet ist, ferner die Nichtangabe von Verdiensten aus Gelegenheitsarbeit oder die mehrfache Beantragung von Leistungen, um nur die gebräuchlichsten zu nennen. Die staatlichen Arbeitsämter versuchen, die Anspruchsberechtigung wirksam durch entsprechende Kontrollen oder andere Maßnahmen zu überprüfen, und verhindern damit bis zu einem gewissen Grad ungesetzliche Handlungen seitens der Arbeitslosen. Bestimmte Verhaltensweisen, wie die Weigerung, eine passende Arbeit anzunehmen, auch wenn die Arbeit ein niedrigeres Qualifikationsniveau erfordert als von dem Arbeitslosen gewünscht wurde, oder die Ablehnung bzw. das Fernbleiben von Fortbildungskursen haben in der Regel eine vorübergehende und bei mehrmaliger Weigerung eine vollständige Aussetzung der Leistungen zur Folge.

Das Problem des moralischen Risikos unterscheidet sich grundlegend von dem des Leistungsmißbrauchs oder -betrugs. Es tritt auf, wenn einzelne ihr Verhalten wegen der Existenz eines Sicherungs- oder Leistungssystems dahingehend ändern, daß sie anspruchsberechtigt werden oder bleiben, ohne gegen das Gesetz zu verstoßen. In vielen Fällen hat der einzelne selbst Einfluß auf seinen Beschäftigungsstatus, da das Verhalten eines Arbeitnehmers die Gefahr, daß er seine Stelle verliert, erhöhen kann. In ähnlicher Weise entscheidet ein Arbeitsloser selbst über den Nachdruck, mit dem er eine neue Stelle sucht, während er Arbeitslosengelder erhält. Menschen verhalten sich möglicherweise in einer bestimmten Weise, weil sie sich einen Gewinn davon versprechen, arbeitslos zu werden oder zu bleiben. Dieser Gewinn muß nicht unbedingt finanzieller Natur sein, denn man könnte sich auch dafür entscheiden, mehr Freizeit und geringere Entschädigungen durch das Leistungssystem zu akzeptieren, anstelle von weniger Freizeit und höherem Einkommen durch Erwerbsarbeit.

Die Frage, ob und in welchem Ausmaß das Problem des moralischen Verfalls in Systemen der Arbeitslosenleistungen überwiegt, läßt sich nicht ohne weiteres beantworten, denn diese Systeme sind mehrschichtig und lassen sich mit einem einzigen Indikator schwer charakterisieren. Aber es hat den Anschein, daß höhere Ersatzquoten (das Verhältnis des Einkommens, das man als Arbeitsloser erhält, zu dem, das man in einem Beschäftigungsverhältnis zu erwarten hat) in einem positiven Zusammenhang stehen mit einer längeren Dauer der Arbeitslosigkeit.[10] Einige Studien sind zu dem Schluß gekommen, daß quer durch alle Länder ein enger Zusammenhang zwischen Arbeitslosenleistungen und der Gesamtarbeitslosigkeit besteht, andere Studien zum genauen Gegenteil, letztere schließen folglich den Effekt eines moralischen Risikos aus. Negative Ergebnisse können jedoch in die Irre führen, weil entweder nur simple Maßnahmen der großzügigen Leistungsbestimmungen untersucht worden sind, weil das herrschende Kausalitätsverhältnis von Arbeitslosigkeit und Ersatzleistung möglicherweise genau umgekehrt ist oder weil sich die Voraussetzungen für die Arbeitslosenquoten in den verschiedenen Ländern mit der Zeit beträchtlich geändert haben.[11] Die OECD kommt zu dem Schluß, daß, auch wenn ältere Forschungen keinen wesentlichen länderübergreifenden Zusammenhang zwischen den Leistungen und der Gesamtarbeitslosenquote ausmachten, die neueren Berechnungen, in denen die Arbeitslosigkeit als eine Nachfolgeerscheinung von Leistungszuweisungen erscheint, die Vermutung nahelegen, daß Ersatzquoten und die Dauer der Leistungszahlungen sich auf die Arbeitslosenzahlen auswirken. Die OECD meldet ferner, daß hohe Leistungszuweisungen sich nicht nur auf die Langzeitarbeitslosigkeit auswirken können, sondern auch kurzfristige Beschäftigungsverhältnisse, die freiwillige Aufgabe des Arbeitsplatzes und die unfreiwillige befristete Arbeitslosigkeit fördern können. Es hat den Anschein, als liege das Problem des moralischen Risikos im aktuellen System der Arbeitslosenversicherung begründet und dürfe nicht vernachlässigt werden.

Teil 4
Produktive Arbeit und Tätigkeit in der neuen Dienstleistungsgesellschaft

1. Wertschöpfung und die Entwicklung des Wohlstands der Nationen

Als Adam Smith mit dem ersten theoretischen Werk der Ökonomie den Versuch unternahm, Mittel und Wege zur Entwicklung des Wohlstands der Nationen zu bestimmen und herauszufinden, wie ökonomischer Wert geschaffen wird, war dies eine Antwort auf den tiefgreifenden Wandel der Gesellschaft seiner Zeit: die Industrielle Revolution war in Gang gekommen. Es ging Adam Smith nicht so sehr darum, zu erkunden, welcher Wesenszug der damaligen Gesellschaft vorherrschend war, vielmehr darum, welches ihrer Elemente sich als jene treibende Kraft erweisen würde, die in der Lage war, den Wohlstand der Nationen zu mehren und damit auch Hunger, Armut und Entbehrung wirksam zu bekämpfen. Die Industrialisierung war damals zwar noch ein verhältnismäßig unscheinbares Phänomen, doch bereits der Schlüssel für künftige Entwicklungen zur wirksamen Minderung von Knappheit – eines sowohl wirtschaftlichen wie moralischen Imperativs. Smith hatte damals recht, und er hat seit zweihundert Jahren recht, doch seine Ideen werden leider nicht ausreichen, um die Probleme des neuen Wandlungsprozesses zu bewältigen, dessen Anfänge wir heute erleben.

Der wirtschaftliche Wertbegriff war in der Vergangenheit mit produktiven Tätigkeiten und Arbeit verknüpft, die beide in Geld bemessen wurden. Die wachsende Bedeutung der Dienstleistung als wesentlicher Bestandteil des Produktionssystems war noch unbekannt, und der Eindruck von Knappheit und ihre unablässige Bekämpfung hatten es schwierig gemacht, den Gedanken für plausibel zu halten, daß verbesserte industrielle Prozesse auch bessere Lösungen bieten könnten. Bis dahin waren die wirtschaftlichen Krisen, außer in Kriegszeiten, meist auf Überproduktion oder reale Deflation zurückzuführen. Die explosionsartige Entwicklung des industriellen Produktionsprozesses, eine Folge der enormen technischen und wissenschaftlichen Fortschritte, war beim Eintritt in die Ära des Massenkonsums im dritten Jahrzehnt unseres Jahrhunderts der Hauptgrund für einen Wandel der ökonomischen Theorie. In der Welt der Ökonomen verbreitete sich die Annahme, das Angebot sei unbegrenzt elastisch, und die Bedeutung des Wertbegriffs verlagerte sich, vor allem durch den Einfluß der Werke von Keynes und Hicks, auf die Nachfrageseite.

Auch heute noch sind die neoklassischen Schulen, selbst jene ihrer Vertreter, die sich als angebotsorientiert betrachten, von diesem Paradigma geprägt. Doch in den siebziger Jahren schlug die wirtschaftliche Wirklichkeit eine Richtung ein, die nicht nur eine bloße Verlängerung des zwei Jahrhunderte zuvor in Gang gekommenen Trends war. Zum ersten Mal beschleunigte sich in den fortgeschrittenen Industrieländern die Inflation ohne den Einfluß kriegsbedingter Verwerfungen. Diese Erscheinung war eindeutig auf unvorhergesehene Entwicklungen zurückzuführen, die Starrheiten des Angebots betrafen, was jedoch nicht erkannt wurde.

Der Club of Rome spielte in diesem Geschehen eine Rolle – wenn auch weitgehend unbewußt. Weil er sich den Gedanken zu eigen machte, daß das Wachstum sich verlangsamen könnte, wurde der erste Bericht des Club of Rome von der großen Mehrzahl der Ökonomen weltweit heftig kritisiert. Es sei nicht verstanden worden, daß dank der Fortschritte von Wissenschaft und Technik das Angebot mehr oder weniger beliebig elastisch bleiben könne. Hier fand der Teufel in Gestalt eines vorübergehenden Trends seinen Weg in den Geist der ökonomischen Analyse.

Tatsächlich sahen sich bestimmte Institutionen, etwa die Zentralbanken, aufgrund der wachsenden Inflationsängste allmählich gezwungen, ihre Strategien darauf auszurichten, die Inflation in den Griff zu bekommen. Von daher mußten sie zunächst ein gewisses Maß an Unabhängigkeit von der offiziellen Regierungspolitik gewinnen. Zudem begannen sie, die Geldmenge zu steuern, um die Inflation zu meistern, und gaben damit implizit zu, daß das Angebot durch Starrheiten begrenzt sei. Infolge dieser Entwicklung leidet die heutige Wirtschaftspolitik unter einer Art Schizophrenie: de facto dämpft die Geldpolitik die Wirtschaftstätigkeit, um die Inflation zu kontrollieren; und doch verweist die offizielle Stellungnahme der Regierungen und vieler Kommentatoren auf Stimulierung der Nachfrage als Grundlage für die Beschleunigung des Wachstums. Von daher rührt die große Verunsicherung in der Frage der Rationalität der heutigen Ökonomie als Sozialwissenschaft und die weitverbreitete Furcht vor unserer wirtschaftlichen Zukunft.

Wir müssen demnach zunächst fragen, wie sich die Verhältnisse in den Angebotssystemen bei der Produktion des Wohlstands verändert haben und warum der technische Fortschritt anscheinend nicht zu einer größeren Elastizität des Angebots beiträgt. Die Antwort findet sich in der Praxis der wirtschaftlichen Tätigkeit selbst, vorausgesetzt, wir befreien uns von bestimmten Vorurteilen, die unser Verständnis der Fakten der Produktionswirklichkeit verzerren.

Kontroverse Thesen

8. Das Maß des Reichtums: der ökonomische Wertbegriff

Die Wirtschaftswissenschaft wurde als eine besondere, von anderen Sozialwissenschaften unterschiedene Disziplin an jenem Tag geboren, da Adam Smith ein Ziel der wirtschaftlichen Tätigkeit bestimmen und zugleich eine Methode vorschlagen konnte, wie die Anstrengungen, dieses Ziel zu erreichen, gemessen werden könnten.

Das Ziel war die allgemeine Entwicklung des Wohlstands der Nationen. Es konnte erreicht werden, indem man das Potential der damals schon in Gang befindlichen Industriellen Revolution ausnutzte. Wichtig vor allem war, die Produktionskapazitäten für materielle Güter durch den Einsatz neuer Werkzeuge (bereitgestellt durch Kapitalakkumulation und Investition) und den Beitrag der Arbeit zu steigern. Dieser Prozeß konnte gemessen werden, weil die Produktionsfaktoren Kapital und Arbeit für ihren Beitrag in Geldeinheiten entgolten wurden. Dieser Produktionsprozeß konnte durch einen hinzugefügten Wert zum Ausdruck gebracht werden, der die Messung einer Flußvariablen darstellte.

Man war in der Tat der Auffassung, daß der Strom der Güterproduktion den vorhandenen Reichtum ergänzte und als solcher die effizienteste Methode der Wohlstandsproduktion darstelle. Etwa zwei Jahrhunderte lang erwies sich dies tatsächlich als richtig.

Doch in dem Moment, wo Dienstleistungsfunktionen wichtiger für jeden Prozeß der Wohlstandsproduktion wurden als reine Herstellungsfunktionen, verlor diese Definition des Werts ihre Gültigkeit. Mit dem Konzept des Mehrwerts liefert die Produktion des materiellen Gutes, das zu einem bestimmten Zeitpunkt auf dem Markt verkauft wird, die Bestimmung seines ökonomischen Werts. Dies trifft auf rein materielle Güter und Prozesse zu: einen Tisch, ein Kilo Kartoffeln, ein Pferd.

Doch die technische Entwicklung trägt zur Produktion zunehmend komplexer Systeme bei, sie erhöht den Bedarf an Dienstleistungen, die unverzichtbar sind, um materielle Werkzeuge oder Güter nutzbar zu machen. Von daher muß der Wertzuwachs im Hinblick auf die Leistung des Systems gemessen werden. Solche Leistungen können nicht mit der bloßen Existenz des Produkts gleichgesetzt werden.

Im System der Industriellen Revolution kann der Wohlstandszuwachs anhand der höheren Zahl gekaufter Güter gemessen werden. Bei der Leistung jedoch, wie zum Beispiel dem Gesundheitszustand eines Menschen, kann der Umstand, daß man reicher ist oder in besserer Form, nicht mehr gleichgesetzt werden mit dem größeren Umfang an medizinischen Produkten, die gekauft und verbraucht werden. Und dies gilt insbesondere dann, wenn eine größere Zahl von Dienstleistungen in die Gebrauchsphase eines Produkts eingebunden wird.

Somit trat eine grundlegende Veränderung ein, als die Dienstleistungsfunktionen im Hinblick auf Kosten und Ressourceneinsatz erstmals wichtiger wurden als die reinen Herstellungsfunktionen. Der Wertzuwachs mißt einen Strom oder vielmehr seine Kosten, doch nicht unbedingt, wie während der Industriellen Revolution angenommen, einen äquivalenten Wohlstandszuwachs. Angemerkt werden sollte, daß auch das Gegenteil eintreten kann: Wohlstand kann viel stärker durch nichtmonetarisierte* Leistungen des Industriesystems gesteigert werden, etwa wenn die relativen Preise auf dem Sektor der Informationsverarbeitung fallen.

Es sollte klar sein, daß die Diskussion des Wohlstandsbegriffs gegenwärtig von überragender Bedeutung ist für die Frage, welche produktiven Tätigkeiten tatsächlich zum Wohlstand der Nationen beitragen. Eine solche Übereinkunft würde die Aufgabe, eine glaubwürdige und effiziente Beschäftigungspolitik zu formulieren, stark vereinfachen.

* Nur um die Leser an die Terminologie zu erinnern: »monetarisiert« heißt ein System, in dem irgendeine Form des Austauschs entweder für Geld (monetisiert) oder nicht (nichtmonetisiert), allerdings unter impliziter Verwendung eines Bezugssystems, stattfindet; »nichtmonetarisiert« heißen Systeme, in denen keinerlei Austausch stattfindet: im wesentlichen Systeme der Produktion in Eigenleistung.

In unserer heutigen Betrachtungsweise der Wirtschaft bezeichnen wir im allgemeinen das Bruttoinlandsprodukt und seine Wachstumsrate von einer Periode zur andern als den Maßstab für Zuwächse des wirtschaftlichen Wohlstands und menschlichen Wohlergehens. Dieses Bewertungssystem hat freilich einige schwerwiegende Nachteile, wie allen Ökonomen bewußt ist. Unter anderem kommt die Umwelt als wichtige Bestandsvariable in dieser Gleichung nicht vor. In manchen Fällen, und offenbar nimmt ihre Zahl zu, schafft das sogenannte Wirtschaftswachstum keinen realen Zuwachs an Wohlstand und Wohlergehen. Es führt manchmal sogar zu Situationen, in denen ein Nettozuwachs des Bruttoinlandsproduktes einen realen Nettorückgang an Wohlstand bewirkt.

Jedes frei verfügbare Gut, etwa frische Luft, hat keinen Preis und daher, der traditionellen ökonomischen Theorie zufolge, keinen Wert. Die Zerstörung der frei verfügbaren Güter im Produktionsprozeß mindert das Bruttoinlandsprodukt daher nicht, noch reduziert sie das wirtschaftliche Maß von Wohlstand und Wohlergehen. Doch offensichtlich schwächt es Faktoren, die zu realem Wohlstand beitragen. Hier findet sich ein schwerwiegender Widerspruch, da ein System, das zunächst einmal produziert, um den Wohlstand zu steigern, genau das Gegenteil erreichen und mehr Knappheiten schaffen könnte. Güter, die knapp werden, haben im Hinblick auf realen Wohlstand weniger Wert, als wenn sie praktisch unbegrenzt im Angebot wären. Unser ökonomisches System berücksichtigt dies jedoch nicht, denn nur ausgepreiste Güter haben einen wirtschaftlichen Wert. Der reale Wert eines Gutes wird solange nicht erkannt, bis es knapp wird und daher einen Preis bekommt, ohne daß ein ursprünglicher Bestand oder Vorrat berücksichtigt würde.

Es kommt einem paradox vor, daß eine Gesellschaft, die den Zugang zu Trinkwasser beschränkt und den Menschen einen Preis dafür abverlangt, reicher erscheint als eine, in der Trinkwasser frei verfügbar ist. Doch es ist die letzte höhnische Konsequenz unserer wirtschaftlichen Bewertung von wachsendem Wohlstand und Wohlergehen, daß eine Gesellschaft, die zuerst für das Graben eines Lochs bezahlt und dann dafür, daß es wieder aufgefüllt wird, reicher sein soll als eine, die sich auf eine solch idiotische Aufgabe nie eingelassen hätte. Wir müssen daher einen Weg finden, um den Wert des ursprünglichen Bestands festzustellen, den Wert der Mitgift und des Erbes der Natur für uns. Wann immer wir uns mit der Produktion knapper Güter beschäftigen, müssen wir nicht nur die Wirkung auf andere, bereits knappe Güter berücksichtigen, sondern auch die Veränderungen bei den frei zugänglichen Gütern und besonders in unserer Umwelt. Wenn diese Problematik von Ökonomen auch weitgehend erkannt ist, so fehlt derzeit doch das allgemeine Instrumentarium, das die konventionellen Meßverfahren auf breiter Basis ablöst.

2. Die Integration monetarisierter und nichtmonetarisierter Tätigkeiten

Bis zum Beginn der Industriellen Revolution war die Mehrzahl der Ressourcen, die vor allem im Agrarsektor produziert und konsumiert wurden, auf ein System der Eigenproduktion und der Eigenkonsumtion bezogen: ein nichtmonetarisiertes System. Wie wir bereits gesehen haben, hat die Industrielle Revolution den Prozeß der Spezialisierung und daher des Austauschs beschleunigt. Der Austauschprozeß betrifft – wie schon erklärt – das, was wir als den monetarisierten Teil einer Wirtschaft bezeichnet haben, wo der Wert ausgetauschter Güter entweder implizit (nichtmonetisiert) oder explizit (monetisiert) ist, bezogen auf den Wert dessen, was wir als Geld bezeichnen. Behalten wir diese Unterscheidungen zwischen monetisiert, nichtmonetisiert und nichtmonetarisiert im Auge, dann kann eine im wesentlichen agrarische Gesellschaft als vorwiegend nichtmonetarisiert bestimmt werden. Wenn hingegen kommerzieller Tausch stattfindet, dann ist nur ein Teil – zumindest zu Beginn des Prozesses – auf spezifische Weise monetisiert.

Die fundamentale Bedeutung des Geldes in der Wirtschaft ist relativ neu, auch wenn die Geschichte des Geldes weit zurückreicht: offenbar gab es schon in prähistorischer Zeit verschiedene Formen von Geld. Doch damals spielten sie bei weitem keine beherrschende Rolle im »Wirtschaftsleben«. Erst mit der Entwicklung der Industriellen Revolution wurde Geld zum entscheidenden Instrumentarium für die Organisation des neuen Produktionssystems. Ein entwickeltes und funktionierendes Handelssystem war vonnöten – wie im Falle Englands am Ende des 18. Jahrhunderts –, damit ein Teil des Geldstroms gespart und in Investitionskapital verwandelt werden konnte. Dies war unabdingbar, weil die neuen Produktionsmittel, zunehmend wichtiger für den Herstellungsprozeß und immer kostenträchtiger, mehr Investitionen verlangten. Was damals immer noch als Randerscheinung betrachtet wurde, war in Wirklichkeit der Schlüssel und das kraftvollste Element für die Entwicklung des Wohlstands der Nationen: das Produktionssystem, das auf Investitionen beruhte und daher per se mit der Monetarisierung und noch mehr mit der Monetisierung einherging. Darin liegen die Wurzeln einer ökonomischen Forschung, die sich bis zum Beginn dieses Jahrhunderts auf die Frage produktiver Beschäftigung konzentrierte, die vor allem mit entlohnter Tätigkeit im Rahmen des industriellen Produktionssystems verbunden war. Andere Tätigkeiten, besonders Dienstleistungen und alle Formen der Eigenproduktion und des Eigenkonsums, galten zwar als sozial gerecht und ehrenwert, jedoch als zweitrangig.

Diese neue Wirklichkeit der Produktion hat vor zweihundert Jahren auf machtvolle Weise dazu beigetragen, die moderne Welt zu erschaffen, in der trotz aller schrecklichen historischen Krisen und Rückschläge ein wesentlicher Schritt nach vorn zu mehr Wohlstand und Wohlergehen der Menschen getan wurde. Und doch kann man eine berechtigte Frage aufwerfen: Inwieweit gelten all diese Grundannahmen in einer Situation, in der Dienstleistungen zum Schlüssel und überwiegenden Teil der Produktion selbst werden? Sollten wir nicht die traditionelle Vorstellung überwinden, daß produktive Beschäftigung, ja, die Vorstellung von Beschäftigung überhaupt, heute immer noch im Kern an diesen Prozeß der Monetarisierung geknüpft ist?

Die erfolgreiche Entwicklung der Produktivität und der industriellen Produktion hat zu einer sehr paradoxen Lage geführt. Schon zu Beginn dieses Jahrhunderts hat Arthur Pigou, der Pionier der Wohlfahrtsökonomie, einen der Mängel des Wirtschaftssystems in dieser Sphäre angesprochen, ohne unbedingt zu weiteren Schlußfolgerungen zu gelangen. Er dachte über die Tatsache nach, daß ein Junggeselle, der eine Haushälterin beschäftigt und diese dann heiratet, das Nationaleinkommen senkt, da ihre zuvor bezahlte Arbeit nun nicht mehr bezahlt wird. Doch nichtbezahlte Arbeit und die Begriffe der nichtmonetarisierten und nichtmonetisierten Bereiche der Wirtschaft gehen weit über Arbeit im Haushalt und deren Nichtberücksichtigung hinaus, die eine Lücke in der nationalen Einkommensbilanz hinterläßt. Wir können auch auf die Tatsache verweisen, daß dort, wo Dienstleistungen die zentrale Frage sind, das Monetarisierungs- und/oder das Monetisierungssystem nicht unbedingt immer die gesamtwirtschaftlich positiven Resultate erbringt, die in der klassischen Periode der Industriellen Revolution offensichtlich waren.

Betrachten wir den Fall der Gesundheitskosten: Die Entwicklung der Kapazitäten von Arzneien, Ärzten und medizinischen Instrumenten zur Verbesserung der Gesundheit, die ebenfalls dank der Industriellen Revolution und des monetisierten Systems möglich war, hat zweifellos entscheidende Vorteile gebracht. Wenn andererseits die hohen Kosten der Krankenhausbehandlung gegenwärtig dazu führen, daß man Patienten durch politische Maßnahmen dazu bringt, lieber zu Hause zu bleiben, ist offensichtlich, daß hier das nichtmonetisierte System aufgerufen ist, uns vor einem verdeckten Maß an Ineffizienz des monetisierten Systems zu retten. Es ist klar, daß die Frauenarbeit eine gesellschaftliche Errungenschaft ist, doch ebenso klar ist, daß man heute die Kinderbetreuung auf alternative oder komplementäre Weise gewährleisten kann, entweder durch die Entwicklung eines Systems von Kindergärten und/oder durch die Mobilisierung der Großmütter und Großväter, welche die gleichwertige Arbeit umsonst tun können, wo die Familienverhältnisse dies erlauben.

Warum ist die Arbeit, die von darauf spezialisierten Leuten in den Kindergärten verrichtet wird, Teil der produktiven Arbeit, die zum Bruttosozialprodukt beiträgt, die gleichwertige Arbeit der Großmütter oder Großväter dagegen nicht? Es hat den Anschein, als ob in vielen Bereichen das Nichtmonetisierte aufgerufen wäre, zur Rettung dessen zu kommen, was in manchen Fällen die Grenzen der Effizienz der monetisierten Organisation der Wirtschaft zu sein scheinen. Können wir daher immer noch den Begriff der produktiven Beschäftigung auf das beschränken, was zur offiziellen monetisierten Ökonomie gehört, und ihn abgrenzen von der Leistung von Tätigkeiten, die von einem sozialen und sogar indirekt vom finanziellen Standpunkt aus als produktiv bestimmt werden können, jedoch nicht als solche anerkannt werden?

In der Dienstleistungsgesellschaft hat es den Anschein, als ob der Zusammenhang von monetisierten und nichtmonetisierten Tätigkeiten einer von wechselseitiger Abhängigkeit ist und daß ein wachsender Anteil der nichtmonetisierten Tätigkeiten tatsächlich eine Form produktiver Arbeit darstellt. Denn sie tragen zum Wohlstand der Nationen bei und sind in manchen Fällen sogar wesentliche Elemente für das Funktionieren der monetisierten Welt selbst. Obwohl es wahrscheinlich ein Problem des optimalen Gleichgewichts von monetisierten und nichtmonetisierten Tätigkeiten gibt, muß anerkannt werden, daß ihre wechselseitige Verflechtung und die resultierenden Synergien immer wichtiger werden.

Kontroverse Thesen

9. Produktive Tätigkeiten in der Dienstleistungsgesellschaft

In der vorindustriellen Wirtschaft wurden produktive Tätigkeiten, die das materielle Überleben ermöglichten, innerhalb von Systemen geleistet, die im wesentlichen solche der Eigenproduktion und des Eigenkonsums waren. Die im Laufe der Zeiten zunehmende Spezialisierung im Handel hat der Industriellen Revolution den Weg geebnet. Auf dieser Stufe war es vor allem wichtig, das Produktionssystem innerhalb einer monetarisierten Gesellschaft zu entwickeln, in der die wichtigen Produktionstätigkeiten entlohnt wurden. Seitdem werden Beschäftigung und Produktionstätigkeit, eben weil sie strategische Bedeutung hatten, fast ausnahmslos mit Beschäftigung im Sinne von bezahlter Tätigkeit gleichgesetzt. Natürlich gibt es auch weiterhin andere Arten von Tätigkeiten (Eigenproduktion und nichtbezahlte, auf Austausch gegründete Tätigkeiten), doch sie wurden in den Wachstumsberechnungen der Industriellen Revolution nie berücksichtigt. Mit der Dienstleistungsgesellschaft und ihrer Betonung von Leistung wird jedoch vollkommen klar, daß die Schaffung von Wohlstand während des Gebrauchslebens von Produkten und Dienstleistungen unweigerlich auch gewisse Formen der Eigenproduktion und der nichtbezahlten Arbeit enthalten muß, als notwendiger Beitrag zum Funktionieren des gesamten Systems.

Dies gilt insbesondere für das von bestimmten Ländern erreichte wirtschaftliche Reifestadium, in dem Tätigkeiten, die im wesentlichen auf bezahlter Arbeit beruhen, zunehmend ineffizienter werden, und ein immer größerer Teil des Produktionsprozesses dem Konsumenten übertragen wird, von dem ein unbezahlter Beitrag zur Leistung erwartet wird. Ein vertrautes Beispiel für dieses Phänomen ist die Selbstbedienung bei praktisch allen heute auf dem Markt angebotenen Dienstleistungen: von Restaurants, Reparatur- und Wartungssystemen und Bankschaltern bis hin zu Erziehungs- und Gesundheitssystemen. Da außerdem die Kosten der Leistung von Systemen mit ihrer Funktionsqualität zu tun haben, wird klar, daß »Qualität« für das Dienstleistungssystem das ist, was »Produktivität« für das Industriesystem war. Mit der Dienstleistungsgesellschaft hat die Qualität aufgehört, ein abstraktes und der Phantasie überlassenes Konzept zu sein. Denn ganz im Gegenteil sind die enormen Geld- und Arbeitskosten nur allzu real, die dann auftreten, wenn etwas nicht richtig funktioniert. In der modernen Dienstleistungsgesellschaft bezieht man sich, wenn man von produktiven Tätigkeiten, von effizienter Leistung oder zufriedenstellenden Ergebnissen spricht, nicht nur auf den Beitrag der bezahlten Beschäftigung (dem ausschließlichen Bezugspunkt der Industriellen Revolution), sondern auch auf den Beitrag der Eigenproduktion und nichtbezahlter Tätigkeiten. Wenn der Wohlstand auf diese Weise zustande kommt, dann liegt es auch auf der Hand, daß jede Strategie für die Entwicklung von Beschäftigung und produktiven Tätigkeiten alle drei Formen der Produktion parallel fördern muß.

3. Die Anerkennung der wirtschaftlichen Bedeutung nichtentlohnter Tätigkeiten

Die Evolution der Produktivität monetarisierter Systeme und ihre Grenzen

Man kann sich natürlich auf gewisse soziale und politische Faktoren konzentrieren, die hätten leichter gehandhabt werden können, wenn der Herstellungsprozeß selbst dank der technischen Innovationen hochelastisch geblieben wäre. Viele Ökonomen, die sich selbst als »angebotsorientiert« bezeichnen, tun genau das. Leider ist dies nicht der Fall, da das Wunschdenken vieler Ökonomen, wonach die wirtschaftliche Entwicklung sich durch unablässige Erfindung und Innovation dem Gesetz vom abnehmenden Ertragszuwachs entziehen würde, eben dies blieb: Wunschdenken.

Alle Ereignisse und Entwicklungen in den Wissenschaften und im menschlichen Leben unterliegen dem Gesetz vom abnehmenden Ertragszuwachs. Als einzige Ausnahme zu diesem Gesetz, von den Ökonomen immer für selbstverständlich gehalten, galt die technische Entwicklung selbst, von der häufig geglaubt wird, sie sei frei von solchen Begrenzungen. Insbesondere gingen viele Wirtschaftswissenschaftler so weit, zu behaupten, die Marktverhältnisse hätten unsere Fähigkeit, auf neues technisches Gebiet vorzudringen, verbessert. Hingegen ist es doch offensichtlich, daß seit der Einführung der wissenschaftsbasierten Technik Ende des letzten Jahrhunderts dieser Prozeß weitgehend exogen geblieben ist. Wenn man im Jahr 1973 Ökonomen und in der Industrie Tätige gefragt hätte, welche neue Technik sie gerne entwickelt sehen möchten, hätten sie zweifellos geantwortet: eine neue Energietechnik, die in der Lage wäre, das Öl zu ersetzen oder es zu sehr viel geringeren Kosten zu produzieren. Doch dies ist nicht geschehen, und die Inflation schnellte in die Höhe. Statt dessen waren es die Computer und die Informatik, die einen wirklichen Aufschwung verzeichneten, Dinge, die in der Welt von 1973 als Luxus betrachtet worden wären. Das Wirtschaftssystem brauchte zehn Jahre der Energieknappheit, um sich den neuen Angebotsverhältnissen anzupassen. Doch inzwischen hatte sich der Impuls für jenes große Wirtschaftswachstum der Jahre zwischen 1947 und 1973 entscheidend abgeschwächt.

Kontroverse Thesen

10. Das Paradies-Paradox

Dieses Paradox haben wir bereits in einem früheren Bericht an den Club of Rome unter dem Titel *Wohlstand und Wohlfahrt* zu beschreiben versucht. Es lautet wie folgt:

Das Paradies wird normalerweise als ein Ort beschrieben, an dem die Menschen glücklich leben im Genuß einer unendlichen Menge frei verfügbarer Güter. Keinerlei Mühsal, Arbeit oder Produktion wäre nötig, so daß die Wirtschaftätigkeit, wie wir sie traditionell verstehen, verschwinden würde. Die unmittelbare Folge wäre, daß keine Löhne bezahlt und von daher eine Arbeitslosigkeit von 100 % erreicht würde.

Der technisch-industrielle Fortschritt ist vorangetrieben worden und hat uns dem Ziel des Paradieses ein Stück näher gebracht. Tatsächlich bietet die gesteigerte Produktivität durch die Produktion von Gütern (in der Elektronikindustrie ist dies der Fall) ein schlagendes Beispiel für fallende Produktionspreise. Die Extrapolation dieser Trends auf die Industrieproduktion insgesamt könnte zu einer Situation führen, in der es einerseits großen Überfluß gibt, auf der anderen Seite keine Beschäftigung und kein Geld, das zur Verfügung stünde.

Hier wird deutlich, daß der Weg ins Paradies allmählich sehr dem Weg zur Hölle ähnlich sieht. Und die Hölle ist natürlich der unvermeidliche Endpunkt aller Extrapolation. Dies ist ein Beispiel dafür, daß das scheinbar Rationale uns in höchst irrationale Lagen treibt.

Das zweite Problem im Hinblick auf die Starrheit des Angebotssystems hat damit zu tun, daß das Produktivitätswachstum in der Güterherstellung inzwischen nicht mehr dem oben beschriebenen Trend folgt (d. h. dem Weg ins »Paradies«). Tatsächlich waren zwar einerseits die Produktionsprozesse selbst sehr erfolgreich, doch haben sie andererseits die Industrien weltweit in Produktionssysteme verwandelt, in denen Dienstleistungen aller Art bis zu 80 % aller wirtschaftlichen und finanziellen Ressourcen in Anspruch nehmen. Forschung und Entwicklung, Lagerung, Wartung, Kontrolle von Störanfälligkeiten, finanzielle Aktivitäten, Reparatursysteme, Überwachung, Distribution, Gebrauch und Entsorgung sind zu den Schlüsselvoraussetzungen der Wohlstandsproduktion geworden.

Daher sind Systeme zur Produktion materieller Güter Systemen gewichen, in denen in zunehmendem Maße Dienstleistungen eingesetzt werden, nicht nur im Vorfeld der Güterproduktion, sondern auch während der Produktion und besonders in der Nutzungsphase, schließlich beim Recycling oder in der Abfallbeseitigung. Die Logik des Preissystems im Markt hat ebenfalls einen vollständigen Wandel erfahren. Preise entstehen nicht mehr zu einem bestimmtem Zeitpunkt aus einem Gleichgewicht von Angebot und Nachfrage. Sie müssen in zunehmendem Maße Kosten widerspiegeln, die im künftigen Strom der Vertragserfüllung während des Produkt- und Systemgebrauchs entstehen und später beim Recycling oder der Beseitigung.

Das Management von Störanfälligkeiten und Unwägbarkeiten ist somit zu einer Schlüsselfrage des Produktionsprozesses, der Wohlstandsproduktion und in der Tat der Gesellschaft selbst geworden. Dafür verantwortlich sind zwei elementare Tatsachen. Erstens hat aufgrund der technischen Entwicklung und sogar dank der wachsenden Organisationsfähigkeit von Gesellschaften in vielen Gebieten rund um den Globus die Häufigkeit gravierender Störungen abgenommen, doch aufgrund der Verdichtung menschlicher Ansiedlungen, der Qualität der Technik und der Produktionstätigkeiten und ihrer wechselseitigen Abhängigkeit können die negativen Folgen von Zusammenbrüchen weitreichend und teuer sein. Die Systeme zur Verteilung von Öl und Düngemitteln und die Menge von an den Finanzmärkten gehandeltem Geld in der heutigen Welt sind so groß, daß kleine Schwankungen die Anfälligkeit des Systems bis hin zum Störfall erhöhen. Deshalb liegt das Risikomanagement im Zentrum jedes heutigen Managementproblems. Zweitens muß betont werden, daß das Preissystem selbst nicht mehr allein auf der Einschätzung von Produktionskosten für die Endprodukte im Vergleich zur Verfügbarkeit abdeckbarer Nachfrage beruht, sondern zunehmend von einem Preissystem überholt wird, in dem viele »Produktions«-Kosten von künftigen Ereignissen abhängen.

Von daher rührt der allgemeine Eindruck, daß unsere Welt unsicherer geworden ist. Wir lernen in der Tat gerade, ein System zu steuern, ganz ähnlich wie die Natur den menschlichen Körper aus sehr einfachen biologischen Arten aufgebaut hat. Entscheidend wichtig in diesem Prozeß ist die Fähigkeit, zu organisieren, zu integrieren und die Dinge am Laufen zu halten. Am Ende können die Ergebnisse immer verbessert werden, vorausgesetzt, daß die Störanfälligkeit unter Kon-

148

trolle gehalten wird. In diesem Sinne bietet allein schon der Begriff der Ungewißheit eine neue Art und Weise, den Fortschritt zu sehen, und ist im Grunde genommen die echte Chance und Schlüsselvoraussetzung des Fortschritts.

* Giarini, O. (1980): Wohlstand und Wohlfahrt. Dialog über eine alternative Ansicht zu weltweiter Kapitalbildung

Die nichtmonetisierten Tätigkeiten

Nichtmonetisierte Tätigkeiten
auf der Basis von impliziten Tauschwerten

Nichtmonetisierte Tätigkeiten, die auf impliziten Tauschwerten beruhen, sind all jene Tätigkeiten, die bezahlt, d. h. monetisiert werden könnten, bei denen dies jedoch aus verschiedenen Gründen nicht der Fall ist. Wir nennen sie monetarisierte, doch nichtmonetisierte Tätigkeiten, denn sie haben einen (potentiellen) impliziten Wert, der in monetären Kategorien berechnet werden könnte. Es handelt sich meist um wohltätige oder freiwillige Arbeit, die in diese Kategorie fällt, sie ist jedoch keineswegs auf Wohltätigkeit beschränkt.

Viele jener produktiven Tätigkeiten außerhalb des Marktes gehören in diese Gruppe, wie etwa bei jenen Millionen von Großmüttern und Großvätern, die sich um die Entwicklung und Erziehung der kleinen Kinder kümmern. Sie werden im allgemeinen nicht für ihre Arbeit bezahlt, obwohl es einfach wäre, den gegenwärtigen Marktwert für jede Stunde Kinderbetreuung herauszufinden und ihn der von ihnen damit verbrachten Zeit zuzuschreiben. Ein weiteres Beispiel wären haushälterische Pflichten, die in der heutigen Welt immer noch vor allem von Frauen erledigt werden, doch in fast allen Fällen nicht entlohnt und monetär nicht bewertet sind, obwohl dies möglich wäre.

Nach Schätzungen der Vereinten Nationen im Human Development Report von 1995 entfällt von der gesamten mit monetisierter und nichtmonetisierter Arbeit verbrachten Zeit etwa die Hälfte auf die zweite Kategorie. Besonders Frauen verrichten mit über zwei Dritteln den größten Teil der nichtmonetisierten Arbeit. Zwar ist es schwierig, die Menge der monetisierten und nichtmonetisierten Arbeit in monetären Kategorien zu berechnen, doch nehmen manche Länder dieses Problem in Angriff und führen sogenannte Satellitenkonten, auf denen die nichtmonetisierte Arbeit verbucht wird. Würden alle unbezahlten Tätigkeiten mit einem impliziten Tauschwert als Markttransaktionen zu den jeweils gängigen Preisen behandelt – eine ziemlich strenge und etwas unrealistische Voraussetzung – dann ergäben sich gewaltige monetäre Wertsummen. Unter diesen Voraussetzungen, die nur ein grobes Bild von der Bedeutung nichtmonetisierter Arbeit in unserer Wirtschaft liefern können, würde der gesamte globale nichtmonetisierte Output auf einen Wert von 16 Billionen Dollar veranschlagt, etwa 70% der geschätzten 23 Billionen Dollar an monetisierten Tätigkeiten. Für Deutschland berechnete 1994 das Familienministerium in Zusammenarbeit mit dem Statistischen Bundesamt, daß sich das Bruttoinlandsprodukt um ein Drittel erhöhen würde, wenn man die unbezahlte Arbeit in Familie, Haushalt oder Ehrenamt mit nur dem Nettostundensatz einer Hauswirtschafterin bewerten würde.

Es liegt auf der Hand, daß ein so wichtiger Teil unserer Wirtschaft für unsere Bilanzierungsverfahren nicht mehr unsichtbar bleiben darf. Die Einführung von Satellitenkonten war ein erster, wichtiger Schritt hin zur Aufnahme der nichtmonetisierten Arbeit in den Bezugsrahmen der Entscheidungsfindung unserer Gesellschaft.

Nichtmonetarisierte Tätigkeiten ohne impliziten oder expliziten Bezug auf Tauschwert

Bei der anderen, sehr wichtigen Gruppe, den nichtmonetarisierten Tätigkeiten, handelt es sich um solche Tätigkeiten, die keinen impliziten oder expliziten Tauschwert haben. Eine »Übertragung« in den monetären Rahmen, wie bei den nichtmonetisierten Tätigkeiten, ist unmöglich. Diese nichtmonetarisierten Tätigkeiten im strengeren Sinne der Terminologie umfassen alle Tätigkeiten der Eigenproduktion und des Eigenkonsums. Beispiele für diese Art von Arbeit wären Selbststudium durch die Lektüre von Büchern oder mittels Computerprogrammen, selbst erledigte Reparaturen oder Selbstbehandlung bei Krankheiten. Die meisten persönlichen Tätigkeiten, die nicht an Dritte delegiert werden können, fallen ebenfalls in diese Kategorie.

Der monetäre Wert nichtmonetarisierter Tätigkeiten kann nicht geschätzt werden, da sie sich außerhalb unseres Geldsystems befinden, ohne Bezugspunkt, wie und unter welchen Bedingungen sie mit anderen Tätigkeiten innerhalb des Systems verflochten oder zumindest angemessen verknüpft werden könnten. Sie bilden einen lebenswichtigen Bestandteil unserer Wirtschaft, und doch bleiben sie monetär gesehen unquantifiziert. Die Agrargesellschaft beruhte noch weitgehend auf der Effizienz ihrer nichtmonetarisierten Arbeiten, da der größte Teil der Produktion in Gemeinschaften stattfand, die für sich selber produzierten.

Heute erleben wir das Comeback dieser nichtmonetarisierten Tätigkeiten, die während der Industriellen Revolution durch die starke Zunahme monetisierter Arbeit verdrängt wurden. Die Innovation der Selbstbedienungsrestaurants und die Einführung von Geldautomaten im Bankenwesen, wo vormals monetisierte Systeme abgeschafft werden und die Last der Arbeit den Kunden aufgebürdet wird. Der Konsument wird zum Teil des Produktionsprozesses, anstatt eine davon vollkommen getrennte Einheit zu bilden. Dieses Phänomen, von Alvin Toffler als »Prosument« beschrieben, kann besonders gut auch auf der Ebene der Distribution und vor allem des Gebrauchs und schließlich des Recyclings beobachtet werden.

Je mehr der Konsument zum Prosumenten wird, desto eher entdecken wir wieder, daß der richtige Gebrauch von Systemen mit dem zunehmenden Umfang der völlig nichtmonetarisierten Eigenproduktion und des Eigenkonsums zu tun hat. Hier, auf dieser Ebene, entdecken wir erneut den ökonomischen Wert dessen, was die klassische Industrielle Revolution unweigerlich beseitigt hat, nämlich die »wirtschaftliche« Bedeutung nichtmonetarisierter Tätigkeiten. Mit einem Computer oder jedem anderen modernen Werkzeug umzugehen lernen – für unsere eigenen Zwecke oder jede Art von Tätigkeit mit Bildungs- oder praktischem Charakter, die in einem System der Eigenproduktion oder des Eigenkonsums entwickelt wird – könnte als ergänzendes Mittel zur Mobilisierung der schöpferischen Kraft des Menschen betrachtet werden. Was den wirtschaftlichen Wert angeht, so ist dieser nicht nur bezogen auf die Existenz eines materiellen Produkts, sondern dehnt sich auf die Leistung des Systems aus, während der Nutzen wahrhaft von der Nutzung des Produkts oder Systems abhängt.

4. Der Wandel des Dienstleistungssektors

Kontroverse Thesen

11. Eine Dienstleistungswirtschaft oder eine Wirtschaft von Dienstleistungen?

Sowohl die klassische wie auch die neoklassische Denkschule behaupten, daß alle wirtschaftlichen Tätigkeiten in drei Sektoren aufgeteilt werden können: den landwirtschaftlichen, den industriellen oder Fertigungssektor und den Dienstleistungssektor (primärer, sekundärer und tertiärer Sektor). Diese Unterteilungen sind historisch begründet. In der Anfangszeit moderner Wirtschaftstheorie legte man den Schwerpunkt auf das, was man für das wirksamste Verfahren zur Mehrung des Wohlstands der Nationen hielt: den Prozeß der Industrialisierung. Die Landwirtschaft blieb eine wichtige, aber »traditionelle« Tätigkeit, die industrielle Produktion stand im Mittelpunkt, und der tertiäre Sektor diente dazu, untergeordnete Tätigkeiten zu klassifizieren.

Es war jedoch die Effizienz des auf Technik beruhenden Produktionsprozesses, die zur gegenwärtigen Lage geführt hat, in der fast alle Produktionsprozesse zu 70 bis 80 % ihrer Kosten von Dienstleistungen abhängig sind. Dazu gehören Forschung und Entwicklung, Finanzierung, Distribution, Lagerung, Instandhaltung, Entsorgung, Sicherung usw. Andererseits werden bei vielen traditionellen Dienstleistungen Produktionswerkzeuge auf eine Weise eingesetzt, die es schwierig macht, sie eindeutig zu klassifizieren, beispielsweise ein Kontrollsystem in einem Chemieunternehmen.

Folglich ist in den vergangenen Jahrzehnten in allen Industriestaaten die Zahl der Industriearbeitsplätze ständig zurückgegangen, während die Stellen mit Dienstleistungsfunktionen innerhalb und außerhalb des sogenannten tertiären Sektors den Hauptbeitrag zur Beschäftigung geleistet haben.

Weiterhin ist von grundlegender Bedeutung, daß Dienstleistungen nicht allein einen radikalen Strukturwandel der Produktionsprozesse im engeren Sinne mit sich bringen. Der gesamte Prozeß der Wohlstandsproduktion verläuft jetzt in einer ganz neuen Zeitdimension:

153

- Forschung und Entwicklung finden statt, bevor die Produktion beginnt.
- Die Kosten für Instandhaltungs- und Distributionssysteme wie auch die Kosten der Entsorgung fallen nach dem Verkauf des Produkts oder Systems an.

Viele Wirtschaftswissenschaftler haben versucht, den Begriff der Dienstleistungen in die »normale Ordnung der Dinge« einzupassen und sie als eine Art »unsichtbare« Produkte behandelt. In Wirklichkeit wird kein Produkt ohne Dienstleistung genutzt, und keine Dienstleistung wird ohne materielles Produkt erbracht. Dieser Sachverhalt ist vergleichsweise wichtig: Während der Industriellen Revolution wurde der Produktion von materiellen Gütern offensichtlich der Vorrang gegeben, in modernen Volkswirtschaften von heute dagegen ist der Betrieb von Dienstleistungssystemen, die eine angemessene Handhabung materieller Inputs gewährleisten, weitaus wichtiger.

Diese Diskussion über die Struktur der Produktion oder des Angebots (und der produktiven Tätigkeiten im allgemeinen) ist wesentlich für die Formulierung einer umfassenden (wirtschafts-)politischen Strategie, mit der das Beschäftigungsproblem erfolgreich anzugehen wäre.

Die neue Wirklichkeit des Dienstleistungssektors

Die offiziellen Statistiken über Arbeitsplätze und Beschäftigung im Dienstleistungsbereich zeigen schon heute deutlich, daß in den meisten Industriestaaten bereits etwa 70 bis 80 % der Erwerbsbevölkerung im Dienstleistungsbereich innerhalb und außerhalb der Industrie beschäftigt sind. In den letzten 25 Jahren war ein spektakulärer Stellenzuwachs gerade bei den Dienstleistungen zu verzeichnen, besonders in den USA. Auch gibt es den offiziellen Zahlen zufolge eine stabile, meist jedoch schrumpfende Zahl von Stellen bei rein produzierenden Tätigkeiten und Unternehmen.

Die OECD schätzt, daß sich die Beschäftigung in den USA zwischen 1960 und 1995 verdoppelt hat: allein im öffentlichen Sektor wurden netto über 30 Millionen Stellen geschaffen. Japan verzeichnete zwischen 1973 und 1993 einen Zuwachs von 12 Millionen und

Ozeanien von weiteren zwei Millionen Stellen im öffentlichen und privaten Sektor. Während bei den nichtstaatlichen Dienstleistungen alle Industrieländer zwischen 1979 und 1990 einen jährlichen Zuwachs aufwiesen – die USA 2,7%, Japan 2,3%, die EU 2,1% und die EFTA 1,4% –, war zugleich in den meisten dieser Länder die Produktion rückläufig. Die jährlichen prozentualen Veränderungen für denselben Zeitabschnitt betrugen – 0,5% für die USA, + 1,0% für Japan als Ausnahme, – 3,3% für die EU und – 1,0% für die EFTA. Kurz, die Dienstleistungen waren in den letzten beiden Jahrzehnten die treibende Kraft der Volkswirtschaften und der Beschäftigung. Man hat zudem festgestellt, daß sie sich auf flexible Weise verschiedenen Produktionsbedingungen und unterschiedlichen gesellschaftlichen und kulturellen Umfeldern anpassen.

Zum Begriff der Produktivität bei Dienstleistungen gibt es eine umfangreiche Debatte: Doch dieser Begriff wirkt verschwommen, weil die Leistung eines Dienstes nicht dasselbe ist wie die Leistung eines industriellen Produkts. Die Erhöhung der Anzahl von Autos, die in einem Produktionsprozeß hergestellt werden, bedeutet etwas anderes als die Erhöhung der Anzahl von Patienten, die von einem Arzt besucht werden oder der Anzahl von Schülern, die in einem Klassenraum untergebracht werden können. Im ersten Fall geht es am Ende um die Gesamtzahl der Automobile, die in einer Zeiteinheit produziert werden. In den anderen Fällen kann das gute Resultat anhand des Gesundheitsniveaus berechnet werden, das der einzelne Patient erreicht, oder durch das vom Schüler erreichte Bildungsniveau. Theoretisch gesehen erweist sich hier die Notwendigkeit der Abkehr von der Messung von Strömen (Wertzuwächsen) zugunsten der Messung von Beständen (oder Niveaus oder Endresultaten). In dieser Diskussion wäre es naheliegend, den Begriff der Resultatqualität als Schlüssel für die Messung des realen Produktionswertes in einer Dienstleistungswirtschaft zu betrachten. Die Optimierung der Qualität einer Leistung ist der geeignete Maßstab für die Produktivitätsmessung bei den Dienstleistungen.

Eine sehr grundsätzliche Frage betrifft die Auswirkungen der technischen Entwicklung auf die Dienstleistungen, auf deren Leistungsniveaus und auf die Beschäftigung. Man könnte sagen, die technische Entwicklung hat bislang die Zahl der Arbeitsplätze für alle Arten von Dienstleistungen kräftig in die Höhe getrieben. Heute muß vor allem die Frage beantwortet werden, ob die Technik durch Effizienzverbesserung inzwischen so viele neue Rationalisierungsmöglichkeiten bei vielen Dienstleistungen schafft und damit die Stellenzahl in einem solchen Maße reduziert, daß die Zahl der neu geschaffenen Stellen aufgewogen wird. Neuere Untersuchungen lassen vermuten, daß traditionelle Dienstleistungsbereiche wie Banken und Versicherungen, selbst wenn sie in beträchtlichem Maße expandieren, am Beginn einer Phase stehen könnten, in der sie die Möglichkeiten zur Schaffung neuer Arbeitsplätze drastisch reduzieren.

Historisch gesehen gab es freilich während der letzten zwei Jahrhunderte häufig Vorhersagen, wonach die nächste Welle technischer Neuerungen hohe Arbeitslosigkeit und/oder starke Kürzungen der Reallöhne verursachen würde. Bis jetzt haben sie sich als falsch erwiesen: Höhere Produktivität ging immer einher mit wachsender Nachfrage nach Arbeit und steigenden Reallöhnen.[1] Hinzu kommt, daß mit der Verbreitung neuer Techniken, etwa von Computern, eine sehr lange Vorlaufphase verbunden ist, was mit den Schwierigkeiten zusammenhängt, auf angemessene Weise zu lernen, wie diese neuen Werkzeuge in massivem Umfang einzusetzen sind. Bei ähnlichen Innovationen, wie etwa zu Beginn des Jahrhunderts bei der Einführung der Elektrizität in die Produktion, hat es über zwanzig Jahre gedauert, bis auch nur andeutungsweise eine Steigerung der Produktivität festzustellen war. Wir können daher erwarten, daß nun, nach einer längeren Zeitspanne von vielleicht zehn oder zwanzig Jahren, in den kommenden Jahren ein Anstieg der Produktivität zu verzeichnen sein wird, denn bis jetzt sind jene enttäuscht worden, die auf diesem Gebiet nach globalen positiven Indikatoren auf gesamtwirtschaftlicher Ebene gesucht haben.

Wie auch immer die Lage einzuschätzen ist, es ist auf jeden Fall klar, daß jedes Entwicklungsland – und das betrifft die neuen »Tiger« in der Welt, etwa Ostasien, und auch Osteuropa und schließlich Lateinamerika – gut beraten ist, vorrangig angemessene Formen von Dienstleistungen für seine moderne »Industrialisierung« zu stimulieren und zu entwickeln. Dienstleistungen werden in jedem Fall eine Schlüsselfunktion für die Beschäftigung haben, und weil es einen großen Unterschied zwischen der Arbeit am Fließband oder einem Bergwerk und einer Dienstleistung gibt, kann davon wiederum die Beschäftigungspolitik profitieren und diese Situation potentieller Flexibilität auf höchst positive Weise nutzen. Zudem ist klar, daß die meisten Dienstleistungen ein angemessenes Ausbildungsniveau und darüber hinaus eine lebenslange Weiterbildung der Beschäftigten auf allen Tätigkeitsfeldern erfordern, was wiederum die Anpassung und Feinabstimmung des Bildungssystems erforderlich macht.

Kontroverse Thesen

12. Die wachsende Bedeutung von wirtschaftlicher und gesetzlicher Haftung als neuer Aspekt der Nachfrage

In den letzten zwanzig Jahren hat im Übergangsbereich von Recht und Wirtschaft eine wichtige Entwicklung stattgefunden, die insbesondere den Sachverhalt der Haftung betrifft: Produkte oder Dienstleistungen, die nicht die erwartete Leistung erbringen, werden in steigendem Maße einem Haftungsverfahren unterworfen.

Diese Entwicklung ist einer der auffälligsten Hinweise auf die Veränderungen im Begriff der Nachfrage innerhalb des Wirtschaftssystems. Tatsächlich wird der Wert eines Produkts oder eines Systems nicht länger ausschließlich durch seine rein materielle Existenz bestimmt, er hängt vielmehr in zunehmendem Maße davon ab, wie ein Produkt oder ein System funktioniert. Dies bedeutet, daß der Käufer oder Konsument, ob als Individuum, Gemeinschaft oder Unternehmen, sich über die erwartete Leistung eines solchen Produkts Gedanken macht, bevor er es erwirbt. Außerdem sind der Begriff der Leistung und die Entwicklung von Haftung mit dem Phänomen der Störanfälligkeit verbunden, dem Grund für die Entwicklung von Risikomanagement in allen Sektoren.

Obwohl der drastische Anstieg der Konfliktfälle und der Haftungsansprüche in manchen Ländern jeweiligen nationalen Besonderheiten zugerechnet werden kann, ist dieses Phänomen nicht einfach nur eine vorübergehende Angewohnheit oder Mode. Produkthaftung hat grundsätzlich mit dem zu tun, was vom Produktionssystem als Wert erwartet wird, und damit, wie der durch Gewohnheiten und reale Probleme geprägte Konsument oder Nutzer darauf reagiert. Wir kaufen und konsumieren zunehmend Leistungen und nicht nur materielle Produkte.

Materielle und immaterielle Produkte in der Dienstleistungsgesellschaft[2]

In zahlreichen Büchern und Artikeln[3] zur heutigen Wirtschaft und ihrem Wandel wird behauptet, wir hätten es zunehmend mit einer sogenannten »Entmaterialisierung der Produkte« zu tun. Der Übergang vom traditionellen System der Industriellen Revolution, das sich auf die Produktion von beweglichen Gütern konzentrierte, zur neuen Dienstleistungsgesellschaft wird gewöhnlich als Wechsel von »materiellen« zu »immateriellen« Gütern und Werten erklärt. Dieser Begriff des »Immateriellen« entstammt der Beobachtung, daß sich der Produktionsprozeß während der klassischen Industriellen Revolution hauptsächlich um Materielles, also »handfeste« Güter und Werkzeuge, drehte. In unserer gegenwärtigen Gesellschaft, in der Dienstleistungen und Informationen eine zunehmend wichtigere Rolle spielen, sind Produkte häufig »immateriell«, wie zum Beispiel eine Information oder ein Computerprogramm. Dennoch besitzen diese Produkte eine enge Beziehung zur dinghaften Welt, weil ihr Träger- oder Vermittlungssystem »materiell« bleibt.

Ob nun bloß unterschwellig oder offen bekundet, dieser Ansatz geht einher mit der Behauptung, die Dienstleistungsgesellschaft sei weniger »materialistisch« und neige mehr zu »immateriellen« Werten. Desgleichen wird das Wort »Qualität« oft analog zu »immateriell« benutzt und häufig mit der Vorstellung verbunden, ein höherer Bildungsgrad sei eine entscheidende Vorbedingung für hochwertige Produktion.

158

Diese Analysen behaupten sämtlich einen Gegensatz zwischen Werkzeugen und ihrer Anwendung zu erkennen. Hämmer, Computer, Radios, Raketen, Chemiefabriken etc. sind allesamt Werkzeuge, materielle Werkzeuge, und ihre Anwendung erfordert immer irgendeine Art von Fertigkeit. Die Kelten schlugen ihre Runen mit Hilfe von Hammer und Meißel in den Stein, die Scholastiker des Mittelalters benutzten Federkiel und Tinte auf Pergament, und bis vor kurzem schrieben die meisten Autoren auf der Schreibmaschine, während wir heute ein Textverarbeitungssystem verwenden. All diese Werkzeuge erfordern unabhängig vom Stand des technischen Fortschritts ein eigenes Spezialwissen. Kein Werkzeug ist jemals ohne irgendeine Art von Wissen oder Bildung, wie rudimentär auch immer, benutzt worden.

Das Problem der »immateriellen« Natur der Dienstleistungen läßt sich wohl besser auf folgende Weise bewältigen: Bei jeder Art von wirtschaftlicher Tätigkeit hat es immer schon eine Kombination von materiellen und immateriellen Ressourcen gegeben. Tatsache ist, daß während der Industriellen Revolution dem materiellen Aspekt des Problems zu Recht Vorrang verliehen wurde, nach dem Motto: Produzieren wir zunächst Dinge und denken dann später über ihre Nutzung nach, denn in der Welt herrscht die Knappheit (greifbarer Güter), und es wird sich schon eine sinnvolle Verwendung finden. In der neuen Dienstleistungsgesellschaft, in der materielle Werkzeuge und die qualitativen Bedingungen ihrer Anwendung verflochten sind – wie es immer gewesen ist –, haben letztere den Vorrang eingenommen, einfach, weil sie im gegenwärtigen Wirtschaftssystem mehr (Geld und Aufwand) kosten als die reine Produktion von Werkzeugen. Es hat eine Bedeutungsverlagerung stattgefunden hin zum Begriff der Funktion von Werkzeugen, einem »immateriellen« Konzept zur Anwendungsbeschreibung, in Abkehr vom einstigen Vorrang der materiellen Existenz.

Wichtig ist, daß in der Dienstleistungsgesellschaft der Vorrang den Funktionen und die Hauptaufmerksamkeit den Systemen gilt, die Ergebnisse produzieren. Dennoch hängen diese Systeme stark von materiellen Gütern ab, selbst wenn sie abstrakte Artefakte wie

Kommunikation oder Software produzieren. Man sollte deshalb den Ausdruck »immateriell« nur sparsam und sorgfältig verwenden, da er die gegenwärtige wirtschaftliche Entwicklung auf eine eher vage und idealistische Weise beschreibt.

Eine Funktion oder ein System ist per se immateriell, wie eine Werkzeugmaschine per se materiell ist. Die Intelligenz, die in beiden Fällen benötigt wird, kann sich in verschiedene Richtungen entwickeln. In Fortsetzung des normalen Fortschrittstrends, wie er in allen Phasen der menschlichen Geschichte zu verzeichnen war, wird der Dienstleistungsgesellschaft weiteres Wissen zufließen. Die Industrialisierung verlangte einen anderen Grad an Investition in Wissen als die traditionelle Landwirtschaft. Wissen ist für die Menschheit nicht neu: Selbst der Mensch, der Pfeil und Bogen erfand, war zu seiner Zeit ein »Intellektueller«. Wenn das erst einmal klar ist, werden wir den gegenwärtig höheren und zunehmenden Bildungsstand weniger als etwas Neues beschreiben, vielmehr als etwas, das der gegenwärtigen ökonomischen Entwicklung noch stärker entspricht. Bei der neuen Dienstleistungsgesellschaft geht es nicht um immaterielle im Gegensatz zu materiellen Gütern, die gleichermaßen behandelt werden sollten, vielmehr um die herausragende und immer noch wachsende Bedeutung solcher immateriellen Aspekte, sprich Wissen und Kultur, die notwendig sind, um materielle Werkzeuge optimal zu nutzen.

Der Trend zu dezentralisierten Produktions- und Anwendungssystemen

Eines der grundlegenden Gesetze, das die Industrielle Revolution in Gang gehalten hat, ist das der Größendegression, also relative Kosteneinsparung durch Erhöhung der Stückzahl (fallende Grenzkosten und damit wachsende Skalenerträge). Das Wirtschaftswachstum der letzten beiden Jahrhundert ist weitgehend der Konzentration der Produktionsanlagen und der Massenproduktion zu verdanken. Heute sind die Produktionsprozesse um vieles umfangreicher als im vergangenen Jahrhundert. Das Paradigma der wachsenden Skalenerträge lautet, daß ein höherer Faktoreinsatz (Input) in der Produktion zu einer höheren Produktivität führt, da das Produktionsergebnis (Output) überproportional wächst. Zusätzliche fünf Prozent Input können daher zu einem Zuwachs von sieben Prozent beim Output führen, und so würde die Produktivität, das Verhältnis von Output zu Input, um zwei Prozent höher sein. Während des letzten Jahrhunderts hat unsere Industrie das Gesetz von den wachsenden Skalenerträgen bei erhöhter Produktion soweit als möglich auszunutzen versucht. Doch während dieses Gesetz in gewissen Situationen für die meisten Produktionssysteme gelten mag, kann es ab einem bestimmten Punkt zu abnehmenden Erträgen kommen. Mögliche Gründe für diese Entwicklung sind Ineffizienz in der Organisation, bei der Aufsicht und beim Management des Produktionsprozesses. Es scheint, daß diese Mängel durch die Entwicklung neuer Managementstrategien überwunden werden können, so daß die Produktivitätsgewinne nicht länger zunichte gemacht würden.

Es gibt allerdings eine wichtige Entwicklung, die die Effizienz des Produktionssystems in einem größeren Ausmaß beeinflußt: die zunehmende Bedeutung der sogenannten sekundären oder unproduktiven Tätigkeiten. Die Industrielle Revolution hat ein ökonomisches System geschaffen, bei dem die Produktionskosten nur einen sehr kleinen Teil der Kosten ausmachen, die entstehen, bis dem Kunden das Produkt zur Verfügung steht.

Eine Studie des Batelle-Forschungsinstituts in Genf aus den späten sechziger Jahren veranschaulicht diesen Sachverhalt. Dabei ging es um eine Maschine zur Produktion von 500 000 Decken pro Jahr. Die Produktionskosten pro Decke wären auf ein sehr niedriges Niveau gefallen, vorausgesetzt natürlich, daß alle Decken identisch gewesen wären. Zur damaligen Zeit betrug der gesamte Jahresbedarf der Schweiz etwa eine halbe Million Decken. Da die Maschine jedoch einen ganz speziellen Deckentyp produzierte, war es klar, daß solche Decken nur über ein weltweites Distributionsnetz verkauft werden konnten. Und so wurde offensichtlich, daß bei einem derart großen Volumen und der Spezialisierung

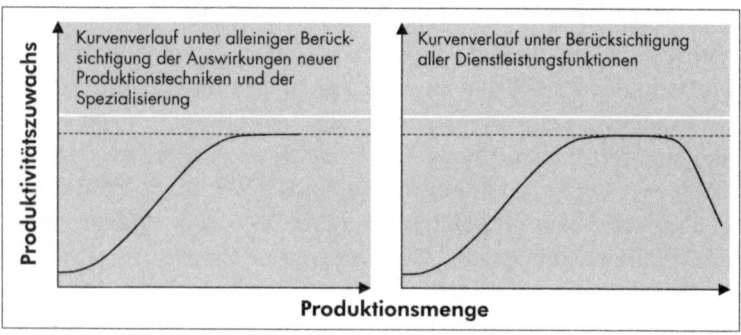

Produktivitätszuwächse.
Quelle: Giarini, O./Stahel, W., *The Limits to Certainty* (1993)

auf einen einzigen Typ große Kosten entstanden wären: für die Lagerung der Einsatzgüter, für die Produktion selbst, für die Lagerung der einmal produzierten Decken, für den Versand zu den verschiedenen Märkten, für die Organisation der Verteilung und so weiter. Die Gesamtkosten allein für diese Dienstleistungen, die als notwendiger Bestandteil voll in das Produktionssystem integriert sind, hätten mehr als 90% des Preises für die Verbraucher betragen. Die reinen Produktionskosten pro Decke ohne alle notwendigen Begleittätigkeiten wären auf weniger als 10% des Endverkaufspreises zurückgegangen. Das Produkt war nicht wettbewerbsfähig, weil die Zunahme an Dienstleistungsaufgaben viel größer gewesen wäre als der durch die Superspezialisierung der Maschine ermöglichte Zuwachs an Produktivität.

Diese Fallstudie war ein Schlag für das traditionelle Konzept der wachsenden Skalenerträge. Die Einführung neuer Techniken erhöht natürlich kontinuierlich die Produktivität, selbst wenn an einem bestimmten Punkt der zusätzliche Gewinn unwesentlich sein könnte. Wenn wir jedoch nicht nur den Prozeß der Kernproduktion untersuchen, sondern auch den Zuwachs bei allen jenen Funktionen, die notwendig sind, um das Produkt an die Konsumenten zu bringen – das Endziel aller Produktionstätigkeit – so würden wir eine andere Funktion erhalten (siehe Graphik).

Der erste Abschnitt der modifizierten Produktivitätskurve, in

162

dem die Mengenzuwächse zu einem Anstieg der Produktivität führen, ähnelt stark der traditionellen. Ab einem gewissen Punkt jedoch, wenn die Kosten der notwendigen Dienstleistungsaufgaben, die den Prozeß der Kernproduktion ergänzen, schneller steigen als die Produktivität innerhalb des Produktionsprozesses selbst, fällt die Kurve. Dieser Fall resultiert aus dem Anstieg der Stückkosten in der Produktion und bei den Dienstleistungsfunktionen, die erforderlich sind, um das Produkt verfügbar zu machen. Offenbar scheinen dem Konzentrationsprozeß und den aus ihm entspringenden Produktivitätssteigerungen Grenzen gesetzt zu sein. Viele Unternehmen haben diesen Sachverhalt erkannt und die Jagd nach gigantischen Produktionsstätten und Megafabriken aufgegeben. Der Akkumulationsprozeß der Industrie ist in vielen Sektoren am Ende angekommen; selbst in der Stahlindustrie ist die traditionell an wachsenden Skalenerträgen ausgerichtete Produktion kleineren Produktionseinheiten gewichen, welche die Dienstleistungsaufgaben im Umfeld besser einbinden. Dieser Dezentralisierungsprozeß ist verhältnismäßig neu und eine unmittelbare Folge der wachsenden Bedeutung integrierter Dienstleistungen für unsere Industrie.

Neben der Dezentralisierung der Produktion gibt es einen ähnlichen Trend bei den Gebrauchssystemen. In der traditionellen Wirtschaft der Industriellen Revolution spielte die Entfernung eine sehr wichtige Rolle. Produktion und Gebrauchssysteme rückten näher zusammen, um die Distribution einfach und billig zu halten. Zunächst wurden dank der Einführung besserer Transportmittel die Transportkosten reduziert. Doch erst mit der Durchsetzung und den umwälzenden Potentialen der neuen Techniken zur Informationsverarbeitung wurde es möglich, daß durch die örtliche Trennung von Produzent und Konsument praktisch keine Kosten mehr entstehen. Dort, wo Produkte im Umkreis der Informationstechnik – etwa Datenbanken – produziert und verkauft werden, die nicht auf den Transport von physischen Gütern als Träger ihres Wertes angewiesen sind, verliert die Ausweitung der lokalen Märkte, d. h. der Verdichtungsgrad der Konsumenten, an Bedeutung. Für einen zunehmend größeren Anteil unserer Produktion ist dies charakteristisch; die Produkte können mittels globaler Netzwerke dezentral produziert und durch diese Netzwerke auch verteilt werden, was zum allgemeinen Dezentralisierungsprozeß unserer Wirtschaft beiträgt.

Die Abwanderung von Arbeitnehmern aus der Industrie zu den Dienstleistungen und die Auswirkungen auf die Produktivität

In der jüngsten Geschichte der Industriellen Revolution ist eine Verlagerung von der industriellen Produktion hin zum Dienstleistungssektor zu verzeichnen. 1970 gehörten 34% der zivilen Beschäftigten in den USA zum industriellen Sektor, heute beträgt der Anteil weniger als ein Viertel. In der EU war der Rückgang ähnlich stark, nämlich von 41% auf heute etwa 30%. Während die landwirtschaftliche Produktion in den letzten zwanzig Jahren gleichbleibend weniger als 5% der Beschäftigten stellte, hatten die Dienstleistungen einen größeren Zustrom an Arbeitskräften zu verzeichnen. In den USA und Kanada stieg ihr Anteil von 60% im Jahr 1969 auf 72,5% im Jahr 1992, in Europa wuchs er im selben Zeitraum von 42% auf über 60%.

Ob dieser Wechsel von vermutlich hochproduktiver Industriearbeit zu wahrscheinlich weniger produktiven Jobs im Dienstleistungssektor merkliche Auswirkungen auf die Gesamtproduktivität der Wirtschaft hatte, ist Gegenstand permanenter Debatten. Ein erbarmungsloser Stellenabbau insbesondere in der Industrie, verstärkter Druck auf einst sichere Fachkräfte, der Abbau der traditionell mit hohen Qualifikationsanforderungen verbundenen Facharbeiterstellen zugunsten von Angestelltenjobs mit geringen Qualifikationserfordernissen, zunehmende Teilzeitarbeit und Zeitarbeit haben zu der Vorstellung geführt, daß die Wirtschaft, die sich früher auf die Erhöhung der industriellen Produktivität konzentrierte, genau diese verliert.

Für manche Wirtschaftswissenschaftler ist das Schwinden qualifizierter Arbeitsplätze hauptsächlich eine Frage technischer Schocks, die die Arbeitsproduktivität erhöhen und Arbeiter durch Maschinen ersetzen – Schocks, die verarbeitet werden müssen. Die Produktivität würde darunter nicht leiden, sondern im Gegenteil deutlich ansteigen. Andere fechten diese Ansicht an, da der globale Handel in Wirklichkeit gutbezahlte Stellen in der Produktion beseitige und einen ernsthaften Rückgang in der Produktivität herbeiführe. Wieder andere erkennen eine Zunahme der Fachkenntnisse, aber einen Rückgang der Löhne, mit der Folge, daß die Produktivität steigt und die Durchschnittslöhne sinken.

Allerdings scheint es bei vielen Untersuchungen ein gemeinsames Problem zu geben: Wie soll die Produktivität der Dienstleistungen im Verhältnis zur Produktivität im Produktionssektor gemessen werden? Auf dieses Problem gibt es keine Antwort, da die Dienstleistungen nicht im Gegensatz zur industriellen Produktion stehen, sondern sie ergänzen. Jede Effizienzsteigerung bei den Dienstleistungen wird sich unweigerlich auf die traditionellen Produktivitätsschätzungen im industriellen Sektor auswirken. Da die meisten Industrieländer in immer geringerem Maße Güter produzieren und zunehmend Dienstleistungen anbieten, die schwieriger zu zählen sind als die Anzahl der produzierten Autos, werden die Zahlen für Ertrag und Produktivität immer unklarer. Wahrscheinlich wird die wirkliche Situation in einem signifikanten Maße unterschätzt. Ein offenkundiges Beispiel für diese Entwicklung ist die Tatsache, daß der PC keine nennenswerten Auswirkungen auf die Produktivitätsstatistiken hat. Obwohl der große Produktivitätssprung bei den neuen Informationstechniken noch aussteht, hätten sich Veränderungen bereits ankündigen müssen. Da der Einfluß der Computer auf die Produktivität für jeden, der mit ihnen arbeitet, ersichtlich ist, muß der Statistik hier irgend etwas entgehen.

Der OECD zufolge wurden in Amerika, das Europa beim Wandel von der Industrie zu den Dienstleistungen vorausliegt, nicht in erster Linie sogenannte McJobs geschaffen, Arbeitsplätze für Angelernte, häufig im Umkreis von Dienstleistungsunternehmen. Im Gegenteil, als während der achtziger Jahre im privaten Dienstlei-

165

stungsbereich 51 neue Stellen auf 1000 Personen im arbeitsfähigen Alter geschaffen wurden – viel mehr als in Europa –, geschah dies hauptsächlich im Bereich der Fachkräfte, der Techniker, Verwaltungsfachleute und Manager und weniger im Bereich Büro oder Verkauf und Service. Eine Ausweitung des Dienstleistungssektors führt offenbar nicht automatisch zum Rückgang der Produktivität.

Der Arbeitsplatz der Zukunft

In der Vergangenheit kam es zunächst zur Mechanisierung und später zur Automatisierung der Wirtschaft, insbesondere der verarbeitenden Industrie. Die Mechanisierung ersetzte die menschliche Arbeitskraft, die hauptsächlich auf Muskelkraft beruhte, durch die Anwendung anderer Energiequellen. Wo kein Ersatz möglich war, versuchte man zumindest, sie zu unterstützen. Der Automatisierungsprozeß wurde noch einen Schritt weitergetrieben. Nicht nur wurde in größerem Ausmaß menschliche Arbeitskraft ersetzt, auch der gesamte Arbeitsprozeß und bestimmte Kontrollverfahren wurden selbsttätig durchgeführt.

Nun erleben wir gerade eine neue Entwicklung, nämlich die Informatisierung durch den zunehmenden Einsatz der Informationstechniken. Der Arbeitsplatz der Zukunft wird durch die Auswirkungen von Kommunikation und Information auf die Arbeitssphäre bestimmt sein. Dies wird sich in beträchtlichem Maße auf den Produktionsprozeß und die Produktionssysteme in unseren Fabriken sowie die administrative Arbeit in den Büros auswirken. Dabei wird von den zukünftigen Arbeitnehmern auch größere Flexibilität bei der Erledigung verschiedener Arbeitsaufgaben verlangt.

Die Tendenz zu einer weiteren Einbindung der Informationstechnik in den Produktionsprozeß, mit der die heute meist isolierten Anwendungen computergestützter Techniken zu einem großen Netz verknüpft werden, wird die zukünftigen Fabriken und ihre

Verwaltungen charakterisieren. Praktisch alle Bereiche werden in Zukunft mit Hilfe eines einzigen integrierten Informationssystems, das alle früher isolierten Anwendungen umfaßt, geplant, geleitet und überwacht werden. Diese Integration wird die horizontale Dimension ebenso beeinflussen wie die vertikale, da die verschiedenen Aufgaben der Planung, Konstruktion, Produktion, Vermarktung, Verteilung und des Recyclings eines Produkts einem allgegenwärtigen Steuerungsinstrument unterworfen sind, das aus einem Netzwerk von Computern besteht.

Diese Entwicklung wird auch klügere Verwaltungen und Dienstleistungen erforderlich machen, die deshalb künftig nicht nur durch die Fortschritte der Informationstechnik auf ihrem eigenen Gebiet, sondern auch von den Auswirkungen eines flexibleren Fabrikationsprozesses vorangetrieben werden. Die zukünftige Entwicklung in diesen Bereichen wird durch die Notwendigkeiten eines informationalisierten Produktionsprozesses im weitesten Sinn und die zunehmende Durchdringung durch elektronische Medien bestimmt werden. Die Kommunikation nach innen wie nach außen wird durch den kollektiven Charakter der neuen Informationstechnologien und der Telekommunikation als Vermittlungsinstrument gekennzeichnet sein.

Basis des künftigen Arbeitsplatzes in der Verwaltung und in der Dienstleistung wird der Computer sein. Multifunktionale, mit intelligenten Tele- und Videophonen ausgestattete Terminals werden die Verbindung mit einem intelligenten Netzwerk herstellen. Diese Terminals werden eine weit größere Zahl von Informationen als je zuvor verarbeiten und denjenigen bessere Unterstützung bieten, die an ihnen arbeiten. Doch zugleich benötigen diese Menschen eine bessere Ausbildung und das entsprechende Training zur effizienten Nutzung des neuen Systems, ebenso wie größere Flexibilität, um sich Änderungen anzupassen.

Telearbeit: Wirkungen und Konsequenzen

Telearbeit ist ein bedeutender Aspekt des zunehmenden Einsatzes von Computern im Produktionsprozeß und ein Schaufenster auf den Arbeitsplatz der Zukunft. Sie bedeutet einen Standortwechsel der Arbeitstätigkeit vom üblichen Arbeitsplatz an fast jeden anderen denkbaren Ort. Das Arbeitsangebot und das Produkt der Arbeit werden zwischen Arbeitgeber und Arbeitnehmer oder Arbeitnehmer und Kunden via Telekommunikation vermittelt. Damit entsteht künftig eine Teilung der Arbeitszeit zwischen dem traditionellen Büro im Innenstadtbereich, einem gemeinschaftlich genutzten Nachbarschaftsbüro, das möglicherweise durch eine dritte Partei betrieben wird, und der Wohnung des Arbeitnehmers. Doch die Telearbeit löst nicht nur Standortverschiebungen aus. Diese neue Arbeitsform bewirkt auch eine Erosion der Zeitdimension und stellt aus diesem Grund zwei bislang eher unflexible Aspekte unserer Arbeitskultur und -organisation zur Disposition: Ort und Zeit. Dies wurde erst durch den technischen Fortschritt auf dem Gebiet der Telekommunikation und der Informationsverarbeitung möglich.

Die offensichtlichen Vorteile der Telearbeit sind Kosteneinsparungen, erhöhte Produktivität und Arbeitsmoral der Beschäftigten, verbesserter Kundendienst und organisatorische Flexibilität.[4] Kosten können durch Reduzierung der Fixkosten für die Büros, durch schwindenden Bedarf an großen und/oder teuren Gebäuden und durch Vermeidung von Reiseausgaben gespart werden.[5] Die Verbesserung der Produktivität und der Arbeitsmoral der Beschäftigten wird hauptsächlich durch die größere Flexibilität der Telearbeiter verursacht, da sie frei entscheiden können, wo und wann sie arbeiten.[6]

Die sich ändernden demographischen Strukturen unserer Gesellschaft führen zu wachsendem Druck auf manche Bereiche des Arbeitsmarktes. Telearbeit kann dazu beitragen, die Probleme der Rekrutierung, Schulung und Umschulung der Belegschaft besser zu bewältigen. Einerseits wird es bei einer verantwortlichen und hochmotivierten Arbeitnehmerschaft, die einen flexibleren Zugang zur Arbeit genießt, weniger Fluktuationen geben, während andererseits mehr Aufgaben an Subunternehmer weitergegeben werden, die spezialisierte »Problemlöser« sind und nicht nur Arbeitskräfte auf Abruf. Es wird auch leichter sein, Kräfte mit der notwendigen Qualifikation zu finden, da die Suche weit über das übliche Einzugsgebiet der Pendler ausgedehnt werden kann. Dies ist besonders für kurzfristige Projekte wichtig, bei denen sich gewöhnlich die Beschäftigung von Spezialisten verbietet, die nicht in der Nähe wohnen. Telearbeit bietet auch bessere Arbeitsmöglichkeiten für zeitweise oder dauernd Behinderte, für Frauen im Mutterschaftsurlaub und generell für jeden, der sein Leben nicht gemäß traditioneller Vorgaben der Präsenzsysteme in Fabrik und Büro, sondern entsprechend seiner persönlichen Präferenzen einrichten will.

Allerdings wird ein grundlegender Wandel der Unternehmenskultur notwendig sein, um die Tücken des neuen Arbeitssystems sowie die Organisation und das Management einer Belegschaft in der Telearbeit zu bewältigen. Ein größerer Grad an Freiheit und Flexibilität verlangt komplexere Koordinationsprozesse. Die traditionellen Methoden der Überwachung und Leistungsmessung werden nicht länger anwendbar sein; der Output wird anhand der Qualität beurteilt werden und nicht daran, wie und zu welcher Zeit die Resultate erzeugt wurden. Das wird eine beträchtliche Änderung im Verhalten des Managements erfordern und sicherlich zur Entwicklung und Einführung neuer Managementtechniken führen. In der Folge wird dies, ebenso wie die verstärkte Verpflichtung von unabhängigen Experten, die traditionelle Beziehung zwischen Arbeitgeber und Arbeitnehmer verändern.

Die Telearbeit wird neue Potentiale eröffnen, doch auch der Druck auf den einzelnen Arbeitnehmer wird wachsen, der zusätzlich zu seinem übrigen Fachwissen auch die Anforderungen der neuen Techniken bewältigen muß. Telearbeit bedeutet dann »nicht mehr die Tätigkeit eines Spezialisten, sondern die Anwendung der mobilen und datengestützten Kommunikation als integrierter Bestandteil der Arbeit einer Person. Sie geht einher mit einer neuen Flexibilität der Arbeit.«[7]

169

Gleichzeitig wird die Bedeutung der sozialen Kontakte am Arbeitsplatz abnehmen, während die anderer Bereiche des menschlichen Zusammenlebens zunimmt. Die Arbeit wird zunehmend in den häuslichen Bereich vordringen. Als Konsequenz werden sich Privat- und Geschäftsleben immer stärker durchdringen, und die Trennungslinie zwischen ihnen wird sich zunehmend verwischen. Dies führt zur Erosion der gegenwärtigen Organisation unserer Gesellschaft, in der bislang eine mehr oder weniger ausgeprägte Trennung der beiden Sphären die Regel ist.

Nicht nur die Individuen werden nach neuen Wegen des Umgangs mit der sich ändernden Arbeitsumgebung suchen müssen. Gesellschaftliche Interessengruppen wie Gewerkschaften und Arbeitgeberorganisationen werden andere Verfahren finden müssen, um Konflikte zwischen ihren Mitgliedern zu vermeiden und zu regeln. Der höhere Freiheitsgrad der Telearbeit birgt auch ein höheres Risiko, ausgebeutet zu werden, ob durch andere oder durch sich selbst.

Zwar bietet die Telearbeit sowohl Arbeitgebern wie auch Arbeitnehmern vielerlei Chancen, doch ist sie auch mit gewissen Unannehmlichkeiten und potentiellen Gefahren behaftet, insbesondere, was die soziale Dimension der Arbeit und die Möglichkeit von Sicherheitslücken oder Systemzusammenbrüchen angeht, die schwerere Auswirkungen haben könnten als in traditionelleren Arbeitssystemen. Wie bei jedem anderen Werkzeug oder unterstützenden System bestimmt in erster Linie die Art der Nutzung darüber, ob die vorteilhaften oder schädlichen Effekte überwiegen.[8] Trotzdem kann man wohl mit einiger Sicherheit vorhersagen, daß die Gesellschaft lernen muß, mit einer Wirtschaft umzugehen, die zukünftig noch stärker auf Telearbeit beruhen wird als heute. Manche Fachleute glauben sogar, sie sei die vorherrschende Arbeitsform der Zukunft.

5. Arbeit und Umwelt

Die Auswirkungen der neuen Dienstleistungsgesellschaft auf die Umwelt sind so vielfältig und verschiedenartig, daß eine umfassende, geschweige denn vollständige Erörterung den Rahmen dieses Kapitels sprengen würde. Da wir uns lediglich auf einige Kernpunkte beschränken werden, möchten wir interessierten Lesern nahelegen, eines der unten genannten Bücher[9] zu Rate zu ziehen, die dieses Thema ausführlicher behandeln.

Seit den ersten Tagen des Club of Rome stand die Sorge um die Umwelt bei zahlreichen Initiativen an erster Stelle. Die ethische Grundlage bildet die Auffassung, daß wir eine Lebensweise finden müssen, die im Einklang steht mit der Funktionsweise des Ökosystems. Die Organisation unseres Wirtschaftssystems wirkt sich stark auf die Umwelt aus. Je mehr sich unsere Fähigkeit erhöht, im Rahmen von modernen Produktionsmethoden immer weniger Rohstoffe zu verbrauchen, desto geringer wird die Rückwirkung unseres Handelns auf das Ökosystem ausfallen.

Wie Prof. von Weizsäcker in seinem Buch »Faktor Vier« oder auch Walter Stahel an seinem Genfer Institut für Produktdauer-Forschung eindrucksvoll belegen, ist eine verlängerte Lebensdauer ein entscheidender Faktor für Ressourcenschonung und Verringerung von Umweltbelastung, während gleichzeitig zusätzliche Arbeitsplätze entstehen. Jede Verdoppelung der Produktlebensdauer führt zu einer Halbierung der Umweltbelastung bei Produktion, Distribution und Entsorgung. Kombiniert man längere Zeiten der Produktnutzung mit ressourcenschonenden Herstellungsverfahren, die zumeist arbeitsintensiver sind, so erreicht man leicht eine vervielfachte Effizienz der Rohstoffnutzung bei erweiterter Nachfrage nach Arbeitskräften.

Es entsteht somit eine aus der Spieltheorie bekannte »win/win«-Situation, in der alle Beteiligten besser dastehen als vorher. Allerdings müssen solche Wege in eine ökologisch sinnvollere Gestaltung der Wirtschaft sowohl in den Köpfen der Menschen als

171

auch den Gesetzestexten beschritten werden. Die Sensibilisierung der Wirtschaftssubjekte sowie die Schaffung und Ausgestaltung von wirksamen Anreizen sind für eine Umstrukturierung unabdingbar.

Wie in vorhergehenden Kapiteln schon ausgeführt wurde, löst sich der Mensch in der Dienstleistungsgesellschaft zunehmend von den Gütern und favorisiert Lösungen. Für die Person, die saubere Wäsche wünscht, ist der Besitz einer Waschmaschine von untergeordneter Bedeutung. Was hingegen zählt, ist die Lösung des Problems »Schmutzige Wäsche«. Da sich dieses Problem durch die gemeinsame Nutzung einer Waschmaschine von mehreren Personen bei vernünftiger Organisation adäquat lösen läßt, verliert die Anschaffung der Waschmaschine an Relevanz im Gegensatz zum Nutzungsrecht. Es kommt also primär auf die Dienstleistungsqualität beim Endnutzer an.

Richtige Strategien, die diese Dienstleistungsqualität sicherstellen, gleichzeitig jedoch ressourceneffizienter sind, wären neben der gemeinsamen Nutzung z. B. die Vermietung von Produkten statt deren Verkauf, da der Hersteller dann ein Interesse an deren Langlebigkeit entwickelt. Oder das Remanufacturing, bei dem nur die Verschleißteile ausgewechselt, alle ansonsten voll funktionsfähigen Teile jedoch weiter verwendet werden. Erweiterte Produktverantwortung und eine Rücknahmepflicht (Entsorgungs- bzw. Recyclingpflicht) lassen Hersteller auf emissionsfreie Nutzung und wirtschaftlichere Entsorgung bzw. Wiederverwendung ihrer Produkte achten.

Auch an dieser Stelle können durch Umweltschutzgedanken Arbeitsplätze geschaffen werden, wenn eine materialintensivere Produktion einer personalintensiveren Werterhaltung weicht. Oft zeichnet sich jedoch die Neuproduktion durch einen Kostenvorteil aus, der auf der Nicht-Internalisierung von externen Kosten beruht. Solange die arbeitsintensive Wartung und Aufarbeitung eines Produktes kostenträchtiger ist als dessen kapitalintensive Neuproduktion, wird auch neu produziert werden, werden die Fertigungsroboter den Wartungstechniker aus dem Feld schlagen. Es gilt also, die Rahmenbedingungen des Wirtschaftens den gewandelten

Realitäten der Dienstleistungsgesellschaft anzupassen, um solche Verwerfungen zu vermeiden.

Die neuen Produktionsrealitäten der Dienstleistungsgesellschaft zeigen die stärkere Einbeziehung des Konsumenten in die Wertschöpfungskette, wie sie sich in Super- und Hypermärkten, Fast-Food-Restaurants und Bankautomaten manifestiert. Bei diesen und vielen anderen ähnlich gelagerten Beispielen wird der Konsument in bestimmten Teilbereichen als weiterer Produktionsfaktor eingesetzt. Dieser Produktionsfaktor »Konsument«, bzw. jetzt »Prosument«, muß selbstverständlich seinen Beitrag leisten. Der Kostenkampf unter den Lebensmittelgeschäften hat zur Verdrängung der kleinen Tante-Emma-Läden zugunsten von Supermärkten auf der grünen Wiese geführt. Die Kostenvorteile, die Supermarktbetreiber aus Größendegression und kürzeren Lieferwegen ziehen, werden dem Konsumenten um ein Vielfaches höher aufgebürdet. Anstatt einige kleinere Lieferwagen voll beladen mit Joghurt in die einzelnen Stadtviertel zu senden, fährt nun ein größerer direkt zum Supermarkt. Die Konsumenten, die vormals den kleinen Laden um die Ecke bequem zu Fuß erreichen konnten, erfüllen einen Teil der Lieferantenaufgabe, indem sie ihr Auto für den Einkauf einsetzen. Anstelle einiger Lieferwagen, die ungefähr den gleichen Anteil Nutzlast wie Eigengewicht befördern, verkehren nun Hunderte von Kraftfahrzeugen, deren Masse circa 1½ Tonnen beträgt, die aber meist nicht einmal ein oder zwei Prozent davon als Nutzlast befördern. Sinnvolle Regelungen, die ökologisch zweckmäßigere Lösungen bevorzugen, würden auch hier Arbeitsplätze schaffen und zudem die Dienstleistungsqualität beim Kunden erhöhen.

Eines der zentralen Probleme des Umweltschutzes liegt sicherlich in der kostentreibenden Wirkung der meisten Maßnahmen mit teilweise nachteiligen Effekten für die Arbeitsmärkte. Zu Recht wird darauf hingewiesen, daß mehr Umweltschutz in der Regel auch mehr kostet und die Wettbewerbssituation von einzelnen Unternehmen belastet. Die zunehmende Globalisierung der Wirtschaft, die eine Trennung und Aufsplitterung der einzelnen Teile der Wertschöpfungskette und deren räumliche Unabhängigkeit be-

deutet, führt zur stärkeren Ausnutzung von lokalen Produktions-
kostendifferenzen und Kompetenzunterschieden. Höhere Belastungen der Produzenten vor Ort durch anspruchsvollere Umwelt-
auflagen können jedoch zum Teil durch besondere Kompetenzen
und höhere Produktivität ausgeglichen werden. Das Ausmaß der
Regulierung darf aber generell keinen strangulierenden Grad erreichen, der wirtschaftliche Initiativen verhindert oder vertreibt
und somit der Steuerung durch die nationalen Organe enthebt.
Am besten sind umweltschützende Maßnahmen geeignet, die entweder weniger kostenträchtig ausfallen oder am lokalen Produkt-
nutzer festgemacht werden können und somit die Arbeitsmärkte
nicht ungebührend belasten.

So zwingt die Vorschrift über Emissionen beim Betrieb eines
Kraftfahrzeugs die Hersteller zur Verwendung von umweltscho-
nenderen Techniken, unabhängig davon, wo die Autos produziert
werden. Vorgaben, nach denen ein Hersteller gezwungen wird,
verkaufte Produkte nach deren Nutzung zurückzunehmen und
wiederzuverwenden oder zu entsorgen, betreffen alle Produzenten
gleichermaßen und haben daher keine standortdifferenzierenden
Wirkungen für die Herstellung. Somit sind auch keine direkten
Konsequenzen für die Arbeitsplatzsituation zu erwarten.

Der Umweltschutz, eine vormals nachsorgende Tätigkeit des
Staates, wird heute und in der Zukunft immer mehr die einzelnen
Glieder der Wertschöpfungskette als Satellitenaktivität begleiten.
Dabei wird der Produktionsprozeß im weitesten Sinne, das heißt
also von den ersten Initiativen im Forschungsbereich bis hin zu
Recycling oder endgültiger Entsorgung, durchdrungen von vor-
beugenden Aktivitäten, die eine Vermeidung oder Reduktion von
Umweltbelastungen zum Ziel haben.

Den Umweltschutz und die damit einhergehenden teilweise ko-
stenintensiven Maßnahmen nur als kostentreibenden Faktor der
Wirtschaft zu qualifizieren, zeugt von einer Verengung des Blick-
winkels, die der Revision bedarf. Vor allem der nachsorgende Umweltschutz, dem wir uns aufgrund unzureichender Berücksichtigung vorbeugender Maßnahmen in der Vergangenheit ausgesetzt
sehen, kostet Geld, während der in die Wertschöpfung integrierte

vorsorgende Umweltschutz Geld spart und damit die Wettbewerbsfähigkeit erhöht. Vorsorgender Umweltschutz, in sinnvoller
Weise implementiert und als Teil der neuen Dienstleistungsgesellschaft zweckmäßig ausgestaltet, kann für ein Beschäftigungs-
wachstum sorgen, und dies nicht nur im angestammten Sektor
der direkten Bereitstellung von Produkten und Dienstleistungen
des Umweltschutzes selbst, sondern darüber hinaus in weiten Teilen einer umfassend reorganisierten modernen Dienstleistungsgesellschaft.

6. Die Notwendigkeit eines Grundeinkommens

Das garantierte Mindesteinkommen

Wir haben bereits darauf hingewiesen, wie wichtig es für eine moderne Volkswirtschaft ist, in die Strategie zur Mehrung des Wohlstands nichtmonetarisierte und nichtmonetisierte Tätigkeiten und Arbeit einzubeziehen. Allerdings muß man hier jedes Mißverständnis über den Wert und die soziale Bedeutung des Geldes vermeiden. Von einer Rückkehr zu den alten Utopien des vergangenen Jahrhunderts oder zu neuen, die von einer geldlosen Gesellschaft träumen, kann überhaupt nicht die Rede sein. Geld war eine der wesentlichen Schöpfungen der Zivilisation, weil durch seine Einführung erst wahrer Fortschritt ermöglicht worden ist. Natürlich liegt es in der Natur des Menschen, daß Geld, ebenso wie Religionen oder medizinische Drogen, für finstere Machenschaften mißbraucht werden kann und allzuhäufig mißbraucht wird. Ebenso klar sollte jedoch sein, daß die alten Utopien einer geldlosen Gesellschaft der Vergangenheit in Wirklichkeit unbewußte Bestrebungen waren, sich den modernen Realitäten und Chancen zu entziehen, und daß sie lediglich den Widerstand gegen eine mögliche neue Verbesserung widerspiegeln. Gleich, welcher Mythos gesponnen wird, eine steinzeitliche Gesellschaft ist, insbesondere in einer Situation massiver gegenseitiger Abhängigkeit der Menschen, nicht realisierbar und würde höchstwahrscheinlich in eine Katastrophe führen.

Da unser gegenwärtiges Wirtschaftssystem zu einem großen Teil auf dem Einsatz von Geld beruht – und wir wollen daran nichts ändern –, ist es von grundlegender Bedeutung, daß jeder einzelne Zugang zu einer gewissen Geldmenge hat, um für die nötigsten Dinge des Lebens aufzukommen. Dazu zählen eine angemessene Ernährung, Kleidung, Unterkunft, Gesundheitsversorgung etc. Leider scheinen für 1,4 Milliarden Menschen, nahezu ein Viertel der Weltbevölkerung, selbst die nötigsten Dinge des

Lebens in weiter Ferne, weil sie unter der Armutsgrenze existieren, die im Jahr 1995 von den Vereinten Nationen festgelegt wurde.

Deshalb muß jede Form der Beschäftigungspolitik auf die Verfügbarkeit über einen essentiellen Mindestbetrag abzielen und darf dabei die Notwendigkeit, produktive Arbeitsplätze zu entwickeln, nicht außer acht lassen. Das ist ein erster Schritt zur persönlichen Freiheit. Mit Hilfe von privaten und, wenn nötig, öffentlichen Mitteln sollten alle Zugang zu dem notwendigen Mindestbetrag an Geld für eine produktive Arbeit haben. Eine mögliche Alternative für dieses Mindesteinkommen ist sehr einfach: ein allgemeines, uneingeschränktes Grundeinkommen, das vom Staat an jeden einzelnen Bürger ausgezahlt wird. Ein Grundeinkommen würde jedem einzelnen eine Form der materiellen Unabhängigkeit sichern, die niemand je zuvor in der Industriellen Revolution genossen hat, mit Ausnahme vielleicht von Großgrundbesitzern. Frauen wären in ihrer Existenz nicht länger von Männern abhängig, ebensowenig Arbeitnehmer wegen ihrer Löhne von Arbeitgebern oder die Arbeitslosen wegen der Arbeitslosengelder von einer Regierungsbehörde. Der Schock, der heutzutage auf jede radikale Veränderung der Familiensituation, wie den Tod des Ernährers oder die Entlassung folgt, würde gelindert.

Ein allgemeines Grundeinkommen würde die gegenwärtig überaus komplexen Steuer- und Sozialversicherungssysteme zusammenfassen und vereinfachen. Zur Zeit verteilt der Staat mehr Geld in Form von Steuerabschreibungen als in Sozialleistungen, aber nur wenige Menschen verstehen diese Tatsache. Bei dem System eines Grundeinkommens würde das gesamte Einkommen aus allen Quellen besteuert werden, und jeder würde nach seinem Alter und seiner Gesundheit Sozialbeiträge zahlen. Dieses System würde folglich auch die Armutsfalle vermeiden, nach der viele Niedrigverdiener zur Zeit Einkünfte aus Sozialleistungen verlieren, indem sie ihr Einkommen erhöhen, und ebenso die Arbeitslosigkeitsfalle, die es für viele Menschen unrentabel macht, wieder eine Arbeit anzunehmen.

Vor allem würde ein allgemeines Grundeinkommen die individuelle Risikobereitschaft und die Innovationsfreudigkeit erhöhen.

Völlige Armut ist ein Hemmschuh für die Risikobereitschaft und die schöpferische Tätigkeit, die für Frauen, Jugendliche und ältere Menschen die größte Chance darstellen, über produktive oder nichtproduktive Tätigkeiten Zugang zur Schaffung von Wohlstand zu erlangen, im Sinne von monetisiertem materiellen Wohlstand oder nichtmonetisierten Tätigkeiten. Aus- und Fortbildung lassen sich so in die Beschäftigung integrieren, daß sie die Entscheidung des einzelnen widerspiegeln und nicht nur die Ansprüche des Arbeitgebers. Die Arbeitsmotivation würde dann tendenziell das finanzielle Interesse als Hauptkriterium für die Stellenauswahl ablösen. Technologische Veränderungen wären leichter durchzusetzen, weil die Arbeitnehmer weniger Gründe hätten, für den Erhalt von Stellen zu kämpfen, denn ihr Grundeinkommen und ihre persönliche Würde würden mit Hilfe des Systems eines Grundeinkommens garantiert.

Die Argumente gegen ein solches System konzentrieren sich im wesentlichen auf die Kosten und die Arbeitsanreize. Einige Experten haben anhand von aktuellen Zahlen kostenneutrale Schemata ausgearbeitet, indem sie die Grundeinkommen in der Nähe des gegenwärtigen Niveaus der Sozialhilfe ansiedelten und Steuerfreibeträge und -abschreibungen berücksichtigten. Einige Menschen würden gewiß von einer offiziellen Anstellung zur Selbständigkeit oder zu Tätigkeiten in Eigenleistung wechseln, zum Beispiel würden sie die Optimierung der Nutzungsdauer von Waren in ihrer Umgebung selbst in die Hand nehmen, statt sich auf teure Expertendienste zu verlassen. Durch diese mögliche Zunahme der »inoffiziellen« Wirtschaft würde sich der allgemeine Wohlstand gemessen in Aktivposten und Funktionsweise des Systems noch erhöhen, auch wenn dies nach den Kriterien der Industriellen Revolution nicht als eine Steigerung gelten würde – hier wird nur die bezahlte Arbeit gemessen, die ein Verkaufsprodukt hervorbringt. Ferner würden die für die Gesellschaft nützlichen nichtmonetisierten Tätigkeiten durch ein Grundeinkommen gefördert, wie die Sorge um die eigenen Eltern, statt sie in das Heim anderer Menschen abzuschieben. Verschiedene Formen der Zusammenarbeit würden ermöglicht und könnten von Arbeitnehmern gegründet werden durch das Zusammenlegen ihrer Grundeinkommen für die Zeit, die nötig ist, bis ein Unternehmen wirtschaftlich lebensfähig wird.

Die Debatte um ein Grundeinkommen hat begonnen und bereits verschiedene Rezepte hervorgebracht, zum Beispiel Milton Friedmans Idee einer »negativen Einkommensteuer«. In Wahrheit macht der Auswuchs verschiedener Formen von Leistungen, Versicherungssysteme und Zuteilungen die Aussicht auf ein Grundeinkommen zunehmend wahrscheinlicher, ein Vorgang, der sich mit der Zeit aus zwei Gründen beschleunigen wird: erstens wegen der Notwendigkeit der effizienteren Koordinierung all der Transfersysteme, die bereits existieren, und zweitens aufgrund der Herausforderung, einer risikobereiten Gesellschaft die richtigen Anreize zu geben; dabei sollte gleichzeitig der Mindestbedarf zum Überleben gedeckt und die negativen Anreize und das moralische Risiko vermieden werden, das durch das spekulative Verhalten von einzelnen hervorgerufen wird, deren einzige Absicht es ist, möglichst viele Privilegien anzuhäufen.

Die negative Einkommensteuer

Die negative Einkommensteuer bietet eine gangbare Lösung für das Problem, wie ein System des Grundeinkommens effizient organisiert werden könnte. Sie bildet ganz im Sinne des vorigen Kapitels eine mögliche Variante, die unsere Gesellschaft von all den negativen Auswirkungen des gegenwärtigen Sozialversicherungssystems auf die wirtschaftliche Leistungsfähigkeit und die Sozialstruktur befreit. Die negative Einkommensteuer ließe sich nicht nur einfacher verwalten und deshalb billiger organisieren, sondern wäre auch menschlicher, weil sie die gegenwärtige unzusammenhängende Palette von Einkommensunterstützungen und Sozialleistungen durch ein einziges harmonisches Programm der finanziellen Unterstützung ablösen würde. Die meisten der von der Arbeit abschreckenden Wirkungen, die so vielen anderen Systemen innewohnen, könnten durch die geeignete Einführung einer negativen Einkommensteuer gemindert werden.

Die negative Einkommensteuer ist ein einheitliches Sozialprogramm, das sich lediglich nach dem Einkommen richtet und nach keinem anderen Merkmal eines einzelnen wie Alter, Familienstand, Grad der Behinderung etc. Jede Person, die kein eigenes Einkommen hat, erhält eine Basisunterstützung; wer über ein bescheidenes Einkommen verfügt, erhält weniger Beihilfen, und zwar gerade so viel, daß der Ansporn, mehr zu arbeiten, nicht darunter leidet. Das läßt sich dadurch erreichen, daß es den einzelnen Einkommensempfängern gestattet wird, den größten Teil ihrer Einkünfte zu behalten, während die zusätzliche finanzielle Unterstützung allmählich zurückgefahren wird. Die gefürchtete Armutsfalle – eine Situation, in der die Aussetzung finanzieller Hilfen zusätzliche Einkünfte kompensiert oder gar überkompensiert und damit den einzelnen schlechter stellt, als wenn er gar nicht gearbeitet hätte – läßt sich auf diese Weise wirksam vermeiden.

Die Kritiker der negativen Einkommensteuer führen an, daß sie die Arbeitsmoral untergrabe. Diese ungünstige Situation hängt jedoch sehr stark von der Höhe der gewährten Leistungen ab. Wenn sie zu großzügig bemessen sind, werden die Menschen sich entschließen, nicht zu arbeiten oder weniger zu arbeiten, wie ein Experiment in New Jersey zeigte. Es geht deshalb darum, das negative Einkommensteuersystem so abzustimmen, daß ein nachteiliger Einfluß auf die Arbeitsmoral vermieden wird. Der zweite Kritikpunkt zu den hohen Kosten dieses Systems ist eher ein moralisches Problem als ein wirtschaftliches, weil er die Frage aufwirft, ob es vertretbar ist, Menschen für eine erhöhte Leistungsfähigkeit des Marktes weiterhin unter dem Existenzminimum leben zu lassen – selbst wenn ihnen geholfen werden könnte. Die gegenwärtigen Sozialleistungen umfassen längst nicht jede bedürftige Person in allen Industrieländern und sind deshalb billiger als eine Alternative, die jeden Bedürftigen erreichen würde.

Eine andere Methode hat Gary Becker vorgeschlagen: den Earned Income Tax Credit (EITC; Steuerfreibetrag auf Erwerbseinkünfte). Becker behauptet, dieses System sei eine vortreffliche

»Alternative sowohl zu einem höheren Mindestlohn und zu einem umfassenden Sozialprogramm, die haarscharf auf arme Familien [...abziele], ohne die Beschäftigung zu senken, eine Wohlfahrtsmentalität zu fördern oder die Staatsausgaben zu steigern«[10]. Der EITC richtet sich nach der ganzen Familie und funktioniert folgendermaßen: Bis zu einer bestimmten Höhe des Familieneinkommens wird der Familie ein zusätzlicher Freibetrag eingeräumt, der 40% ihres Einkommens entspricht. Je höher das Einkommen steigt, desto geringer wird dieser Freibetrag, bis die Familie überhaupt keinen Freibetrag mehr erhält.

Becker hält dieses System für besser als andere Systeme, weil es arme Familien mit erwerbstätigen Mitgliedern belohnt, statt sie zu bestrafen. Es vermeidet die Nachteile einer Anhebung der Mindestlöhne, es beeinträchtigt nicht den Anreiz für Unternehmen, Arbeitnehmer mit einer geringen Ausbildung anzustellen, und es erhöht sogar den Ansporn für nicht gut ausgebildete Arbeitskräfte, sich weiterzubilden. Allerdings läßt sich die Komponente des moralischen Risikos, die allen mit dem von Becker vergleichbaren Systemen innewohnt, nicht völlig ausschließen. In dem Moment, wo die Unterstützung ausläuft und dann auf einem bestimmten Niveau aufhört, ist die Gefahr des Mißbrauchs gegeben. Über den Einfluß dieses moralischen Risikos auf das menschliche Verhalten lassen sich lediglich Vermutungen anstellen. Von unserer Sicht aus begrüßen wir diesen Vorschlag, weil er ein interessanter Ansatz ist für die Subventionierung von Arbeit anstelle von Untätigkeit: ein Konzept, dem wir höchste Bedeutung beimessen.

7. Den Wert nichtmonetisierter Tätigkeiten in Entwicklungsländern bewahren

Die wirtschaftliche Situation in den Entwicklungsländern

Der Versuch ist gewagt, die Situation in den 144 Mitgliedsländern der Vereinten Nationen, welche die Dritte Welt bilden, allzusehr zu verallgemeinern. Zwar sind beinahe alle in finanzieller Hinsicht arm, aber sie unterscheiden sich in ihrer Kultur, in den wirtschaftlichen Rahmenbedingungen und sozialen und politischen Strukturen. Das Klassifizierungssystem der UN unterscheidet drei größere Gruppen innerhalb der Dritten Welt: die ärmsten 43 Länder, die als die »am wenigsten entwickelten« bezeichnet werden, die 88 nicht Erdöl exportierenden »sich entwickelnden« Länder und die 13 erdölreichen Länder, die die Organisation der erdölexportierenden Länder (OPEC) bilden und deren Volkseinkommen seit den siebziger Jahren deutlich gewachsen ist.

Alle diese Länder stehen vor unterschiedlichen Problemen, je nach ihrem historischen und in einigen Fällen kolonialen Hintergrund, nach den menschlichen Begabungen, nach der Struktur ihrer Wirtschaft, ihrer politischen Situation, ihrer geographischen Lage etc. Einige gemeinsame Merkmale der Entwicklungsländer, die sie von der übrigen Welt unterscheiden, lassen sich jedoch aufzählen: ein geringer Lebensstandard, eine geringe Produktivität, hohe Raten des Bevölkerungswachstums, hohe und häufig steigende Quoten der Arbeitslosigkeit und der Unterbeschäftigung, eine deutliche Abhängigkeit von der Agrarproduktion und Exporte von Primärprodukten sowie eine Abhängigkeit und Anfälligkeit in den internationalen Beziehungen. Alle diese Elemente gefährden die Sicherheit und die Stabilität dieser Länder, weil, wie die International Commission on Peace and Food es formulierte, »die größten Aufgaben auf dem Gebiet der Sicherheit des 21. Jahrhunderts auf wirtschaftlicher Ebene liegen und nicht auf militärischer oder politischer. Beschäftigung ist eine *conditio sine qua non* für die Lösung dieser Aufgaben.«[11] An eben diesem Punkt sind noch viele Verbesserungen nötig.

Der niedrige Lebensstandard schlägt sich quantitativ und qualitativ in Form von niederen und ungleich verteilten Einkommen nieder, in einer weitverbreiteten Armut, unzureichenden Unterkünften, Unterernährung und schlechter Gesundheit, begrenzter oder überhaupt keiner Bildung, in einer hohen Kindersterblichkeit, niederer Lebens- und Arbeitserwartung und in vielen Fällen in einem allgemeinen Gefühl des Unbehagens und der Hoffnungslosigkeit.

In Entwicklungsländern liegt das Produktivitätsniveau der Arbeitskräfte deutlich niedriger als das in neuen oder frühen Industrieländern. Das liegt an den fehlenden komplementären Produktionsmitteln wie Kapital und/oder erfahrenem Management. Um wirksam gegen diese Mißlage anzugehen, müssen Ersparnisse im Land und ausländische Finanzhilfen mobilisiert werden, damit neue Investitionen in lebenswichtige Produkte gefördert werden und die Schaffung des nötigen Humankapitals durch Investitionen in die Bildung und Ausbildung gefördert wird. Auch institutionelle Veränderungen müssen durchgeführt werden, damit das Potential dieser neuen materiellen und menschlichen Investitionen voll ausgeschöpft wird. Zu diesen Veränderungen können so vielfältige Handlungen zählen wie die Reform der Besitzrechte, der Unternehmenssteuer, des Kredit- und Bankwesens sowie die Schaffung oder Stärkung einer unabhängigen, vertrauenswürdigen und leistungsfähigen Verwaltung und eine Neustrukturierung des Bildungs- und Ausbildungsprogramms, um die Menschen auf die neuen Anforderungen der sich entwickelnden Gesellschaft vorzubereiten.

Das Problem des hohen Bevölkerungswachstums, das in vorangegangenen Kapiteln bereits erörtert worden ist, muß ebenfalls gelöst werden. Es erscheint unrealistisch, eine wesentliche Verbesserung pro Kopf zu erwarten, solange sämtliche Fortschritte von einem ungebremsten Bevölkerungswachstum überkompensiert werden. In diesem Problembereich fällt auch die hohe Dependenz-

183

rate (Quotient aus abhängiger Bevölkerung, d. h. der 0–15jährigen und der über 65jährigen, zu der Gruppe der 15–64jährigen) in den meisten Entwicklungsländern, die auf rund 50% geschätzt wird gegenüber nur 30% in den entwickelten Ländern. Die Einleitung von Maßnahmen zur Bevölkerungskontrolle erscheint unumgänglich, die hohe Dependenzrate läßt sich hingegen nur indirekt verbessern. Wegen des beschleunigten Bevölkerungswachstums verschlimmert sich die Arbeitslosigkeit oder Unterbeschäftigung mit der Zeit zusehends. Um hier Abhilfe zu schaffen, müßten mehr Stellen geschaffen werden, als im gleichen Zeitraum Menschen auf den Arbeitsmarkt drängen. Selbst wenn das Bevölkerungswachstum sofort gestoppt werden könnte, würde das Angebot an Arbeitskräften noch weitere 15 bis 20 Jahre wachsen. Eine gewisse Erleichterung könnte eine größere Umstrukturierung der Wirtschaft bringen, die immer noch sehr stark von der landwirtschaftlichen Produktion abhängt (in Afrika sind 75% der Erwerbsbevölkerung in der Landwirtschaft tätig, in Industrieländern charakteristischerweise unter 5%), während die Industrie in beinahe allen Ländern stark unterentwickelt ist.

Die Landwirtschaft bietet jedoch ein erstes Potential für die unmittelbare Beschleunigung der Schaffung von Arbeitsplätzen und die Steigerung der Lebensmittelproduktion. Die International Commission on Peace and Food (ICPF) leitet ein umfassendes Programm auf Landesebene für das größte Entwicklungsland Indien, das eine Strategie für die Anregung der Beschäftigungszunahme und der Nahrungsproduktion, genannt *Prosperity 2000,* bilden soll. Die Schaffung von Beschäftigung für weitere 100 Millionen Menschen im kommenden Jahrzehnt ist angestrebt; dabei wird die Landwirtschaft als »ein Motor des Wachstums [genutzt], indem die Entwicklung der kommerziellen Landwirtschaft, der Agrarindustrie und der Agrarexporte beschleunigt wird«[12]. Im Rahmen des Programms sollen die Wettbewerbsvorteile des Landes bei arbeitsintensiven landwirtschaftlichen Erzeugnissen (Zukker, Baumwolle, Obst, Blumen, Gemüse etc.) und der zugehörigen Industrie (Zuckerfabriken, Baumwoll- und Textilfabriken, weiterverarbeitende Industrie für Obst, Fisch und Seide etc.) genutzt werden, um auf dem Gebiet der Ernährung vollständige Autonomie zu erreichen.

Wichtige Aspekte dieses Programms sind nicht nur umfassende und vorrangige Investitionen in die arbeitsintensive Landwirtschaft, sondern auch in die Ausbildung von Farmarbeitern und anderen Arbeitern, sowie eine Verbesserung der Infrastruktur und die Verbreitung der Technologie und neuer Organisationsformen. Der Staat sollte und wird lediglich als Katalysator und Pionier tätig sein, nicht als Eigentümer und Leiter, er überläßt die Initiativen und Entscheidungen den betroffenen Menschen. Den Erwartungen zufolge wird das Programm *Prosperity 2000* in den kommenden zehn Jahren 100 Millionen neue Stellen in Indien schaffen, vorausgesetzt, daß die Industrieländer eine liberale Handelspolitik bei landwirtschaftlichen Produkten einschlagen – sie bilden die Hauptexportmöglichkeit für Entwicklungsländer.

Es läßt sich zwar kein Allheilmittel für die Verbesserung der Lage in jedem einzelnen Entwicklungsland verordnen, ganz offensichtlich muß aber ihnen allen geholfen werden, damit sie die dringenden Probleme lösen können. Hier ist die Erkenntnis wichtig, daß nicht alle Veränderungen in der Dritten Welt unbedingt auf eine Weise stattfinden müssen, die in den Industrieländern üblich ist, wie das Beispiel Indien gezeigt hat. Viele entwickelten Länder verfügen zwar über gewaltige Vorräte an Modeartikeln, Spielwaren und Autos, doch die ökologischen, sozialen und menschlichen Kosten, die mit der Produktion und dem Konsum einhergehen, sind nicht immer wünschenswert, weil dazu auch Umweltverschmutzung, der Verfall der Städte und der Ballungszentren, eine hohe Kriminalität, Gewalt und der Zusammenbruch von sozialen Gefügen zählen.[13]

Die besondere Situation der Entwicklungsländer, die mehr und mehr mit den Arbeitsweisen und Mitteln der monetarisierten Wirtschaft konfrontiert werden, ist von Albert Tévoédjrè vor fast 20 Jahren geschildert worden.[14] Heute spitzt sich diese Situation weiter zu, weil sich die Weltwirtschaft zunehmend globalisiert und weil die Industrieländer die Entwicklungsländer als potentielle Märkte mit hohen Wachstumsmöglichkeiten in der Zukunft erkannt haben. Tévoédjrè deckt die Schwächen einer Gesellschaft auf, die sich vor allem auf das Geld und dessen Schaffung konzentriert, und vergleicht sie mit einem System der Armut mit anderen Maßstäben für Freiheit und Liberalismus. In diesem Sinn zitiert er Nyereres Äußerung über die Regierungspolitik Tansanias: »Für die Entwicklung eines Landes sind seine Menschen zuständig, nicht das Geld... Die vier Voraussetzungen für eine Entwicklung sind unterschiedlich, diese sind: Menschen, Land, eine gute Politik, eine gute Führung.«[15] Hier wird ein wichtiger Schritt in die richtige Richtung unternommen: hin zu einer Trennung der seit der Industriellen Revolution so engen Verknüpfung von Geld und Wohlstand der Menschen.

In einem nächsten Schritt müssen nun die nichtmonetarisierten und die nichtmonetisierten Beiträge in einen allgemeineren Rahmen integriert werden. Das ist besonders wichtig für die Entwicklungsländer, die in der einzigartigen Lage sind, die Politik der Industrieländer zu verfolgen, ihre Mängel und Fehler zu erkennen und daraus zu lernen. Sie müssen nicht in dieselbe Fallgrube stolpern, nämlich in eine Wirtschaft, deren Leistungsfähigkeit beinahe ausschließlich an den Beiträgen ihrer monetisierten Komponenten gemessen wird.

Vom finanziellen Standpunkt aus sind viele Länder in der Tat arm, und ihre Wirtschaft ist unterentwickelt, doch die herkömmliche Beschränkung auf die Zahlen des Bruttosozialproduktes, die lediglich einen Teil der Wirtschaftsleistung erfassen – im Fall der Entwicklungsländer mit ihrer schwachen industriellen Basis gar nur den kleineren Teil –, kann zu einer schwerwiegenden Fehlinterpretation der Lage in diesen Weltregionen führen. Eine besondere Aufmerksamkeit muß den nichtmonetarisierten und nichtmonetisierten Teilen der Wirtschaft gewidmet werden, die hier mehr als irgendwo sonst zum Wohlstand und Wohlergehen der Menschen beitragen.

Der Wert nichtmonetisierter
Tätigkeiten in Entwicklungsländern

Wir haben bereits die Bedeutung von nichtmonetisierten Tätigkeiten für die Leistung einer Volkswirtschaft und den Wohlstand der Bevölkerung erwähnt. Die Integration monetarisierter und nichtmonetarisierter Tätigkeiten bietet einen Stimulus für eine Volkswirtschaft, die sonst weniger leistungsfähig wäre. In den Entwicklungsländern stehen wir vor einer Situation, in der immer noch zahlreiche nichtmonetisierte Tätigkeiten einen inhärenten Teil der Wirtschaft bilden und die Produktivität dieses Systems erhöhen. Angesichts der Notwendigkeit steigender Wachstumsraten im monetären Sektor müssen diese nichtmonetisierten und deshalb häufig nicht gewerteten und nicht erkannten Tätigkeiten Platz machen für neue monetisierte Produktionsprozesse, die aus der Sicht des monetären Bruttosozialproduktes den Wohlstand mehren, in Wahrheit aber häufig eine Zerstörung von realem Wohlstand zur Folge haben.

Da die sogenannten produktiven, weil monetisierten Tätigkeiten sich parasitär auf andere nichtmonetisierte und nichtmonetarisierte Arbeit, wie Hausarbeiten, Kinderfürsorge etc. auswirken können, ist es überaus wichtig, insbesondere für die Entwicklungsregionen der Welt, in denen immer noch ein großer Teil solcher Tätigkeiten in der Wirtschaft vorherrscht, ihre künftige Entwicklung aus einem integrativen Blickwinkel zu betrachten. Den Menschen in den Entwicklungsländern wird es nur dann wirklich besser gehen, wenn die Entwicklung weiterer monetisierter Arbeiten nicht wertvollere, aber in geldlicher Hinsicht unbewertete Tätigkeiten abschafft, die zum realen, aber nicht zum monetären Wohlstand der Gesellschaft beitragen.

Die Art und Weise, mit der viele Entwicklungsländer mit den Problemen des Lebens fertigwerden, kann eine sehr wertvolle Erfahrung und Inspiration für die sogenannten entwickelten Länder sein, d. h. in diesem Fall die äußerst monetisierten Volkswirtschaften. Nehmen wir das Beispiel einer afrikanischen Familie, die ihre Mitglieder im Krankenhaus mit Nahrung und anderem täglichen

Bedarf versorgt, der nicht streng der medizinischen Aufsicht unterliegt. Das Krankenhaus muß in diesem Fall kein teures Zusatzpersonal anstellen und keine Einrichtungen aufstellen, um die Patienten zu versorgen. Mit demselben Budget können mehr Patienten behandelt und auf eine viel bessere, d. h. personalisierte Weise versorgt werden; folglich wird das Niveau des Wohlstands und der Wohlfahrt weit mehr gesteigert als durch ein vergleichbares monetisiertes System, das nach der Auswirkung auf das Bruttosozialprodukt zu urteilen einen größeren Reichtum ausdrücken würde. Private (Heim-)Fürsorge anstelle von Krankenhauspflege oder als eine Ergänzung ist nur ein Beispiel für eine scheinbar »unterentwickelte« Technologie, die den völlig monetisierten Lösungen aber überlegen ist.

In den meisten Entwicklungsländern spielt der informelle Teil der Wirtschaft eine wichtige Rolle. Der Labour Force Survey schätzt, daß etwa 75% der Arbeitnehmer sowohl im formellen wie im informellen Sektor tätig sind. Zwischen den beiden besteht ein ständiger wechselseitiger Austausch der Ressourcen, und die Beiträge der formell beschäftigten Familienmitglieder bilden eine wesentliche Quelle für das Startkapital und den Nachschub an Ressourcen in den Kleinunternehmen. Agrarprodukte bessern im Gegenzug die Vorräte der städtischen Verwandten auf, und ländliche Gemeinschaften bieten den Stadtbewohnern Gesundheit, gewisse religiöse Rituale, Kinderfürsorge und andere soziale Dienste. Offenkundig herrscht ein spürbarer Fluß von Waren und Dienstleistungen, der in Statistiken nicht erfaßt wird und dennoch ein gewisses Maß an Wohlstand für die Menschen bringt. Würde dieser informelle Sektor der Wirtschaft zugunsten der Einführung kontrollierter monetisierter Vorgänge zerstört, dann würden vielen Menschen in ohnedies benachteiligten Regionen der Welt Teile ihres sehr bescheidenen Wohlstands genommen.

8. Die Lage der Volkswirtschaften im Übergang

Einige Länder stehen wegen des Übergangs von einer zuvor zentral geplanten Wirtschaft zur Marktwirtschaft vor sehr speziellen Problemen. Zu diesen Ländern zählen unter anderen die ehemalige Sowjetunion, große Teile Mittel- und Osteuropas, China, Nordkorea und Vietnam; sie umfassen ein Drittel der Weltbevölkerung. Das Versagen der zentralisierten Kontrolle der Produktionsmittel und der Zuteilung der Ressourcen durch staatliche Planung hat einen radikalen Transformationsprozeß in Gang gesetzt, der eine Wiedererrichtung von Märkten und ihre Reintegration in die Weltwirtschaft anstrebt. Das Ziel dieses Transformationsprozesses ist jedoch dasselbe wie das des vorigen Systems: die Errichtung einer stabilen Wirtschaft, die in der Lage ist, ein langfristiges Wachstum des Lebensstandards zu gewährleisten und die Bedürfnisse der Bevölkerung zu decken.

Die meisten Länder begannen den Übergang von sehr unterschiedlichen Ausgangspositionen aus, auch wenn sie häufig dieselben Ziele verfolgten. Je nach Ausgangslage können die notwendigen Veränderungen sich sehr voneinander unterscheiden, doch zu den Schlüsselreformen zählen stets die Liberalisierung der Preise, die Marktwirtschaft, der Privatbesitz, neue Unternehmensgründungen und die Einführung neuer Programme, um die Preisstabilität wiederzuerlangen oder zu bewahren.

Im wesentlichen sind zwei Ansätze für die Art und Weise angewandt worden, wie die ehemals zentralisierten Strukturen durch die Grundlagen der Marktwirtschaft abgelöst werden könnten. Der erste Ansatz ist der direkte Weg einer plötzlichen und sofortigen Ablösung des einen Systems durch das andere. Dazu gehört eine rasche Liberalisierung der Preise und des Handels, begleitet von einem konsequenten Stabilisierungsprogramm, um die Marktpreisstabilität wiederherzustellen oder zu erhalten, eine rasche Konvertierbarkeit der Währung, eine sofortige Öffnung des Marktes für ausländische Investitionen, eine Entmonopolisierung der

Märkte und eine Privatisierung von Staatsbetrieben. Damit einher geht eine rasche Reform des Steuer-, Rechts- und Finanzsystems und eine Neuorganisation des Staatsdienstes. Beispiele für diese Strategie bieten zahlreiche osteuropäische Länder und vor allem die neuen Bundesländer nach ihrem Anschluß an die Bundesrepublik im Zuge der Wiedervereinigung im Jahr 1990. Die Länder, die diese Taktik eingeschlagen haben, haben bislang die Neustrukturierung ihrer Wirtschaft leidlich gut überstanden. Allerdings haben sie eine Zeitlang unter den Auswirkungen der Schocktherapie zu leiden, zu denen hohe Arbeitslosenquoten, eine hohe Inflation, ein vorübergehender Rückgang der Produktion und in manchen Fällen soziale Spannungen oder gar Unruhen zählen. Wenn diese überwunden sind, ist die Wirtschaft auf dem rechten Weg. Die Phase der Spannungen könnte gelindert werden, wenn während der Übergangsphase des Wirtschaftssystems die nichtmonetisierten Teile der Wirtschaft besser genutzt würden. Die Finanzsysteme sind zwar noch nicht an die neue Ordnung angepaßt, doch der nichtmonetisierte Austausch von Dienstleistungen kann bereits eine wichtige Rolle spielen bei der Mehrung des Lebensstandards der Menschen.

Das zweite Modell ist ein allmählicher Übergang zu einem liberalisierten Markt. Das kann entweder in Form von lokalen Experimenten erfolgen, die ausgeweitet werden, sobald sich der Erfolg einstellt, oder als eine Reform, die nacheinander alle Sektoren umfaßt. Statt einen einzigen gewaltigen Schock für die Wirtschaft auszulösen, werden viele unterschiedliche kurze Phasen einer allmählichen Ablösung durchlaufen. Diese Politik wendet beispielsweise China an, wo die allerersten Reformen sich auf die ländliche Wirtschaft konzentrierten und die sogenannten Stadt- und Dorfunternehmen gegründet wurden. Jetzt gestatten aktuellere Reformen weitere private Initiativen, als Folge stieg die Produktion des privaten Sektors (unter 50% in Staatsbesitz) von unter 5% des Bruttoinlandsproduktes im Jahr 1990 auf etwa 25% im Jahr 1995.[16]

Chinas System der Stadt- und Dorfunternehmen (SDU), das weder im klassischen Sinn im Staatsbesitz noch im kapitalistischen Sinn im Privatbesitz ist, tat sich als ein wichtiger Faktor beim

Übergang hervor und vermied die drohende hohe Arbeitslosenquote, die andere Übergangsländer erdulden mußten. Die SDU sind im Besitz von lokalen Regierungen und Bürgern und produzieren vor allem Konsumgüter für die heimischen und internationalen Märkte. Nach den Statistiken der Weltbank wuchs die Produktion der SDU seit Mitte der achtziger Jahre jährlich um bemerkenswerte 25%; inzwischen sind sie für ein Drittel des gesamten industriellen Wachstums in China verantwortlich. Sie haben in den vergangenen fünfzehn Jahren 95 Millionen Stellen geschaffen, wobei das Verhältnis von Kapitaleinsatz und Arbeitskraft lediglich ein Viertel des Betrages im staatlichen Sektor ausmachte, während ihre Arbeitsproduktivität bei annähernd 80% der Produktivität von Staatsbetrieben liegt.

Der Erfolg der SDU ist mit den impliziten Besitzrechten und den engen Familienbanden unter chinesischen Dorfbewohnern verknüpft. Die Aufteilung dieser Besitzrechte führt zu einer produktiven Mischung aus Aufteilung des Risikos und der Belohnung zwischen den einzelnen Unternehmern und den örtlichen Behörden. Die Verbindungen zu großen Staatsbetrieben bieten eine stabile Quelle des Bedarfs wie auch der Ressourcen für die SDU und fördern die Einführung neuer Technologien. Die größere Flexibilität der kleineren, leichter anpaßbaren Produktionseinheiten gestattet eine bessere Nutzung der Marktmöglichkeiten, die zuvor wegen Vorurteilen gegenüber der Leichtindustrie und den Dienstleistungen vernachlässigt worden waren. Aufgrund der Dezentralisierung der Staatsmacht können anfallende Gewinne in der Gemeinschaft bleiben und mächtige Anreize für die Entwicklung der örtlichen Industrie schaffen. Durch den Zwang zur fiskalischen Disziplin wird verhindert, daß ein erfolgloses Unternehmen zu einer untragbaren Last für die örtliche Regierung wird, weil es rechtzeitig geschlossen wird. Sehr wichtig ist ferner der begrenzte Wettbewerb, der unter den SDU um Investitionen einsetzt, die wiederum an die Wirtschaftsleistung und das Ansehen geknüpft sind.

Chinas Stadt- und Dorfunternehmen zeigen eine Möglichkeit, mit den Schwierigkeiten des Transformationsprozesses in Ländern fertigzuwerden, wo die kritische Masse für einen sofortigen Übergang von einer zentral geplanten zu einer Marktwirtschaft nicht erreicht werden kann. Sie bilden ein interessantes Modell für die Restrukturierung einer Wirtschaft und bieten ein lehrreiches Beispiel für die Bereitschaft der Menschen, zum Teil für sich selbst und zum Teil für die Gemeinschaft zu arbeiten. Verwandtschaftsbeziehungen, soziale Anerkennung und Verantwortung sind wichtige Faktoren für den Erfolg der SDU, weil nicht alle Beiträge zum System vergütet werden. Diesbezüglich unterscheiden sie sich nicht allzusehr von dem weiter unten vorgestellten Drei-Schichten-Modell der Arbeit, wo ebenfalls ein Teil der Arbeitstätigkeiten nicht vergütet wird und freiwillig ist.

9. Beschäftigung im Licht der globalen Wirtschaft, des Handels und der Investition

Die Realität der Weltproduktion: Beschäftigung, Handel und Investition

Christoph Kolumbus dachte, als er zum ersten Mal ein Land betrat, das heutzutage als der Kontinent Amerika bekannt ist, er habe Asien erreicht. Folglich wurde die Region »Westindische Inseln« genannt, und dieser Name ist bis heute beibehalten worden. Viele historische Erkenntnisse in den Bereichen von Entdeckung, Wissenschaft und Menschheitsentwicklung haben überraschenderweise einen ähnlichen Weg genommen: Menschen zogen aus, um etwas Bestimmtes zu finden, und entdeckten etwas ganz anderes. Dies trifft auch auf die Welthandelsorganisation (WTO) zu, wenn man die Art des Wirtschaftssystems betrachtet, das sich in den vergangenen dreißig Jahren in der Welt herausgebildet hat.

Wir gehen von der Überlegung aus, daß der phantastische Fortschritt, den die Industrielle Revolution gebracht hat, inzwischen zum Aufstieg einer Dienstleistungsgesellschaft geführt hat, in der 80 % der Produktionskosten – wenn man den Gebrauch, die Müllbeseitigung und das Recycling mitrechnet – auf Tätigkeiten des Dienstleistungsbereichs entfallen. Die moderne Industrie ist ihrem Wesen nach eine Dienstleistungsindustrie geworden. Das herkömmliche Konzept der drei unabhängigen Sektoren der Wirtschaft – die Landwirtschaft, die Industrie und die Dienstleistungen – wird abgelöst von der neuen Erkenntnis, daß Dienstleistungen ein inhärenter Teil des Produktionsprozesses sind und sich folglich nicht davon loslösen lassen, als seien sie völlig unabhängig. Vom wirtschaftlichen Standpunkt aus bedeutet dies, daß eine große Revolution stattgefunden hat, und zwar zum größten Teil auf der Angebotsseite des Wirtschaftssystems, welche die Regeln und Parameter verändert hat, die grundlegende As-

193

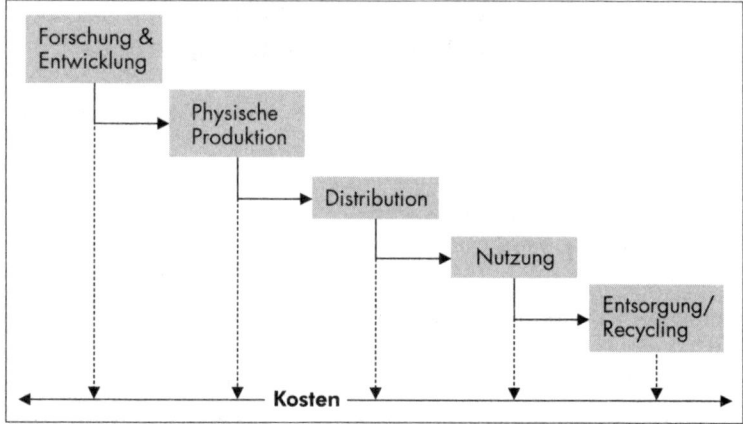

Die verschiedenen Stadien der Produktion in der Dienstleistungsgesellschaft.

pekte wie Beschäftigung, Produktivität oder Kosteneinsparungen bestimmen.

Forschen wir hier weiter nach, so entdecken wir, daß sich die wirtschaftliche Wertvorstellung selbst geändert hat. Die Preise beziehen sich nicht länger auf ein in einer deterministischen Anschauung verwurzeltes Gleichgewichtssystem, in dem die Sicherheit der grundlegende theoretische Bezugspunkt ist. Heutzutage spiegeln Preise ein probabilistisches System wider, selbst wenn sie in einen förmlichen Vertrag aufgenommen sind, weil ein Teil des wirtschaftlichen Werts, den sie angeben, erst in der Zeit des Gebrauchs und des Recyclings»erzeugt« wird, oder erst, wenn andere Dienstleistungen erbracht werden. Der Wert wird stets stärker an die Leistung in einer Zeit (realen Zeit) geknüpft, wohingegen die Ungewißheit von der wahrscheinlichen Nutzungsdauer eines Systems und von all den unvorhersehbaren Ereignissen abhängt, die bei jeder menschlichen Handlung in der Zukunft eintreten. Das kann alles bedeuten zwischen den nächsten fünf Minuten und den kommenden fünfzig Jahren.

Dieser Wandel in der wirtschaftlichen Denkweise hat weitreichende Folgen für die globale Beschäftigung, den Handel und die

Investitionen. In der neuen Dienstleistungsökonomie geht es um die Leistung in einer bestimmten Zeit und nicht um materielle Waren, die hin und her transportiert werden. Wenn wir einmal akzeptiert haben, daß Dienstleistungen in den Produktionsprozeß integriert sind und keinesfalls einen separaten Sektor bilden, führt das unweigerlich zu einer Neuinterpretation der Weltwirtschaft. Wir wollen zunächst den Produktionsprozeß und die verschiedenen Stadien untersuchen.

Der Einfachheit halber gehen wir davon aus, daß jede dieser fünf Stadien grob geschätzt dieselben Kosten verursacht, also 20% der Gesamtkosten, die bei der Produktion und Nutzung eines Produkts entstehen, von den ersten Initiativen, die an seiner Forschung und Gestaltung teilhaben, bis hin zu seiner endgültigen Entsorgung als Restmüll oder über ein System des Recyclings. Wir nehmen ferner an, daß jede dieser Tätigkeiten den Bezug einer Produzentenrente in gleicher Höhe erlaubt. An dieser Stelle ist die Beobachtung sehr interessant, daß lediglich 40% der Kosten eines Produkts, das im Ausland verkauft wird, im Herkunftsland erzeugt werden. Die restlichen 60% der anfallenden Kosten müssen Tätigkeiten zugewiesen werden, die im Bestimmungsland ausgeführt werden. Das Geld, das bei diesem Vorgang verdient wurde, teilt sich also folgendermaßen auf: 40% im Inland und 60% im Ausland.

Diese Analyse vereinfacht vielleicht zu sehr, weil in einigen Fällen die Forschung und Entwicklung oder die physische Fertigung von High-Tech-Produkten eine höhere Produzentenrente erlauben, aber diesen Fällen können zahlreiche Low-Tech-Massenartikel entgegengehalten werden, für die beinahe überhaupt keine Forschung und nur ein geringes Spezial- und Fachwissen für die Produktion nötig sind. Die zusätzlichen Gebrauchskosten eines Systems variieren ebenfalls sehr stark von Produkt zu Produkt und hängen gänzlich von dem Ausmaß an Wartung ab, die ein Produkt im Laufe seiner Betriebsdauer benötigt, um einwandfrei zu funktionieren. Und schließlich kann die Entsorgung von (genutzten) Produkten gelegentlich überflüssig sein, weil sie möglicherweise völlig aufgebraucht wurden, während in anderen Fällen die

Entsorgung oder das Recycling den Löwenanteil der Kosten ausmacht. Jedenfalls deckt diese kleine Untersuchung die Tatsache auf, daß der größte Teil der Kosten oftmals an dem Ort erzeugt wird, an dem das Produkt verkauft (vertrieben), genutzt und schließlich entsorgt wird. Selbst wenn die Produktionsstätten in andere Länder ausgelagert werden oder die Entwicklung im Ausland durchgeführt wird, so machen sie doch lediglich 40% der gesamten Kette aus.

Aus diesem Blickwinkel heraus verlieren selbst weltweit abnehmende ausländische Direktinvestitionen ihren Schrecken als mutmaßliche Vorboten für einen verstärkten Protektionismus. In einem System, das einen Großteil seiner Einkünfte vor Ort aufbringt, können diese an einem bestimmten Ort belassen werden, um die Aktivitäten dort auszudehnen, ohne daß weitere Transferleistungen nötig sind. Das gilt sicherlich nicht für die anfänglichen Investitionen, die erforderlich sind, um Vertriebs- und Wartungsnetze aufzubauen, außerdem trifft es nicht auf alle Waren oder Produkte zu, aber immerhin auf einen wachsenden Anteil ausgereifter Anlagen. Dennoch: »Ausländische Direktinvestitionen sind heutzutage das wichtigste Mittel, um Waren und Dienstleistungen zu ausländischen Märkten zu tragen und, darüber hinaus, um die Volkswirtschaften miteinander zu verbinden«, wie Karl Sauvant bemerkt.[17]

Mit dieser neuen Sichtweise können wir auch das herkömmliche Konzept überwinden, demzufolge internationaler Handel und ausländische Investitionen einander entgegenwirken. Beide ziehen weitere Tätigkeiten in dem Land nach sich, in dem die Waren verkauft werden. Im Falle des internationalen Handels verbleiben 40% der Tätigkeiten in dem exportierenden Land, ausländische Direktinvestitionen hingegen, die für den Aufbau von Produktionsstätten verwendet werden, verlagern weitere 20% der Kosten. Öffnet sich ein Land für den Handel, dann ist mit der Schaffung eines Vertriebs-, Wartungs- (als Teil des Gebrauchs) und Entsorgungssystems für die importierten Waren – mit der Chance auf die Schaffung zusätzlicher Einkommensquellen – nicht nur zu rechnen, sondern sie wird zu einer Notwendigkeit. Das gleiche gilt für ausländische Direktinvestitionen, die für den Bau von Produktionsstätten verwendet werden.

Dennoch herrschen immer noch eine Reihe von Mißverständnissen und falschen Vorstellungen, die weiterhin ein falsches Bild der Zukunft geben, auf die sich die Weltwirtschaft tatsächlich zubewegt. Das ähnelt Kolumbus, der an der Idee festhielt, er sei in Asien gelandet, statt zu erkennen, daß er einen neuen Kontinent entdeckt hatte. Einige Beispiele aus der Welt der Dienstleistungen seien hier angeführt:

- In einer überwiegend fertigungsgeprägten Industriegesellschaft war es ganz normal, die maßgebliche Wertvorstellung an die Produktion von materiellen Gütern zu knüpfen, wohingegen die Dienstleistungen separat betrachtet wurden. Als Folge davon wurden sie, als die Zeit für eine ernstere Untersuchung der Tätigkeiten im Dienstleistungssektor reif geworden war, zunächst innerhalb des traditionellen Rahmens analysiert. Mit anderen Worten, die meisten Wirtschaftsexperten versuchten zu Beginn (d. h. in den 70er und 80er Jahren), die Dienstleistungstätigkeiten mit Bezug auf das ältere System der Produktion materieller Güter zu definieren, statt an die Dienstleistungen aus der Sicht ihrer eigentlichen Rolle im Produktionsprozeß heranzugehen. Folglich entstand die Vorstellung, die Dienstleistungen seien in Wahrheit »immaterielle Produkte«. Zum Zeitpunkt des Beginns der Uruguay-Runde war es Mode, Dienstleistungen als Produkte zu definieren, die, wenn sie einem auf den Zeh fielen, nicht weh taten. In Wirklichkeit war dies ein Versuch, die Vorstellung von Dienstleistungen in das herkömmliche Bild der industriellen Fertigung einzupassen. Wenn eine Dienstleistung auf gewisse Weise als ein ungreifbares »Produkt« definiert werden konnte, dann ließ sich für beinahe alle theoretischen und praktischen Wirtschaftsprobleme eine Lösung finden, und folglich würde sich der internationale Handel mit Dienstleistungen nicht wesentlich von dem internationalen Handel mit Waren unterscheiden.

- Die Vorstellung, Dienstleistungen oder eine moderne Wirtschaft würde auf »immateriellen Waren« beruhen, geht in

197

Wahrheit auf ein Mißverständnis zurück. Die materiellen Produkte und die Dienstleistungen sind nicht voneinander losgelöst, sie ergänzen sich genaugenommen in demselben Vorgang. Jedesmal, wenn ein Gebrauchsgegenstand genutzt wird, erzeugt er eine Dienstleistung: Zum Beispiel ist ein Auto ein Gebrauchsgegenstand, und der Transport mit diesem Auto von einem Ort zum anderen ist eine Dienstleistung. Deshalb besteht die Unterscheidung zwischen dem Materiellen und dem Immateriellen lediglich im Kopf des Betrachters und entspricht nicht der Realität der Dinge. Nehmen wir den Bereich Telekommunikation: Nicht ein einziger Telefonanruf könnte ohne die Geräte getätigt werden, kein Informationssystem würde funktionieren, und ebenso könnte kein Gerät ohne die entsprechenden Dienstleistungen genutzt werden.

- Der eigentliche Unterschied, der vor rund dreißig Jahren zutage trat, besteht darin, daß in der klassischen Industriellen Revolution die Kosten für ein Gerät entscheidend waren und jedenfalls vom wirtschaftlichen Standpunkt aus die Mehrzahl der eingesetzten Ressourcen ausmachten, während in der Dienstleistungsgesellschaft die Kosten und die Qualität der begleitenden Dienste, sei es nun im Gebrauch oder in anderen Funktionen, in quantitativer Hinsicht maßgeblich sind.
- Dieser Wechsel der Paradigmen, ja der Realität, ist eng mit J. S. Mills Definition des Wertes verknüpft: Er hatte eingeräumt, daß greifbare Produkte nicht die *ultima ratio* des Wirtschaftslebens seien, sondern ihre Nutzung oder ihr Endverbrauch in Wahrheit in ihre eigentliche materielle Existenz miteingebettet sei. Deshalb reiche es aus, die Produkte selbst umzusetzen, ohne den Zweck zu berücksichtigen, für den sie in der Praxis genutzt werden. Doch die moderne Technologie hat zur Folge gehabt, daß auf der einen Seite die Produktionskosten ständig anteilsmäßig gesunken sind, während andererseits die Kosten für die Dienstleistungen, die ihr Gebrauch mit sich bringt, gestiegen sind. Ohne eine Investition in Ressourcen des Dienstleistungssektors und insbesondere des Humankapitals haben die Produkte keinen Wert mehr.

- Das bedeutet auch, daß ein wachsender Anteil der Kosten bei der Erzeugung von wirtschaftlichem Wohlstand von dem Ort und den Bedingungen abhängt, unter denen die Verbraucher alle wirtschaftlichen Waren nutzen (siehe oben). Alvin Toffler hat hier von Prosumenten gesprochen. In Wirklichkeit bedeutet dies, daß Handel in einem System, das immer mehr Dienstleistungen benötigt, um zu funktionieren und Nutzen zu bringen, mit Investitionen an dem Ort verknüpft ist, wo Verbraucher zu finden sind.

- Vom Standpunkt der Weltwirtschaft aus betrachtet, liegt folglich der entscheidende Unterschied zwischen der klassischen Industriellen Revolution und der gegenwärtigen Dienstleistungsgesellschaft darin, daß im ersteren Fall Investitionen in einem fremden Land eine Alternative zu Exporten waren, während bei der Dienstleistungsgesellschaft die Exporte eng mit Direktinvestitionen verknüpft sind. Das liegt an dem Umstand, daß eine Investition mit dem Gebrauch und der darauffolgenden Entsorgung verbunden ist und die Nutzung wiederum die Existenz eines Verbrauchers erfordert.

In diesem Sinn ist zu beobachten, daß einige offizielle Verlautbarungen der WTO in den letzten Jahren auf die grundlegende Bedeutung der Investition in den Aufbau einer leistungsfähigen Weltwirtschaft hingewiesen haben. Wir hoffen deshalb, daß der moderne Christoph Kolumbus aufhören wird, von Westindischen Inseln und immateriellen Produkten zu reden, und statt dessen leistungsfähige wirtschaftliche Tätigkeiten auf der Grundlage der neuen wirtschaftlichen Realitäten entwickelt.

Globale Initiativen zu Handel und Investition: WTO und GATS

In der gegenwärtigen Lage der Dienstleistungsökonomie gibt es eine Botschaft der Hoffnung, die bei weitem die Theorie der komparativen Vorteile in den Schatten stellt. Inzwischen haben alle weltweiten Produzenten ein ureigenes Interesse daran, leistungsfähige Gebrauchssysteme vor Ort aufzubauen, wo ihre Investitionsmöglichkeiten für Gewinne besser gewährleistet sind. Folglich ist auch in wirtschaftlicher Hinsicht ein großes allgemeines und von allen geteiltes Interesse daran zu beobachten, daß die armen Länder reicher werden, weil sie das Gebiet sind, auf dem sich neue Märkte entwickeln können auf der Grundlage ihrer Fähigkeit, diese als Prosumenten zu nutzen und die verfügbaren Systeme angemessen zu verwalten.

Der Vorläufer der WTO, das GATT, hatte genaugenommen bereits zur Zeit der Tokio-Runde seine Beschäftigung mit Dienstleistungen begonnen mit der Diskussion um Handelsbarrieren über die Zölle hinaus. Alle diese Barrieren sind in Wahrheit die realen Systemvoraussetzungen für die Produktnutzung, und auch wenn die Vorstellung der Dienstleistungsgesellschaft noch nicht explizit definiert wurde, so wurde doch bereits ein erster Schritt unternommen. Bei der Uruguay-Runde lautete, wie bereits erwähnt, der ursprüngliche Gedanke, daß, wenn sich Dienstleistungen einfach als eine andere Form von Ware definieren ließen, eine Förderung des internationalen Handels keine größeren Probleme mit sich bringen würde. Schließlich erwies sich diese Annahme aber als falsch, und die Unterhändler der Uruguay-Runde konnten am Ende, angespornt von der wirtschaftlichen Realität, solche Grundsätze festschreiben wie etwa das Recht auf Unternehmensgründung und das Recht der Gleichbehandlung von In- und Ausländern, die in Wahrheit die Eckpunkte jeder Investitionspolitik bilden, die es vom Standpunkt der Dienstleistungswirtschaft aus wert ist, so genannt zu werden.

Möglicherweise haben wir nun ein Stadium erreicht, in dem sich die Mißverständnisse allmählich klären und der Weg gebahnt wird für optimistischere und produktivere Strategien zur Entwicklung der Weltwirtschaft. In diesem Vorgang könnte sich die WTO als eine Triebfeder für einen neuerlichen, weltweiten Anstieg des Wohlstands der Völker erweisen. Der Schlüssel zur Weltwirtschaft liegt in der Dienstleistungsökonomie. Denn jedesmal, wenn neue Märkte eröffnet und entwickelt werden, werden auch neue Beschäftigungsmöglichkeiten geschaffen. Jeder Handel und jede Investition bringen nicht nur Arbeitsplätze im exportierenden Land mit sich, sondern auch im importierenden. Hier ist nicht die Rede von einem System der komparativen Vorteile, in dem beide Parteien am Ende durch den Austausch der Produktionsprozesse zwar möglicherweise besser dastehen, aber im Grunde auf dem gleichen Beschäftigungsniveau bleiben; vielmehr richten wir unser Augenmerk auf die Realität, die vom Standpunkt der Schaffung von Wohlstand wie auch von Beschäftigung aus weit stärker komplementär organisiert ist, als häufig von vielen Ökonomen wahrgenommen wird.

Beinahe alle Länder haben inzwischen die Bedeutung von ausländischen Direktinvestitionen für ihre Wirtschaft zu schätzen gelernt. Als Folge hat über ihre Regierungspolitik ein regelrechter Wettbewerb um Investitionen eingesetzt. Die UNCTAD hat herausgefunden, daß von insgesamt 373 überprüften Änderungen der Gesetze zu ausländischen Direktinvestitionen in der Zeit von 1991 bis 1994 lediglich fünf Änderungen nicht zugunsten einer stärkeren Liberalisierung ausgefallen sind.[18] Die Länder haben erkannt, daß sie, um ausländische Investitionen anzulocken, günstige gesetzliche Rahmenbedingungen schaffen müssen, die der Gleichbehandlung von In- und Ausländern Rechnung tragen, den Verzicht auf Verstaatlichung garantieren, ein internationales Schiedsgericht in Streitfällen einräumen und den Transfer von Geldern bewilligen müssen.

Die künftige Entwicklung dieser Punkte sieht vielversprechend aus, weil die WTO am 1. Januar 1995 ihre Arbeit aufgenommen hat und sich intensiver mit den Fragen des Marktzugangs befaßt. Die Beschränkung, ausschließlich die konventionellen Barrieren zumeist an der Grenze zu erörtern, ist damit überwunden. Vor allem das Allgemeine Abkommen über den Handel mit Dienstleistungen (GATS) ist ein wichtiger Bestandteil der WTO; die Dienstleistungswirtschaft und ihre Arbeitsweise werden dadurch aufgewertet. Julian Arkell stellt unter anderem einige wichtige Aspekte von Dienstleistungen zur Debatte, die unmittelbare Aufmerksamkeit und Bearbeitung erfordern: den Abschluß der Verhandlungen über den Marktzugang zahlreicher Dienstleistungsbetriebe, die Schaffung eines multilateralen Investitionskodex für die gesamte WTO und die Erweiterung der WTO-Mitgliedschaft durch die Aufnahme von China, Taiwan, Rußland und anderen Ländern der ehemaligen Sowjetunion.[19] Wenn die WTO und das GATS umfassende und weitreichende Abkommen zu diesen Themen erreichten, dann wäre ein großer Schritt in die richtige Richtung getan.

Dienstleistungen sind heute so sehr in die globalen Produktionsprozesse integriert und so wichtig für die Schaffung von Beschäftigung, daß ein effizientes GATS-Abkommen beinahe unabdingbar ist. Offensichtlich gibt es mehrere Schwierigkeiten mit dem Abkommen, wie es bei der Uruguay-Runde ausgehandelt wurde, doch der schwerste Fehler ist die zugrundeliegende Konzeption, die Dienstleistungen seien getrennte Tätigkeiten, die streng nach Sektorengrenzen untergliedert werden müßten, statt sie zusammengenommen als Funktionen innerhalb der Produktions- und Verwertungsprozesse zu betrachten. Zöge man einen stärker integrierenden Ansatz für die Dienstleistungen in Betracht, dann würden die weitreichenden Auswirkungen der Dienstleistungen vielleicht deutlicher, und man hätte durch die Übernahme der entsprechenden politischen Maßnahmen einen unmittelbaren Einfluß auf die Weltwirtschaft und die Beschäftigungssituation.

In diesem Sinne wäre es vielleicht ratsam, den Handel expliziter in die ausländischen Direktinvestitionen zu integrieren, wohl innerhalb eines zusätzlichen WTO-Teilbereichs. Mit Blick auf eine »tiefere Integration« auf internationaler Ebene sollte ferner die Aufgabe angegangen werden, einen ersten Schritt in Richtung einer Koordination der nationalen politischen Maßnahmen zu tun. Wie bereits erwähnt, herrscht unter den Staaten bereits ein Wettkampf um die beste politische Linie, aber die unkoordinierten Austauschmodelle verhindern große Gewinne und erschweren in einigen Fällen sogar den Handel und die Investitionen, statt sie zu fördern.

Was den Einfluß auf Beschäftigung und Arbeit betrifft, dreht sich die Hauptfrage um Arbeitsrechte und um »Sozialdumping«.

Die Arbeitsrechte werden besonders strittig, wenn man über die weithin anerkannten Verbote der Kinderarbeit oder der Gefangenenarbeit hinausgeht bis hin zu den Gewerkschaftsrechten, dem Recht, sich zu organisieren und Tarifverhandlungen zu führen, und zu den künstlich aufrechterhaltenen Niedriglöhnen (Sozialdumping) in ihrer Funktion als mögliche Beschränkungen für Handel und Investition. Die Entwicklungsländer führen an, die Niedriglöhne und die weniger stark reglementierten Arbeitsbedingungen seien lediglich ihr relativer Vorteil im Handel und der einzige Anreiz, den sie zu bieten hätten, um die dringend benötigten ausländischen Investitionen ins Land zu locken; sie sollten nicht zum Gegenstand restriktiver internationaler Vorschriften gemacht werden. Das ist eine politisch gesehen schwierige Frage für die entwickelten Länder, in denen eine staatliche Regulierung der kollektiven Tarifverhandlungen und der Arbeitsbedingungen gut etabliert ist und die Frage der »Delokalisierung« offensichtlich am dringendsten ist. Eine feinfühlige Verhandlungsführung und ein ausgewogener Kompromiß werden nötig sein, um das Gleichgewicht zwischen legitimen Erwägungen über Arbeitsrechte und die Praxis einerseits und rein protektionistischen Überlegungen andererseits zu wahren. In diesem Punkt könnten die WTO und die ILO miteinander zusammenarbeiten, und es besteht das Potential, die wirtschaftlichen und die sozialen Dimensionen der Arbeit und Beschäftigung gemeinsam auf internationaler Ebene zu entwerfen.

Beschäftigung, Globalisierung und Wettbewerbsfähigkeit

Seit dem Zweiten Weltkrieg sind die meisten Länder offener und zunehmend voneinander abhängig geworden. Dieses Phänomen schlägt sich auf der einen Seite in Wachstumsraten des Welthandels nieder, die beinahe zu jedem Zeitpunkt in den letzten fünf Jahrzehnten den Anstieg der Produktion übertroffen haben. Und auf der anderen Seite wird dies in der Qualität der wechselseitigen

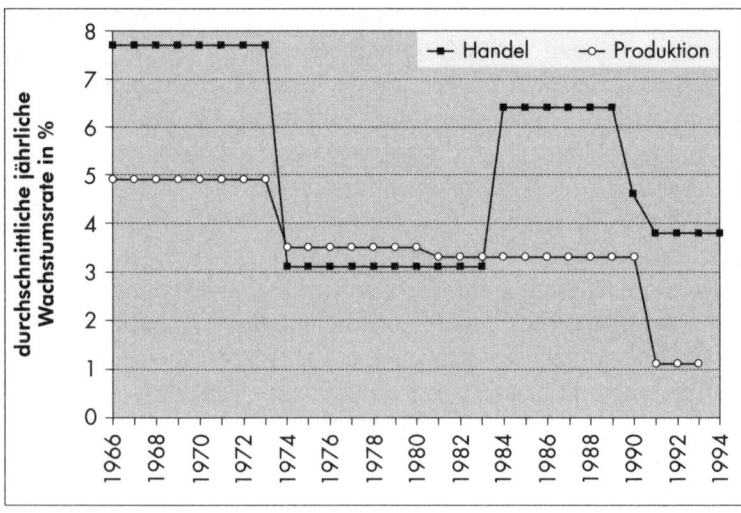

Wachstum des Welthandels und der Produktion.

Quelle: UN und Weltbank (1994)

Abhängigkeit deutlich, die heute höher ist als jemals zuvor. Im Gegensatz zu früher, als sich die meisten Länder darauf beschränkten, mit Rohstoffen und fertigen Produkten Handel zu treiben, können heutzutage beinahe alle Teile der Produktionskette exportiert und importiert werden und werden es auch, für ein einziges Produkt häufig mehrmals. Als Folge stieg das Verhältnis von Export und Bruttoinlandsprodukt in vielen Ländern über die letzten Jahrzehnte hinweg an, auch wenn der Anstieg ungleich ausfiel. Besonders starke Anstiege waren in den Vereinigten Staaten zu verzeichnen (von 5,8 auf 10,6% zwischen 1970 und 1992), in Deutschland (von 21 auf 33%) und in Frankreich (von 15 auf 23%).

Die Entwicklung hin zu einer größeren Freizügigkeit im internationalen Handel und anderen produktiven Tätigkeiten ist größtenteils auf die Liberalisierungen des Handels zurückzuführen, die in den 80er Jahren eingeführt wurden, und auf das Wachstum der supranationalen Märke wie die Europäische Union, die NAFTA,

Mercosur und ASEAN. Doch abgesehen davon gab es auch eine Welle der Handelsliberalisierung in den Entwicklungsländern, die zuvor eine Industrialisierungsstrategie verfolgten, mit deren Hilfe ein Ersatz für Importe geschaffen werden sollte. In den 80er Jahren senkte über die Hälfte der 27 Entwicklungsländer, für die Angaben über die Zölle vorliegen, die Höhe ihrer Zölle und der entsprechenden Einfuhrabgaben.[20] Dieser neue Ansatz zugunsten offenerer Wirtschaftsbeziehungen hat Überlegungen über die nationale und supranationale Wirtschaft sowie über die Wettbewerbsfähigkeit und die Arbeitslosigkeit in einer globaleren Wirtschaft angeregt. Die Kommission über die Wettbewerbspolitik richtete beispielsweise als regionale Initiative für einen gemeinsamen Markt ihr Augenmerk auf »Themen, die Europa lösen muß, wenn es sich den heutigen globalen Herausforderungen stellen will«[21]. Der Kampf gegen die Arbeitslosigkeit kann als »ökonomischer Imperativ« betrachtet werden, weil hohe Quoten die Armut und die Verdrängung fördern und charakteristischerweise den politischen Druck zu mehr Protektionismus verstärken. In ihren drei Berichten legt die Beraterkommission eine Reihe von Empfehlungen vor, welche die Arbeitsmarktpolitik betreffen, zum Beispiel die Förderung des Ausbaus von Kompetenz, eine lebenslange Weiterbildung und Ausbildung in Unternehmen, eine Erhöhung der Mobilität zwischen Unternehmen, Regionen und Ländern, eine Förderung der Flexibilität der Arbeitszeiten, die Erleichterung von Teilzeitarbeitsplätzen und die Einführung der notwendigen Verbesserungen in der Infrastruktur, um die Möglichkeiten, die sich mit den neuen Technologien bieten, zu steuern und voll zu nutzen.[22]

So betrachtet, können die bevorstehende Globalisierung und die damit verbundene Frage der Wettbewerbsfähigkeit für alle Beteiligten Vorteile bringen, für die Arbeitnehmer und die Unternehmer, für die Regionen und die Länder. Sie bieten eine Chance, einen höheren Wohlstand und ein höheres Allgemeinwohl zu erreichen, wenn die gegenwärtigen Wirtschaftssysteme an die Realitäten der Dienstleistungsgesellschaft und ihre Anforderungen angepaßt werden.

10. Nichtmonetarisierte Tätigkeiten in der Gesamtwirtschaft ausbauen

Da wir in einer postindustriellen Ära leben und nicht in einer präindustriellen, ist es entscheidend, zu erkennen, daß unsere Gesellschaft stets ein Mindestmaß an monetären Instrumenten für ihr Überleben und für eine leistungsfähige Organisation ihrer Wirtschaft benötigen wird. Gleichzeitig hat aber auch die Ausdehnung der monetären Wirtschaft und des Einsatzes von Geld ihre Grenzen. In gewisser Weise kann die Förderung von Tätigkeiten in Eigenleistung zur Kostensenkung als ein Hinweis auf die Grenzen der Leistungsfähigkeit des monetären Systems gesehen werden. Dieser Transfer von Tätigkeiten in die Sphäre der Eigenleistung wirft eine wichtige Frage auf. Während der Industriellen Revolution stellte sich mit jeder Entwicklung einer neuen Technik ein klassisches Problem: Das Veralten der bisherigen Produktionssysteme hatte Entlassungen zur Folge, schuf aber gleichzeitig zahlreiche neue Möglichkeiten für bezahlte Stellen in anderen Sektoren. Mit der Zeit, und vor allem in den letzten dreißig Jahren, ist dieser Transfer tendenziell immer weniger mit dem Aufkommen neuer Produkte oder Maschinen, innerhalb und außerhalb des Fertigungssystems selbst, verknüpft gewesen. Die oben erwähnte Entwicklung, besonders deutlich etwa in den USA zu beobachten, aber nicht ausschließlich dort, hat die Vermutung nahegelegt, im Dienstleistungssektor selbst werde sich das Problem lösen lassen, allen Menschen eine Vollzeitstelle zu verschaffen, oder es genüge, das Ganze unter dem Blickwinkel einer globalen Kürzung der Arbeitswoche von 40 Stunden auf 35 oder 32 Stunden zu durchdenken.

Das Problem liegt jedoch darin, daß in der Dienstleistungsgesellschaft der Transfer einer produktiven Tätigkeit von einem Sektor oder einem Arbeitsplatz zu einem anderen nicht unbedingt bedeutet, daß die produktive Tätigkeit innerhalb des monetisierten Systems bleibt. In Wahrheit herrscht ein verstärkter Rückgriff auf das nichtmonetisierte System, und deshalb stehen wir vor einem neuen Dilemma. Entweder wir halten an der Vorstellung fest, daß nur das monetisierte Beschäftigungssystem lebensfähig ist, und meinen infolgedessen, wir würden vor einem unlösbaren Arbeitslosenproblem stehen, oder wir akzeptieren allmählich die Auffassung, daß heutzutage der Wohlstand auf eine integrierte und voneinander abhängige Weise im Rahmen der monetisierten und der nichtmonetisierten Systeme gemeinsam geschaffen wird, und müssen deshalb aus dieser Annahme einige unvermeidliche Schlüsse ziehen.

Wie in diesem Bericht bereits festgehalten wurde, meinen wir, daß die erste Option zu einer negativen Schlußfolgerung führt: eine pessimistische Sicht der Zukunft der Arbeitslosigkeit auf der einen Seite und auf der anderen die Vorstellung, unsere Fähigkeit, Wohlstand zu erzeugen, nehme ab. Aber diese Sichtweise einer abnehmenden Fähigkeit, Wohlstand zu erzeugen, liegt an unserer Unfähigkeit zu erkennen, daß nichtbezahlte Tätigkeiten und Eigenleistungen immer entscheidender für die Erreichung dieses Ziels werden. Die zweite Option beruht auf einer optimistischeren Sichtweise der Zukunft, wie auch auf einer realistischeren Einschätzung dessen, was sich in Wahrheit momentan bereits abspielt. Wir legen auch großen Wert darauf, daß diese Überlegungen nicht zu einer neuen Utopie oder Ideologie führen sollen. Sie sind lediglich ein Versuch, das aufzuspüren, was bereits in der Gesellschaft vor sich geht, als ein Mittel für einen konstruktiven Aufbau der Zukunft. Im Grunde folgen die meisten Intellektuellen und selbst die Ökonomen dem Pfad, den die Realität genommen hat. Wo sie zu überzeugend auftreten, wo sie versuchen, eine Gesellschaft um abstrakte Utopien und Gedanken herum zu konstruieren, kommt es gewöhnlich zu einem Desaster. Das Leben und die Realität sind immer noch weit komplexer als unsere Fähigkeit, sie zu erfassen. Wir müssen unsere Anstrengungen auf die Beobachtung von Tatsachen lenken, wie sie sich in der Gesellschaft entwickeln, und auf die Aufstellung von Hypothesen zu ihren gegenseitigen Wechselbeziehungen. Die Schwierigkeit ist hier, die relevanten Prioritäten auszumachen. Danach ist es unsere Aufgabe, sie zu prüfen und, wenn möglich, zu falsifizieren (im Sinne Poppers). Utopien handeln stets von einer Gewißheit, und unser Ansatz stützt sich auf die Inkaufnahme einer Ungewißheit. Allerdings mit einer Einschränkung: Wir glauben an den Wert der Arbeit oder vielmehr des Lebens als einer produktiven Tätigkeit.

11. Arbeit als Teil der Persönlichkeit

Unter den gegenwärtigen Bedingungen gilt die bezahlte Vollzeit-arbeit, wöchentlich wenigstens 35 Stunden, in den meisten Fällen als einziger Gradmesser für den Beitrag des einzelnen zur produktiven Tätigkeit. Meist wird über diese Arbeit ein großer Teil der gesellschaftlichen Kontakte geknüpft, und jeder Mensch findet und bestimmt damit seine Stellung in der Gesellschaft. In offiziellen Formularen findet sich stets die Frage nach der beruflichen Betätigung, genau wie die Frage nach der Geschlechtszugehörigkeit: Unsere Persönlichkeit ist sehr eng damit verknüpft. Das gesamte Geflecht der gesellschaftlichen Wechselbeziehungen hängt stark von unserer Stellung in der (bezahlten) Arbeitswelt ab, und die kümmerliche Anerkennung anderweitiger Tätigkeiten hat zu der perversen Situation geführt, daß jemand, der eine wertvolle, nichtmonetisierte Arbeit ausübt – und hier seien nur die Beispiele der Hausarbeit und der Kindererziehung erwähnt –, weit weniger gesellschaftliche Anerkennung erfährt, als ihm eigentlich gebührte. Es liegt auf der Hand, daß sich das nachteilig auf die Motivation und die Selbstachtung auswirkt.

Aber auch innerhalb der monetisierten Sphäre der Wirtschaft lauern zahlreiche Probleme für ihre Teilnehmer. Viele Menschen identifizieren sich stark mit ihrer Arbeit, sie haben lange Jahre der Ausbildung durchlaufen und häufig einen gnadenlosen Selektionsprozeß erduldet, um die jetzige Stelle zu erhalten. Darüber hinaus laufen sie ständig Gefahr, entlassen zu werden. Da die produktive Tätigkeit jedes einzelnen den Kern unserer Wirtschaft bildet, überrascht es keineswegs, daß dieses Element der Persönlichkeit in der Gesellschaft so sehr herausgestrichen wird.

Dennoch gewinnt eine ganze Reihe anderer Tätigkeiten an Bedeutung in einer Gesellschaft, die manchmal als eine Freizeitgesellschaft bezeichnet wird und nicht als Arbeitsgesellschaft – eine Bezeichnung, die nicht ganz zutrifft, weil ein großer Teil der sogenannten Freizeit mit freiwilliger Arbeit verbracht wird. In

Deutschland übernimmt ein Viertel bis ein Drittel der männlichen Bevölkerung im Arbeitsalter ehrenamtliche Arbeiten. In diesen Fällen sind die sekundären oder freiwilligen Arbeiten, wie Sport, gemeinnützige Tätigkeiten, Sozialarbeit etc., ebenfalls ein Teil der Persönlichkeit des einzelnen, und zwar meist auf eine sehr positive Weise. Auch wenn diese Tätigkeiten keinen unmittelbaren Beitrag zum monetisierten Teil der Wirtschaft leisten, verdienen sie Anerkennung, weil sie ebenfalls zum Wohlstand und Gemeinwohl der Menschen beitragen.

Die Entwicklung hin zu einer zunehmenden Differenzierung der verschiedenen Möglichkeiten produktiver Arbeit als komplementäre Elemente einer Persönlichkeit ist relativ neu. Sie erleichtert aber eindeutig die Beurteilung des Beitrags von Menschen zur Gesellschaft und/oder zum Wirtschaftssystem.

Wir halten hier erneut unsere philosophische Prämisse aufrecht: Wir sind viel mehr das, was wir produzieren, als das, was wir konsumieren. Selbst der Verbrauch, im Sinne des amerikanischen Soziologen Thorstein Veblen, ist lediglich eine Art und Weise, ein Bild von uns selbst zu erzeugen. Und die Mehrheit der Bevölkerung ist sich, wie wir meinen, sehr wohl des Umstands bewußt, daß ihr Wert sehr stark an ihr Maß an Selbstachtung und der Nützlichkeit in der Gesellschaft geknüpft ist. Wir unterstützen ganz klar die Vorstellung, daß wir in Wahrheit konsumieren und sogar konsumieren müssen, um etwas zu produzieren, für uns selbst und für die Gesellschaft, und nicht umgekehrt. In diesem Zusammenhang erhält die Frage, ob Arbeit ein Teil der Persönlichkeit ist, eine völlig neue Dimension.

Kontroverse Thesen

13. Beschäftigung und Persönlichkeit: Von einem eindimensionalen zu einem mehrschichtigen Ansatz

Gemäß der Logik der Industriellen Revolution ließe sich sagen, daß die heutige Arbeitszeit eines Vollzeiterwerbstätigen (etwa 38 bis 42 Stunden pro Woche) mehr oder weniger der Hälfte der Zeit entspricht, die vor einem Jahrhundert der Erwerbstätigkeit gewidmet wurde.

Unserer Ansicht nach wäre es jedoch falsch, weiterhin diese Tendenz fortzuschreiben und den Anschein zu erwecken, daß sich die gegenwärtigen Beschäftigungsprobleme allesamt dadurch lösen ließen, daß die Arbeitsstunden nochmals um die Hälfte verringert würden.

Als erstes würde das völlig die Tatsache außer acht lassen, daß es unsere Pflicht ist, zu gewährleisten oder es zumindest zu versuchen, daß jeder Mensch gemäß seiner materiellen und moralischen Zufriedenheit eine angemessene Tätigkeit ausübt. Als zweites liegt auf der Hand, daß die Zahl der Tätigkeiten, die mit einer bezahlten Beschäftigung nichts zu tun haben, enorm zugenommen hat. Jeder einzelne würde, wenn er einmal untersuchen würde, was er in den letzten vierundzwanzig Stunden getan hat, entdecken, wieviel Zeit unmittelbar nichtbezahlten Tätigkeiten gewidmet wird und wieviel dem persönlichen Unterhalt und den verschiedenen Funktionen, die nötig sind für die Organisation unseres Lebens und indirekt für den Erhalt der Fähigkeit, bezahlte Tätigkeiten auszuüben. In den folgenden Jahrzehnten werden Wirtschaftswissenschaftler und Unternehmer – und dazu zählen Einzelpersonen ebenso wie Institutionen und Unternehmen – die große Aufgabe haben, in Erfahrung zu bringen, wie und in welchem Ausmaß wichtige Tätigkeiten, die notwendig sind für diejenigen Menschen, die aus dem Arbeitsmarkt ausscheiden, weil sie zu »teuer« sind, im Rahmen von Eigenleistungen und freiwilligen Tätigkeiten übernommen werden können. Mit anderen Worten: Der Anteil der Erwerbsarbeit mag vielleicht zurückgehen, doch läßt sich das nicht von den produktiven Tätigkeiten insgesamt sagen.

Dies deutet anscheinend auch darauf hin, daß die Monetarisierung und insbesondere die Monetisierung des Wirtschaftssystems nicht notwendigerweise auch ein Hinweis auf eine höhere Effizienz ist. Eine höhere Effizienz läßt sich auch dadurch erreichen, daß eine andere Kombination der drei Formen produktiver Tätigkeit gefördert wird. Genau das spielt sich in Wahrheit bereits ab. Ein anderer wichtiger

Punkt ist der Umstand, daß als Folge der Industriellen Revolution (wegen der wesentlichen Rolle, welche die Monetarisierung und die Monetisierung wirtschaftlicher Tätigkeiten dabei spielte) die Qualität und die Art der Beschäftigung, die wir ausüben, ein wesentlicher Teil unserer persönlichen Identität geworden ist. In den meisten Reisepässen oder Personalausweisen werden wir aufgefordert, unseren »Beruf« ebenso anzugeben wie unser Geschlecht. Künftig werden die Menschen freier ihre eigene Bezeichnung ihres Berufs aus den verschiedenen produktiven Tätigkeiten, die sie ausüben, wählen können.

Aus diesem Grund muß hier betont werden, daß bezahlte produktive Tätigkeit in der Dienstleistungsgesellschaft nicht allein als eine Verringerung der Arbeitszeit betrachtet werden darf, indem die Erfahrung der Industriellen Revolution fortgeschrieben wird, sondern vielmehr als ein Bestandteil einer völlig anderen Organisation der Arbeit. Das Problem bleibt nämlich das gleiche: Wir müssen zuallererst unsere Gesellschaft so organisieren, daß sie im größtmöglichen Ausmaß den Wohlstand der Nationen zum Nutzen der einzelnen und der Gesellschaft als Ganzes weiterentwickelt.

Ein wesentliches Merkmal des Konzeptes, mit Hilfe von staatlichen Maßnahmen Stellen oder Beschäftigung zu fördern, ist eine erste Schicht der Arbeit als Basis, die etwa einer Zwanzig-Stunden-Woche entspricht: Diese Strategie beinhaltet nicht unbedingt eine künftige Verringerung der Arbeitszeit. Sie gehört vielmehr zu der Überlegung, daß die produktiven Tätigkeiten innerhalb eines Lebens, oder auch über jede beliebige Zeitspanne hinweg, ein »Gemisch« aus verschiedenen Tätigkeiten, einige bezahlt, andere nicht, sind und zunehmend sein werden. Dazu kommt noch der Umstand, daß die erste Schicht der Arbeit im Prinzip nicht mehr eine identitätsstiftende Beschäftigung wäre. Das würde ihre Flexibilität und Akzeptanz in der Öffentlichkeit erhöhen.

12. Teilzeitarbeit und flexible Arbeitszeit

Die Frage der Teilzeitarbeit ist eng verknüpft mit der allgemeinen Arbeitszeit und der Verringerung der Arbeitszeit. Wir haben den Umstand bereits angesprochen, daß die Zeit, die heute als Vollzeit betrachtet wird, im vergangenen Jahrhundert einer Teilzeitbeschäftigung entsprochen hätte, weil die jährlichen Arbeitsstunden von rund 3500 oder 4000 in den meisten Industrieländern auf unter 2000 Stunden zurückgegangen sind. Diese ständige Reduzierung der Arbeitszeit ist traditionell Teil der Entwicklung gewesen, in deren Verlauf die Gewinne, die den Arbeitnehmern aus dem Wachstum der Produktivität zukamen, sowohl auf einen Anstieg des Einkommens als auch auf einen Anstieg der Freizeit aufgeteilt wurden. Der Rückgang der Wochenarbeitszeit und der Anstieg der bezahlten Urlaubstage, der in der industrialisierten Welt seit vielen Jahrzehnten schon zu beobachten ist, spiegeln folglich das Ausmaß wider, in dem Arbeitnehmer Fortschritte in der Produktivität in Form von mehr Freizeit anstelle von mehr Einkommen vergütet bekamen.

Heutzutage umfaßt eine Vollzeitbeschäftigung in den meisten Ländern rund vierzig Stunden pro Woche und wird in der Regel entweder von den Arbeitgeber- und den Gewerkschaftsorganisationen in wechselseitigen Verhandlungen oder vom Gesetzgeber festgelegt. Wenn hier von Teilzeitarbeit die Rede ist, meinen wir Vereinbarungen, in denen, auf der Grundlage der Wochenarbeitszeit eines Vollzeitbeschäftigten in einem bestimmten Industriezweig, die Arbeitszeit als ein Teil dieser Stundenzahl festgelegt wird. Diese Teilzeitarbeit umfaßt erheblich weniger Arbeitsstunden als die Vollzeitalternative, in den meisten Fällen die Hälfte, ein Drittel oder zwei Drittel.

Neben der traditionellen Form der Vollzeitbeschäftigung – unabhängig davon, wie hoch die im Tarifvertrag vereinbarte Stundenzahl ist – ließ sich in den letzten Jahren ein Anstieg der Zahl von Teilzeitstellen verfolgen. Teilzeitarbeitsmodelle sind für Ar-

213

beitnehmer, die sich eines individuelleren Verhältnisses zwischen Arbeit und Freizeit erfreuen können, ebenso reizvoll wie für Arbeitgeber, weil sie ein Mittel bilden, um die Betriebszeiten zu erhöhen oder feiner abzustimmen und billige Arbeitskräfte anzuwerben. Teilzeitarbeiter kommen den Arbeitgeber tendenziell billiger, weil ihre Sozialbeiträge und die Löhne häufig überproportional niedriger sind als die der Vollzeitbeschäftigten. Das hatte in vielen Ländern eine kontroverse Debatte zur Folge um die Frage, wie mit der Teilzeitarbeit und den Problemen umzugehen ist, die sie für die Steuer- und Sozialversicherungssysteme mit sich bringt.

Die Einführung der Teilzeitarbeit auf breiter Grundlage ist in dieser Entwicklung hin zu einer größeren chronometrischen und chronologischen Flexibilität ein wichtiger Faktor gewesen. Sie hat in den letzten zehn Jahren auch eine bedeutsame Beschäftigungszunahme zur Folge gehabt. Die OECD geht davon aus, daß der Bedarf der Menschen an Teilzeitarbeit immer noch hoch ist, und weist auf ein Potential für den weiteren Ausbau solcher Stellen in vielen Ländern hin.

Das wachsende Interesse und die Regierungsunterstützung in der jüngsten Vergangenheit haben mehrere Maßnahmen zur Folge gehabt, die dafür gedacht sind, die Schaffung von Teilzeitarbeitsplätzen zu erleichtern, ob sie nun mit anderen geteilt werden oder nicht, und die Arbeitsrechte solcher Teilzeitarbeiter zu verbessern. Einige Länder haben sogar finanzielle Anreize eingeführt, um den Ausbau der Teilzeitbeschäftigung im privaten Sektor zu fördern, wie beispielsweise Frankreich, wo die Arbeitgeberbeiträge zur Sozialversicherung bei neuen Teilzeitstellen gegenwärtig um 30% gekürzt sind. Der öffentliche Sektor kann eine führende Rolle spielen bei der Reaktion auf den Bedarf an flexibleren Arbeitszeiten allgemein und an Teilzeitarbeit im besonderen.

Als gangbare Alternative für sonst unvermeidliche Entlassungen ist der Ausbau der Teilzeitarbeit sowohl im öffentlichen wie auch im privaten Sektor möglich. Teilzeitstellen im öffentlichen Sektor haben in vielen Ländern merklich zugenommen und machen inzwischen einen beträchtlichen Anteil der beschäftigten

Mitarbeiter aus, z. B. arbeiten in Schweden nach der Volkszählung von 1985 etwa 40 bis 55% der Frauen in der zentralen Verwaltung Teilzeit. Für die privaten, nichtlandwirtschaftlichen Sektoren schätzte die Europäische Gemeinschaft, daß im Jahr 1992 31% der Frauen auf Teilzeitbasis arbeiteten, aber nur vier Prozent der Männer. Auch wenn inzwischen viele Männer Teilzeit arbeiten und die Zahl noch ansteigt, machen vor allem Frauen die große Mehrheit der Teilzeitarbeiter aus, etwa 85% in der Europäischen Gemeinschaft. Die Teilzeitarbeit hat für alle Betroffenen vielfältige Vorteile. Neben den bereits erwähnten kann der Ausbau der Teilzeitarbeit dazu beitragen, daß die Zahl der Menschen in einem Beschäftigungsverhältnis steigt und damit die gesellschaftlich und wirtschaftlich kostspielige Trennung in Beschäftigte und Unbeschäftigte gedämpft wird. Teilzeitarbeiter können sich als produktiver und höher motiviert erweisen als Vollzeitarbeiter wegen der geringeren Müdigkeitsanfälligkeit, einer effektiveren Arbeitsorganisation und wegen der größeren Freizeit, die sie genießen können. Verbesserte Möglichkeiten, Teilzeit zu arbeiten, können ferner verschiedene Gruppen anlocken, die sonst nicht zur Erwerbsbevölkerung gehören würden. Damit würde die produktive Kapazität der Wirtschaft gesteigert, aber auch die Auswirkung auf die registrierte Arbeitslosigkeit verringert. Zu diesen Gruppen zählen verheiratete Frauen mit oder ohne Kinder, Pensionäre, die eine allmähliche Reduzierung der Arbeitslast gegenüber einem plötzlichen Ende vorziehen, ältere Arbeitnehmer mit neuen Interessen, Studenten, die ihr Studium mitfinanzieren wollen, etc.

In jüngster Zeit ist zur chronometrischen Dimension, d. h. der Summe der Arbeitszeit, zunehmend das chronologische Element hinzugekommen, d. h. die Verteilung der Arbeitszeit über verschiedene Zeitspannen, die meist gemeint ist, wenn die Rede von flexiblen Arbeitszeiten ist. Die Zeitspannen können unterschiedlich sein und reichen von einer wöchentlichen oder monatlichen Aufteilung bis hin zu Jahresverträgen. Heutzutage haben die Arbeitnehmer (und die Arbeitgeber) in vielen Unternehmen die Möglichkeit, ihre Arbeitszeit an die Anforderungen ihrer Arbeitsstelle anzupassen. Die Gesamtsumme der Arbeitsstunden bleibt konstant, Phasen mit Überstunden hingegen werden entweder durch zusätzliche Urlaubstage oder durch Intervalle mit einer reduzierten Arbeitszeit ausgeglichen. Häufig gelten jedoch Höchstgrenzen für die Zahl der Stunden, die ein Arbeitnehmer sammeln kann, und bestimmte Kernarbeitszeiten müssen stets eingehalten werden. Während heute noch die meisten Arbeitsverträge auf einer monatlichen Basis beruhen, gibt es bereits Initiativen, diesen Zeitrahmen auf ein Arbeitsjahr oder noch längere Zeitspannen auszuweiten.

Für die Zukunft schwebt uns eine Kombination beider Elemente vor, des chronometrischen wie des chronologischen, der Teilzeit wie der flexiblen Arbeitszeit. Arbeitnehmern und Arbeitgebern stünde es dann frei, sich für eine personalisierte und spezifische Summe der Arbeitszeit für, sagen wir, ein Jahr im voraus zu entscheiden und für die grundlegenden Bestimmungen, wie dieses Arbeitsvolumen erbracht werden soll. Innerhalb dieses Rahmens wird die Arbeit nach den jeweiligen Anforderungen der Stelle ausgeführt. Die Arbeitnehmer würden die Freiheit gewinnen, selbst zu entscheiden, welchen Umfang an Arbeit sie ausüben wollen und wie sie Arbeit und Freizeit nach ihren eigenen Wünschen aufteilen. Die Arbeitgeber würden eine höhere Flexibilität innerhalb des Arbeitsvertrages erreichen und über eine besser motivierte und produktivere Arbeitskraft verfügen.

13. Arbeit im Lebenszyklus von 18 bis 78 Jahren

Arbeitsintensität im Lebenszyklus von 18 bis 78 Jahren

Um die tatsächliche Arbeitsintensität im Lebenszyklus zu bestimmen, müssen wir die Partizipationsraten der Bevölkerung am (monetisierten) Arbeitsmarkt untersuchen. Die Partizipationsrate beschreibt den Anteil der aktiven Bevölkerung, die das Angebot an bezahlten Arbeitskräften für die Produktion von Waren und Dienstleistungen stellen, ungeachtet ihres aktuellen Beschäftigungsstatus, in Relation zur Gesamtzahl der Bevölkerung. Dieses Maß kann auch für bestimmte Schnittmengen der Bevölkerung (z. B. geschlechtsspezifisch, nach Ausbildung, Alter etc.) gebildet werden. An dieser Stelle sollen altersspezifische Analysen vorgenommen werden. Je höher der Anteil der aktiven Bevölkerung in

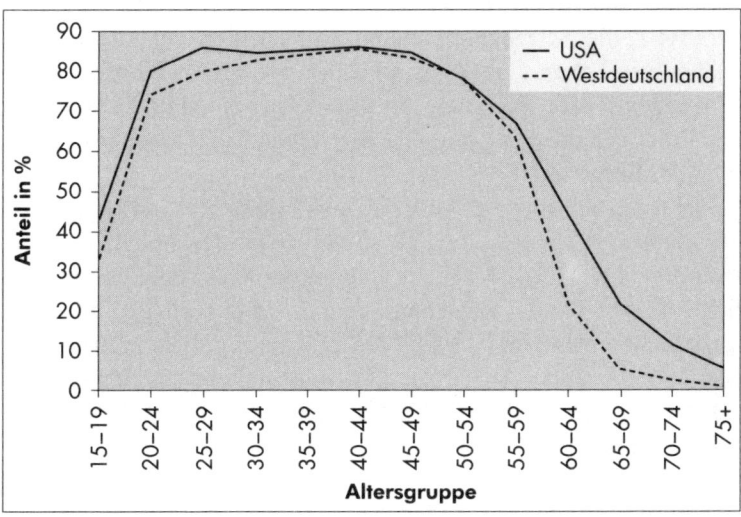

Partizipationsraten der aktiven Bevölkerung (Männer und Frauen).
Quelle: ILO (1995)

217

einer bestimmten Altersgruppe ist, desto höher ist ihre Arbeitsintensität. Diese Intensität hängt von gesetzlichen Rahmenbedingungen ab, von gesellschaftlichen Einflüssen und von individuellen Entscheidungen.

Deutlich zu beobachten ist ein steiler Anstieg der wirtschaftlichen Aktivität im Alter von 15 bis 24 Jahren als Folge des Abschlusses einer sekundären oder tertiären Bildungsstufe. Vor dem Alter von 15 Jahren ist gewöhnlich, vor allem in Industrieländern, nur eine vernachlässigbare Aktivität auf dem Arbeitsmarkt zu verzeichnen. Das ändert sich, sobald die Schulpflicht endet und die Individuen gemäß ihren persönlichen Neigungen und Bedürfnissen in das Berufsleben eintreten können.

Danach ist die Partizipationsrate über einen Zeitraum von mehreren Jahrzehnten hinweg mehr oder weniger gleichbleibend. Bei den Männern erreicht der Anteil der wirtschaftlich tätigen Personen typischerweise über 90%, während er bei den Frauen tendenziell erheblich niedriger liegt. In Abhängigkeit von der Integration der Frauen in die Erwerbsbevölkerung in den jeweiligen Ländern übersteigt der Anteil der aktiven Frauen nur selten 75%. Insbesondere weist die Beteiligungsrate der Frauen einen markanten, sehr charakteristischen Rückgang im Alter von 30 bis 39 Jahren auf. Eine augenfällige Erklärung für dieses Phänomen ist die Neigung von Frauen in diesem Alter, ihre Zeit verstärkt der Hausarbeit und/oder der Sorge um die Kinder zu widmen.

Bei fortgeschrittenem Alter läßt sich beobachten, daß der Anteil der Menschen, die das Angebot an Arbeitskräften stellen, graduell abnimmt. Das ist der Moment, in dem der Ruhestand ein wesentlicher Faktor für die Entscheidung zur Arbeitszeit und zur wirtschaftlichen Aktivität wird. Nach und nach fallen immer mehr Menschen aus dem Arbeitsmarkt heraus und entscheiden sich dafür, mehr Zeit mit anderen Tätigkeiten außerhalb der Erwerbsarbeit zu verbringen.

Bildung und Arbeit im Verlauf des neuen Lebenszyklus

Wenn wir die Vorstellung akzeptieren, daß die Partizipationsraten der Bevölkerung als aggregiertes Maß in gewisser Weise auch die individuellen Präferenzen der persönlichen Arbeitsintensität widerspiegeln, so läßt sich eine Kurve konstruieren, die, anstatt die Partizipationsrate abzutragen, in ähnlicher Weise die individuelle Präferenz für die Arbeitsintensität aufzeigt. Sie stellt insofern eine

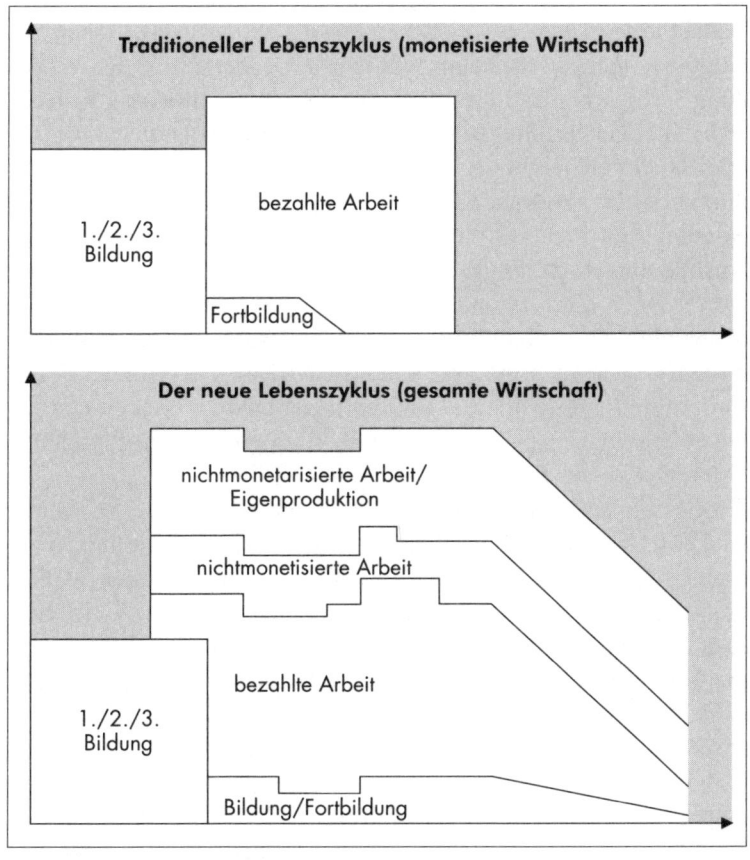

Schaubild der neuen Arbeitsintensität

219

Vereinfachung der gezeichneten Aktivitätskurven der jeweiligen Staaten dar, als sie einen abrupteren Beginn der Arbeitsintensität nach Beendigung der Ausbildung aufweist und ihrem Wesen nach eher als qualitative denn als quantitative Darstellung betrachtet werden muß.

Im Kapitel »3.2. Arbeit, Tätigkeit und der Lebenszyklus (von jung bis alt)« haben wir bereits die verschiedenen Phasen der Tätigkeit im menschlichen Leben bestimmt. Wir werden nun ein alternatives System für die Verteilung von Arbeit und Arbeitsintensität vorschlagen, das besser auf die jeweiligen individuellen Bedürfnisse in den verschiedenen Phasen der wirtschaftlichen Betätigung angepaßt erscheint. Während der ersten Phase der Ausbildung sollte von offizieller Seite aus eine Integration von Teilzeitarbeit in das tertiäre Bildungssystem erfolgen. Das würde die Möglichkeiten der jungen Menschen verbessern, während des Studiums berufsrelevante Arbeitserfahrung zu gewinnen, ohne daß sie sich dem Streß aussetzen müßten, neben einer ganztägigen Ausbildung einen ungeeigneten Job anzunehmen. Gleichzeitig würde ihnen dies zumindest einen Teil ihrer finanziellen Sorgen abnehmen. Die Integration von Teilzeitarbeit in das Bildungssystem würde auch die Verbindung zwischen Theorie und Praxis fördern und würde engere Anknüpfungspunkte zwischen den höheren Bildungseinrichtungen und der übrigen Wirtschaft bieten.

In der zweiten Phase wird Raum sein für Veränderungen in der Arbeitszeit nach den persönlichen Bedürfnissen, wie in Kapitel »4.12. Teilzeitarbeit und flexible Arbeitszeit« ausgeführt wird. Erziehende Eltern, die mehr Zeit für die Familie haben wollen, könnten sich für weniger Arbeitsstunden entscheiden, solange ihre Kinder noch klein sind, und die Stundenzahl erhöhen, sobald die Kinder größer werden und weniger stark auf sie angewiesen sind. Andere Arbeitnehmer könnten sich auf zusätzliche Projekte, die nicht unbedingt mit ihrer Hauptarbeitsstelle zu tun haben, einlassen und es vorziehen, zu bestimmten Zeiten weniger zu arbeiten. Generell führt dieses Konzept flexibler Arbeitsmengen zu einer weitaus größeren Vielfalt von Lebensstilen, die sich auch dadurch unterscheiden, wieviel ein Mensch während seines Lebenszyklus arbeitet, als dies traditionell in der Vergangenheit üblich war.

Die zweite Phase des Erwerbslebens wird allmählich ausklingen und sukzessive in die dritte Phase übergehen, anstatt wie bisher abrupt zu enden. Es wird für ältere Menschen verstärkt Möglichkeiten geben, graduell in den Ruhestand einzutreten, indem sie ihre Arbeitslast nach ihren persönlichen Vorlieben und Bedürfnissen reduzieren. Im Alter von sechzig Jahren haben sie noch etwa zwanzig Lebensjahre vor sich, und ihr gleitender Ruhestand könnte eine vorteilhafte Ergänzung für die traditionellen drei Säulen des Sozialversicherungssystems (gesetzliche Rentenversicherung, betriebliche Altersvorsorge und privates Rentensparen) bilden. Er würde auch den demographischen Druck auf die Rentensysteme auf der Grundlage von Beitragszahlungen (oder umfassender Kapitalbildung) in alternden Gesellschaften mindern. Die freiwillige, unbezahlte Arbeit, die in einem geringeren Ausmaß bereits geleistet wird, könnte zunehmen, zum Teil als nichtmonetisierter Ersatz für zuvor bezahlte Arbeit, da viele ältere Menschen gerne tätig bleiben, ohne daß sie unbedingt das Bedürfnis oder den Wunsch nach einer monetären Kompensation haben.

In allen drei Phasen werden Bildung oder Fort- und Weiterbildung präsent sein, wenn auch in unterschiedlichem Ausmaß. Wie wir bereits ausgeführt haben, ist eine ständige Fortbildung notwendig, um im Arbeitsmarkt zu bleiben und den Anforderungen einer immer komplexeren und sich immer schneller verändernden Gesellschaft gewachsen zu sein.

Integrierung von Teilzeitstellen für junge Menschen in die Phase der Bildung

Der Mangel an Erfahrung stellt für Jugendliche ein ernstes Problem dar, wenn sie in das Berufsleben überwechseln. Dieses Problem, das sich unabhängig vom jeweiligen Bildungsstand einstellt, wird mit zunehmendem Alter immer gravierender. Laut Studien der OECD sind junge Menschen mit einem hohen Bildungsstand in den meisten Ländern weniger gefährdet, arbeitslos zu werden. Dennoch ist die Wahrscheinlichkeit, als Jugendlicher arbeitslos zu sein (oder zu werden), zwei- oder dreimal, in Italien sogar fünfmal so hoch wie die von erfahrenen Arbeitnehmern mit einem vergleichbaren Bildungsstand.

Die Erfordernis einer besseren und höheren Bildung sollte jungen Menschen nicht ihrer Möglichkeiten beschneiden, Arbeitserfahrung zu sammeln. Es ist entschieden notwendig, in den meisten Ländern den Wechsel von der Schule zur Arbeit zu verbessern, vor allem, seit das typische Alter, in dem die Jugendlichen einen ersten höheren Bildungsabschluß erlangen, weiter steigt und in Ländern wie Deutschland und die Schweiz bereits 25 Jahre überschritten hat. Das traditionelle, aufeinander aufbauende System, in dem der Eintritt in den Arbeitsmarkt im Anschluß an einen jahrelang weitgehend ganztägigen Besuch einer Bildungseinrichtung folgt, scheint eine suboptimale Lösung zu sein. Ein paralleles Modell, in dem eine Teilzeitarbeit in die Bildungsphase integriert wird, erscheint vielversprechender. In dem sogenannten »dualen Ausbildungssystem«, wie es in Deutschland, Österreich und der Schweiz praktiziert wird, nimmt eine große Mehrheit der Jugendlichen eine Ausbildung wahr, die von Arbeitgebern organisiert und durchgeführt wird, und besucht ein oder zwei Tage pro Woche eine Bildungseinrichtung; das sind Beispiele auf der Sekundärstufe des Schulwesens. Leider wird der Institutionalisierung solcher dualer Systeme trotz des hohen Lobes, das sie immer wieder erfahren, auch auf der tertiären Stufe nicht genügend Aufmerksamkeit gewidmet. In der Regel sind nur bestimmte »Praktika« eingeführt, in denen Studenten während bestimmter Phasen ihrer höheren Bildung eine kurze, zeitlich befristete Arbeit ausüben; ein echtes duales System der höheren Bildung ist weitgehend unbekannt.

Früher oder später wechseln praktisch alle jungen Menschen von der Ausbildung in den Arbeitsmarkt über. Je besser sie vorbereitet sind, desto leichter werden sie eine geeignete Stelle finden und desto höher wird der Gewinn für die Gesellschaft ausfallen. Wir müssen ein System aufbauen, in dem auf der einen Seite der

Bildungsstand so hoch wie möglich ist, in dem aber auf der anderen Seite der Erwerb eines solchen Bildungsniveaus keine zusätzlichen Probleme kreiert, so etwa den problemlosen Wechsel auf den Arbeitsmarkt erschwert.

Teilzeitstellen für über Sechzigjährige

Als erstes möchten wir ein gängiges Vorurteil widerlegen: Ältere Arbeitnehmer tragen auf sehr positive Weise zum Erfolg ihrer Arbeitgeber bei und sind mitnichten eine Last, wie es einige Unternehmen, vor allem in angespannten Phasen des Personalabbaus, darstellen. Es gibt eine ganze Reihe von Studien zu diesem Thema, die den im allgemeinen positiven Beitrag älterer Arbeitnehmer belegen.[23] Sie sind erfahren und zuverlässig, arbeiten hart und effektiv auf ihrem Arbeitsplatz, sie reflektieren, bevor sie handeln, und legen eine gute Befähigung zur Teamarbeit an den Tag. Sie neigen zu einer geringeren Fluktuation und scheinen flexibler auf neue Aufgaben und veränderte Arbeitsbedingungen zu reagieren als ihre jüngeren Kollegen. Diese sehr positiven Eigenschaften der älteren Arbeitnehmer können und sollten eindeutig nicht nur bis zum Renteneintritt (der in den meisten Industrieländern effektiv bei etwa sechzig Jahren liegt) genutzt werden, sondern noch darüber hinaus. Wegen der höheren Lebenserwartung und der verbesserten gesundheitlichen Verfassung älterer Menschen ist dies möglich geworden.

Ein Hauptproblem für die Beschäftigung von älteren Arbeitnehmern liegt im System der Entlohnung nach dem Senioritätsprinzip, also in Abhängigkeit von den erbrachten Dienstjahren. Traditionell sind ältere Arbeitnehmer teurer als ihre jüngeren Kollegen, die in Wahrheit die höheren Löhne der ersteren subventionierten. Das hat zu einer Situation geführt, in der älteren Arbeitern möglicherweise mehr gezahlt wird, als ihre effektive Produktivität wert ist – somit haben die Arbeitgeber einen Anlaß, sie zu entlassen oder sie, im Fall eines allgemeinen Überschusses an Arbeitskräf-

223

ten, als erste zu entlassen. In manchen Systemen, in denen der Rentenbeitrag mit dem Alter steigt, ist die Lage gar noch schlimmer, ältere Arbeitnehmer sind dort folglich noch teurer.

Dennoch scheint in vielen Ländern, insbesondere in den angelsächsischen, eine neue Tendenz in Richtung leistungsorientierter Entlohnung zu herrschen, welche die Wettbewerbsfähigkeit älterer Arbeitnehmer steigern wird. In diesem Kontext könnte Teilzeitarbeit auf erhebliche Weise zu einer Transformation des Lohnmodells beitragen, weil der Wechsel älterer Arbeitnehmer, die das Rentenalter erreichen, von einer Vollzeit- zu einer Teilzeitbeschäftigung mit einer Teilrente den finanziellen Druck etwas mindert, und zwar sowohl für den Arbeitgeber wie für den Arbeitnehmer.

Die gegenwärtige Verteilung des Einkommens der älteren Bevölkerung, 65 Jahre und darüber, weist jedoch keinen deutlichen Wechsel in Richtung zu steigenden Einkommen aus Teilzeitarbeit auf, nach den Angaben von EBRI.[24] Die Zahlen für das Jahr 1994 zeigen, daß die Sozialversicherung mit 44% des Gesamteinkommens die größte Einkommensquelle bildet, gefolgt von Pensionen und Ruhestandsregelungen mit 20%. Erwerbseinkünfte mit einem Anteil von 15% kommen erst nach den Einkünften aus dem Kapitalvermögen, die 17% ausmachen. Der leichte Anstieg des Einkommens älterer Menschen aus Erwerbseinkünften im Vergleich zu 13% im Jahr 1984 kann mit Vorsicht als ein schwaches Anzeichen, daß sich etwas verändert, gewertet werden, weil der Anteil ursprünglich einen Höchststand von 21% im Jahr 1974 erreicht hatte.

Die Frage des gleitenden Ruhestands als eine Ergänzung zu den drei Säulen der Sozialversicherungssysteme und als ein Ausdruck einer persönlichen Entscheidung und individuellen Präferenz ist eng mit der Teilzeitarbeit verknüpft. Selbst in Ländern wie Deutschland, Frankreich oder Japan, wo lange Zeit sehr traditionelle Vorbehalte gegenüber der Teilzeitarbeit bestanden haben, ändert sich allmählich die Einstellung. Vor allem der Wunsch der über Sechzigjährigen nach flexibleren Möglichkeiten, ihr Leben zu organisieren, hat zu dem höheren Ansehen flexiblerer Arbeitszeitmodelle beigetragen.

Bislang sind die Erfahrungen mit der Teilzeitarbeit als einer Ergänzung zum gleitenden Ruhestand überwiegend positiv.[25] Organisatorische Probleme bei der Einführung können sehr rasch überwunden werden, und die anfänglichen Investitionen in zusätzliche
Verwaltungs-, Planungs- und gelegentlich Ausrüstungskosten werden durch die Reduzierung von Fehlzeiten, eine gesteigerte Flexibilität, höhere Arbeitsmoral und eine deutliche Produktivitätsstei-
gerung ausgeglichen. Bemerkenswert ist, daß die mangelnde
Vertrautheit mit Teilzeitarbeit offenbar eins der Haupthindernisse
in Richtung von Teilzeitarbeit älterer Arbeitnehmer darstellt, vor
allem, wenn sie bereits das offizielle Rentenalter überschritten haben. Menschen neigen dann zur Skepsis, wenn sie noch keine Erfahrungen mit Teilzeitarbeit gemacht haben. Wo diese jedoch entwickelt ist, wird sie im allgemeinen sowohl von den Betroffenen als
auch ihrem Arbeitsumfeld begrüßt.[26] Außerdem können jüngere
Kollegen durch die Weitergabe wertvoller Fertigkeiten von dem
Ausbau der Teilzeitarbeit für erfahrenere Arbeitnehmer profitieren, die sonst in Vollrente gehen würden und dann als Ansprech-
partner nicht mehr zur Verfügung stünden.

In Anbetracht der Tatsache, daß im allgemeinen der ökonomische Nutzen der Teilzeitarbeit für Ältere die Kosten übersteigt,
gibt es auch aus sozialer und medizinischer Sicht keine Hindernisse, und die Praxis zeigt, daß viel mehr Aufgaben von Teilzeitarbei-
tern übernommen werden könnten, als es gegenwärtig der Fall ist.
Der Ausbau der Teilzeitarbeit erweist sich als eine ideale Möglichkeit, das Arbeitsleben zu verlängern und/oder zu flexibilisieren
und somit wertvolles Humankapital dem Produktionsprozeß zu erhalten.

Kontroverse Thesen

14. Eine alternde oder sich verjüngende Gesellschaft?

Der beste Indikator für den Erfolg der Industriellen Revolution ist die gestiegene und immer noch steigende Lebenserwartung in nahezu allen Teilen der Welt.

Dieses Phänomen wird häufig mit Begriffen einer überkommenen Denkschule umschrieben. Es heißt beispielsweise, daß die »Gesellschaft altert«. Solange damit lediglich gemeint ist, daß die meisten Menschen heute ein höheres Alter erreichen, als sie noch vor fünfzig Jahren erwarteten, ist die Aussage noch akzeptabel. Aber der Ausdruck »alternde Gesellschaft« an sich ist ungeeignet und irreführend. Als erstes müssen wir anerkennen, daß wir eine Verlängerung des Lebenszyklus zu verzeichnen haben, im Vergleich zu dem die vielen Schrecken, die von Kriegen, Unruhen, natürlichen und von Menschen verursachten Katastrophen hervorgerufen werden, von geringer Bedeutung sind. Als zweites ist festzuhalten, daß das, was wirklich »älter« wird, die Vorstellung vom Alter selbst ist. Man muß nur die europäische Literatur des letzten Jahrhunderts lesen, um zu erfahren, wie sich die Menschen damals im Alter von 40 Jahren fühlten. Der Zeitpunkt, an dem der physische und geistige Verfall einsetzt und der biologische Erneuerungsprozeß abnimmt, hat sich ebenso eindeutig auf ein weit höheres Alter verlagert als früher. Mit anderen Worten, im Alter von 40, 50 oder 60 Jahren fühlen wir uns heute viel jünger, als wir uns in diesem Alter in der nicht allzufernen Vergangenheit gefühlt hätten. Folglich werden unsere Gesellschaften tendenziell jünger, weil wir länger gesund und biologisch jung bleiben trotz der chronometrischen Zunahme von Lebensalter.

Das Versäumnis, die Situation aus diesem Blickwinkel zu betrachten, kann zu katastrophalen Fehlern führen: Einerseits neigen wir dazu, viel zu früh einen wachsenden Teil der Bevölkerung (die über Sechzigjährigen) an den Rand zu drängen, und andererseits stoßen wir in der politischen Diskussion darüber, wie weit die jüngere Generation für die ältere aufkommen sollte, schon bald an unsere Grenzen. In beiden Fällen entdecken wir, daß wir in eine Sackgasse geraten sind!

Wir müssen den Satz auf sich selbst anwenden: Die »Älteren« sind heute »jünger«, und weil der Wert eines menschlichen Wesens mit seinen produktiven Tätigkeiten und Bemühungen verknüpft ist, wird die Hauptherausforderung auf gesellschaftlicher und politischer Ebene in den folgenden Jahrzehnten darin bestehen, inwieweit die Gesellschaft erfolgreich Menschen von 18 bis 78 Jahren in das globale Bemühen der Schaffung und Erhaltung des Wohlstands der Nationen einbinden kann. Es gibt bereits eindeutige Anzeichen, daß sich die Dinge in dieser Richtung bewegen, auch wenn sich weltweit alles andere als ein homogenes Bild bietet.*

Die Industrielle Revolution begünstigte, zum Teil aus einer Notwendigkeit heraus, die Selektion der »Ernährer« (derjenigen mit bezahlter Arbeit) innerhalb der Gesellschaft. In der Dienstleistungsgesellschaft, in der der Wert aller drei verschiedenen produktiven Tätigkeiten (bezahlte Arbeit, Eigenleistung und freiwillige Tätigkeit) anerkannt wird, herrscht nicht das Bedürfnis, die Verdrängung und die Marginalisierung wieder einzuführen, die typisch für die Industrielle Revolution waren, insbesondere für Frauen und später für junge und pensionierte Menschen. Nunmehr können wir uns alle zum Ziel setzen, eine dynamische, integrierte Gesellschaft aufzubauen, in der der Wert des einzelnen nach produktiven Bemühungen und Talenten aller Art bemessen wird.**

* *Vgl. Delsen, L./Reday-Mulvey, G. (1996): Gradual Retirement in the OECD Countries.*
** *Diese Auffassung von menschlichem Potential war die Hauptquelle der Inspiration für Aurelio Peccei, als er den Club of Rome gründete, und sie hat selbst unter den stärker klassisch und neoklassisch geprägten Ökonomen zunehmend Anerkennung gefunden über die Vorstellung von Humankapital, die wiederum den Weg bereitet für die Akzeptanz des Gedankens, daß Wert auf der Angebotsseite erzeugt wird.*

Arbeit und Tätigkeit für Erwerbsunfähige und die Probleme des vierten Lebensalters

Erwerbsunfähigkeit ist stets eine Frage der Definition, weil eine ganze Reihe von umstrittenen und fragwürdigen normativen Werten erforderlich ist, um eine Grenze zu ziehen zwischen Erwerbsfähigen und Erwerbsunfähigen. Ein Mensch mit einem schwachen Sehvermögen kann durchaus in einem Umfeld, in dem ein genaues Sehen keine zentrale Berufsvoraussetzung ist, überhaupt nicht benachteiligt sein, er muß aber als berufsunfähig betrachtet werden, wenn er von Beruf Jagdflieger oder Mikrochirurg wäre. Ein Pianist würde berufsunfähig, wenn er die Fingerspitzen seiner linken Hand verlöre, während Spitzenathleten bekanntermaßen unter weit größeren körperlichen Behinderungen leiden, die sie aber nicht davon abhalten, große Erfolge zu erzielen. Deshalb gibt es keine eindeutige Grenzlinie zwischen erwerbsfähig und -unfähig, die Frage muß stets aus dem richtigen Blickwinkel betrachtet werden. Das entbindet aber unsere Gesellschaft nicht der Pflicht, die bestmögliche Einbeziehung aller Menschen in unser Sozial- und Wirtschaftssystem anzustreben, die unter einer Behinderung leiden, und damit sind nicht ausschließlich physische Behinderungen gemeint. Nach Angaben der Vereinten Nationen machen die Erwerbsunfähigen wenigstens 10 % der Weltbevölkerung aus. Zu ihnen zählen all jene, die irgendeine Art von Verletzung, Trauma oder Krankheit durchgemacht haben, die langfristige physische oder psychische Veränderungen zur Folge hatte. Das Phänomen der Erwerbsunfähigkeit ist zwar in den Industrieländern wie in den Entwicklungsländern bekannt, doch die Ursachen dafür sind tendenziell verschieden. In den Entwicklungsländern sind die Ursachen für eine Erwerbsunfähigkeit mit größerer Wahrscheinlichkeit Krankheit, Unterernährung und Krieg. Degenerative Erkrankungen im Zusammenhang mit dem Alterungsprozeß sind die Hauptursachen in Industrieländern. An diesem Punkt spielt auch das sogenannte vierte Lebensalter eine besondere Rolle, das häufig mit einer fortschreitenden Verschlechterung der Gesundheit verbunden ist. Doch das vierte Lebensalter hat nichts zu tun mit einer zunehmenden Erwerbsunfähigkeit, es ist lediglich eine Bezeichnung, um das ehemals dritte Lebensalter von dem Alter zu unterscheiden, in dem sich heute die sehr alten Menschen befinden.

Nach einer Studie der französischen Versicherungsgesellschaft SCOR zur langfristigen Versicherungsfürsorge liegt die Rate derjenigen, die einer Betreuung durch andere bedürfen, im Alter von 70 Jahren unter 5 % und klettert erst mit dem Alter von 80 Jahren über 10 %. Folglich genießen auch ältere Menschen ein großes Maß an Unabhängigkeit und eine vergleichsweise gute Gesundheit. Die Verschlechterung der Gesundheit und die zunehmende

Abhängigkeit setzt irgendwo über 80 Jahren ein, von wo sie innerhalb von 15 Jahren auf 50% hochschnellt. Vor allem die Analyse der Einzelfälle zeigt, daß die intensivste Phase medizinischer Betreuung in den letzten beiden Lebensjahren liegt. Erwerbsunfähigkeit ist häufig eng mit Armut verknüpft, auch in den Industrieländern. In den Vereinigten Staaten ist die Wahrscheinlichkeit, erwerbsunfähig zu werden, bei Schwarzen und Native americans doppelt so hoch wie bei Weißen, und Kinder aus armen Familien sind mit einer um 13% höheren Wahrscheinlichkeit geistig zurückgeblieben als Kinder aus Familien mit einem mittleren oder gehobenen Einkommen. Ähnliches trifft auch auf die meisten anderen Regionen der Welt zu.

Als Verschärfung ihrer ohnehin schon unglücklichen Lage stoßen die Erwerbsunfähigen und Behinderten auf zahlreiche Barrieren für eine Teilnahme am Gesellschafts- und Wirtschaftsleben: Sie haben einen eingeschränkten Zugang zu Bildungseinrichtungen, und sie sind mit größerer Wahrscheinlichkeit arbeitslos. Als Reaktion auf diese Situation haben einige Länder Schritte unternommen, um ihre wirtschaftlichen Möglichkeiten zu verbessern. In Deutschland gibt es eine Quote für die Beschäftigung von behinderten Arbeitnehmern von 6%, und zwar im öffentlichen wie im privaten Sektor. Das Gesetz von 1992 (Americans with Disabilities Act) schreibt zahlreiche Normen für das Arbeitsleben in den USA vor.

Die jüngsten technologischen Veränderungen, insbesondere die zunehmende Bedeutung der Informationstechnologie im Produktionsprozeß und die Zunahme von nichtphysischen Arbeitsplätzen im Dienstleistungsbereich, bieten neue und gesteigerte Möglichkeiten für körperlich Behinderte. Im Gegensatz zu früher, als der größte Teil der Arbeiten eine anstrengende körperliche Übung erforderte und die Produktivität in erster Linie an das Vorherrschen mechanischer Abläufe geknüpft war, bietet die neue Dienstleistungsgesellschaft eine Palette von Arbeitsplätzen, bei denen das Fachwissen im Mittelpunkt steht. Diese Arbeiten können von vielen körperlich behinderten Menschen ebenso ausgeführt werden wie von ihren Kollegen ohne Behinderungen. In

229

manchen Fällen, vor allem für jene mit schweren Behinderungen oder geistigen Problemen, werden immer noch unüberwindliche Schwierigkeiten bleiben, aber immerhin hat sich für einen großen Teil die Situation geändert und wird sich weiter zum Besseren entwickeln.

14. Ein Mehrschichtenmodell der Arbeit

Kontroverse Thesen

15. Ein Mehrschichtenmodell produktiver Tätigkeiten

Auch wenn wir die Tatsache unterstreichen, daß in der Dienstleistungsgesellschaft den Tätigkeiten in Eigenleistung ebenso wie den wohltätigen oder freiwilligen unbezahlten Tätigkeiten ein bedeutender wirtschaftlicher Wert zukommt, liegt doch auf der Hand, daß auch in einer modernen postindustriellen Gesellschaft ein wesentlicher Teil der wirtschaftlichen Tätigkeit um den Austausch von Geld organisiert sein wird. Für die Beschäftigung würde dies bedeuten, daß jeder einzelne und die Gesellschaft gemeinsam ihre Erfindungsgabe dafür verwenden sollten, jedem menschlichen Wesen ein Minimum an bezahlter produktiver Tätigkeit zu bieten. Das würde die von uns so bezeichnete »erste Schicht« der produktiven Tätigkeit bilden.

Eine »zweite Schicht« produktiver Tätigkeit würde jede bezahlte Arbeit über die erste Schicht oder das erste Niveau hinaus umfassen bzw. diese ersetzen. Diese zweite Schicht sollte von staatlichen Eingriffen völlig frei bleiben, abgesehen von der Schaffung der entsprechenden gesetzlichen Rahmenbedingungen. Für eine vermutlich große Zahl von Einzelpersonen würden Tätigkeiten und Beschäftigungen in der zweiten Schicht produktive Tätigkeiten in der ersten Schicht überflüssig machen. Falls die einzelnen Menschen dies wünschen, können sie mehrere Teilzeitbeschäftigungen der zweiten Schicht miteinander kombinieren, statt nur einer Beschäftigung nachzugehen.

Eine »dritte Schicht« produktiver Tätigkeit würde sich schließlich für uns alle aus Tätigkeiten in Eigenleistung oder nichtbezahlten freiwilligen Tätigkeiten zusammensetzen. Diese letzteren sind häufig voneinander abhängig und bilden, wie gesagt, vor allem in der modernen Dienstleistungsgesellschaft zunehmend die Hauptvoraussetzung für ein effizientes Funktionieren und die Entwicklung des monetisierten Systems.

An dieser Stelle müssen wir betonen, daß für uns das Ziel äußerste Priorität besitzt, daß jedem einzelnen in der Gesellschaft, der dazu in der Lage ist, eine angemessene Möglichkeit geboten wird, produktive Tätigkeiten zu entfalten.

Ebenso klar ist, daß die drei Schichten produktiver Tätigkeit während des Lebenszyklus von 18 bis 78 Jahren unterschiedlich organisiert sein können und werden. Die Jugendlichen suchen bereits häufig eine Teilzeitarbeit, die es ihnen ermöglichen wird, ihre Unabhängigkeit und ihr Urteilsvermögen im Rahmen einer Beschäftigung auszubauen, während sie gleichzeitig ihre Ausbildung fortsetzen. Die Alten haben der Gesellschaft noch viel zu bieten und können im Alter von sechzig Jahren nicht einfach einer Zukunft von zwanzig Jahren der Untätigkeit entgegenblicken, selbst wenn angemessene finanzielle Garantien vom Staat oder von anderen Einrichtungen, einschließlich dem privaten Sektor, zur Verfügung stehen.

Zwei weitere wichtige Aspekte sind hier zu beachten. Der erste ist die Vorstellung, die bereits als fehlerhaft erkannt wurde, daß die Funktionen und Stellen im Dienstleistungsbereich, gerade weil sie zur Zeit rund 80 % der bezahlten Beschäftigung in den heutigen Gesellschaften ausmachen, schon von sich aus wieder eine Situation der Vollbeschäftigung herbeiführen können. Einmal mehr ist der hier zugrundeliegende Irrtum auf die starre Fortschreibung des herkömmlichen Modells zurückzuführen, das zur Zeit der Industriellen Revolution Gültigkeit hatte. Es trifft zu, daß zur Zeit der klassischen Industriellen Revolution jeder neue technische Fortschritt, der eine Grenze durchbrach oder einen Ablauf oder ein Produkt überflüssig machte, mit großer Wahrscheinlichkeit global gesehen die Beschäftigung erhöhte, indem er viele neue Möglichkeiten stimulierte. Doch diese Fortschritte und ihre positiven Auswirkungen auf die Beschäftigung sind unter anderen Voraussetzungen erzielt worden.

Die globale Struktur der Erzeugung von Wohlstand in der Dienstleistungsgesellschaft muß hier berücksichtigt werden. Viele Tätigkeiten, die auf bezahlter Beschäftigung beruhten, sind ausgemustert oder in andere Arten der Tätigkeit, die außerhalb des monetisierten Systems operieren, überführt worden. Um eine klare Vorstellung von dem zu erhalten, was wirklich vor sich geht, benötigen wir eine neue Volkswirtschaftslehre, eine neue Volkswirtschaftslehre, welche die Leistungsfähigkeit des monetisierten Systems und seine Grenzen sowie die Transformation in nichtmonetisierte Produktionssysteme berücksichtigt.

Der andere Punkt betrifft die Nutzbarmachung des Marktes als Gradmesser für Wirtschaftspolitik bis zu dem Punkt, wo die Einschränkung sozialer Fürsorgeprogramme und -leistungen der Preis dafür ist, daß das Lohnniveau weit genug abgesenkt wird, um die gesamte Arbeitslosigkeit zu absorbieren. Wir müssen uns vergewissern, inwieweit unter diesen Bedingungen eine bezahlte »freie« Vollbeschäftigung nicht tatsächlich das Ausmaß von Armut in einer Gesellschaft erhöht. Auch hier kann ein geringeres Niveau der Bezahlung nur akzeptiert werden, sofern die beiden anderen Tätigkeiten, die nichtmonetarisierte Eigenleistung und die nichtmonetisierten gemeinnützigen Tätigkeiten, einen ausreichenden Wohlstand schaffen, der den Lebensstandard auf einem allgemein akzeptablen Stand hält.

Grundlegende Vorschläge für eine neue Politik der Vollbeschäftigung

Wir werden nochmals kurz auf die grundlegenden Prämissen und den Kontext einer neuen Politik zu sprechen kommen, die, soweit es möglich ist, eine Vollbeschäftigung zum Ziel hat. Es ist von entscheidender Bedeutung für das Verständnis des neuen Konzepts, daß die Realitäten einer umgestalteten Gesellschaft erkannt werden. Wir müssen die Tatsache akzeptieren, daß wir in einer Dienstleistungsgesellschaft leben, in der wir, nachdem das Ziel des wirtschaftlichen und gesellschaftlichen Wohlstands definiert worden ist, die drei verschiedenen Arten der Arbeit und produktiver Tätigkeit miteinander kombinieren müssen, damit dieses Ziel erreicht werden kann: die Beschäftigung (Erwerbsarbeit), nichtmonetarisierte Tätigkeiten in Eigenleistung und gemeinnützige produktive Tätigkeiten, die zwar monetarisiert, aber nicht monetisiert werden. Diese Kombination aus drei Formen produktiver Tätigkeit beruht keineswegs auf einer willkürlichen Definition, sondern auf einem Verständnis der Art und Weise, wie heutzutage eine Dienstleistungsgesellschaft tatsächlich funktioniert.

Wegen der positivistischen Implikationen erfordert dies einen wirtschaftlichen Ansatz, der aus moralischen Gründen das Angebot wieder ins Zentrum rückt: Arbeit, genaugenommen jede produktive Tätigkeit, ist der augenfälligste und grundlegendste Ausdruck unserer Persönlichkeit und unserer Freiheit. Wir sind zuallererst das, was wir tun. Daher ist es zwingend notwendig, daß die Menschen im Rahmen von sozialpolitischen Maßnahmen als menschliche Wesen aufgefaßt werden, die eine Chance verdient haben,»sich selbst zu produzieren«. Das heißt jedoch nicht, daß nachfrageorientierte Systeme nicht in Betracht gezogen werden müssen. Aber solche Systeme müssen als Selektionsmechanismen für die Auswahl und die Nutzung dessen eingesetzt werden, was das Angebot zu bieten hat. Das Angebot beinhaltet, gerade in Wirtschaftssystemen, stets einen Überschuß, und die Nachfrage entscheidet darüber, was weiterhin angeboten wird. Erfindungsgabe, Initiative und der Unternehmer sind auf der Angebotsseite zu finden. Ohne die Nachfrage könnte jedoch das Angebot wie ein Krebsgeschwür in die falsche Richtung wuchern.

Ein Kernpunkt ist auch die Neudefinition der Rolle von privaten und öffentlichen Initiativen und Tätigkeiten. Während der ganzen Phase der Industriellen Revolution bestand die Rolle der Wirtschaftstheorie darin, festzulegen, was als öffentliche Versorgungsbetriebe zu gelten hatte, für die der Staat allein zuständig war. Gemäß dem kulturellen und politischen Regime jedes Landes gab es deshalb, Sektor für Sektor, eine vertikale Aufteilung der produktiven Tätigkeiten zwischen dem Staat und privaten Einrichtungen.

In der Dienstleistungsgesellschaft könnte diese vertikale, jeden Sektor durchlaufende Aufteilung durch eine horizontale ersetzt werden. Der Staat, auf internationaler, nationaler und lokaler Ebene, könnte auf verschiedenen Ebenen und auf unterschiedliche Weise dahingehend eingreifen, daß er das Äquivalent einer Grundbeschäftigung anbietet, die rund zwanzig Stunden pro Woche umfaßt, was etwa 1000 Stunden jährlich entspricht. Organisiert wäre sie auf vielfältige Weise und in unterschiedlich großen Zeitabschnitten. Das sollte nicht einfach nur als Teilzeitarbeit aufgefaßt werden, sondern als Basiseinheit offizieller Arbeit. Diese grundlegende Schicht der Arbeit sollte nach einem garantierten Mindestsatz bezahlt werden, der übereinstimmt mit dem Gedanken eines negativen Einkommensteuersystems. Die Annahme der Arbeit dieser ersten Schicht ist eine notwendige Voraussetzung für die Auszahlung von staatlichen Leistungen, die nach den individuellen Bedürfnissen als Gehalt verteilt werden, wobei regionale und lokale Unterschiede u. ä. in Rechnung gestellt werden. Wer aus welchen Gründen auch immer nicht bereit ist, seine Arbeitskraft als Gegenleistung für ein Grundeinkommen, das ihm eine bescheidene Existenz sichern wird, zur Verfügung zu stellen, der wird keinen Anspruch auf die Auszahlung von staatlichen Leistungen haben. Über diese erste Schicht bezahlter Beschäftigung hinaus sollten sämtliche Interventionen von Regierungsseite oder staatlicher Seite untersagt werden, so daß die erste Schicht in der Praxis einerseits ein Minimum an Betätigungsfeldern als soziales Netz bietet, andererseits aber die maximale Entfaltung privater Initiativen garantiert und stimuliert. Die Rolle des Staates jenseits der ersten Schicht beschränkt sich darauf, den geeigneten gesetzlichen Rahmen für eine effiziente und dynamische Wirtschaft zu schaffen, die sich nach einem gesellschaftlichen Konsens entwickeln soll und dabei das Unternehmertum so weit wie möglich fördert.

Ein wichtiger psychologischer Aspekt dieser ersten Schicht der Arbeit wäre die Entkoppelung des Selbstverständnisses eines einzelnen von dem besonderen Niveau oder der Funktion dieser Art von Arbeit. Alles in allem gibt es in unserer Gesellschaft viele Menschen, die eine gesellschaftlich angesehene Tätigkeit ausüben: Wenn sie daneben auch eine Tätigkeit in einem militärischen oder sozialen Dienst ausüben, fühlen sie sich keineswegs gesellschaftlich benachteiligt, ganz im Gegenteil. Die einzelnen Menschen hätten die Freiheit, ja sogar den Ansporn, sich selbst im Sinne ihres Selbstbildes und im Sinne der Gesellschaft über Tätigkeiten zu definieren, die sie jenseits (oder anstatt) der ersten Schicht der Tätigkeit ausüben.

Kontroverse Thesen

16. Die neue »Vollbeschäftigungspolitik«

Grundlagen

- Angebot als zentrales Element der Wirtschaft
  - Nachfrage als ein Selektionsprozeß
- Neue Definition von Wohlstand (im Gegensatz zum herkömmlichen Maßstab des Bruttosozialprodukts)
- Arbeit als Ausdruck der Persönlichkeit (»wir sind, was wir tun«) und Würde
- Notwendige Kombination der drei Arten der Arbeit:
  - Erwerbsarbeit (entlohnte Beschäftigung, monetisiert)
  - Gemeinnützige produktive Tätigkeiten (monetarisiert, aber nicht monetisiert)
  - Tätigkeiten in Eigenleistung (nichtmonetarisiert)

Die Umsetzung

- Staatliche Eingriffe, um weitestgehend eine erste Schicht der Grundbeschäftigung zu bieten
  - Mit einem Mindestgehalt bezahlt
  - Ungefähr das Äquivalent von zwanzig Stunden pro Woche
  - Im Austausch für staatliche Leistungen
  - Erste Schicht anwendbar für Menschen von 18 bis 78
- Keine staatlichen Eingriffe über diese erste Arbeitseinheit hinaus
  - Bereitstellung eines minimalen sozialen Netzes
  - Maximale Entfaltung privater Initiative
- Freie unternehmerische Betätigung jenseits/anstelle der ersten Schicht
- Definition des »Berufs« nach der zweiten Schicht der Tätigkeit
- Möglichkeiten für Jugendliche, während des Studiums Arbeitserfahrung zu sammeln
  - Engere Verbindung zwischen Theorie und Praxis
  - Bessere Anknüpfungspunkte zwischen höheren Bildungseinrichtungen und der übrigen Wirtschaft
- Möglichkeiten für ältere Menschen, sich allmählich zur Ruhe zu setzen
  - 20 Jahre Restlebenserwartung im Alter von 60 Jahren
  - Gleitender Ruhestand als Ergänzung zu den drei traditionellen Säulen des Systems der sozialen Sicherung

- Verminderung des demographischen Drucks auf die Renten-
  systeme in alternden Gesellschaften
- Einführung einer größeren Flexibilität auf dem Arbeitsmarkt
- Höhere Anerkennung von Nichtvollzeitbeschäftigung in der
  Gesellschaft

Das Angebot einer ersten Schicht der Arbeit

Bei der Organisation der ersten Schicht der Arbeit ist zu beachten, daß die Vorstellung, es handele sich hierbei um eine reine Teilzeitbeschäftigung, aufgegeben werden sollte, auch wenn die erste Schicht mehr oder weniger dem entspricht, was heute als Teilzeitarbeit betrachtet wird. Vielmehr sollte die erste Schicht als eine Basiseinheit der Arbeit betrachtet werden. Da diese Beschäftigungsschicht lediglich einen sehr kleinen Teil der verfügbaren Zeit im täglichen Leben betreffen wird, gestattet sie eine flexiblere Definition der individuellen Persönlichkeit, welche die ganze Palette der produktiven Tätigkeiten des einzelnen widerspiegelt. Die professionelle und die persönliche Identität des einzelnen richtet sich deshalb nicht unbedingt nach der Arbeit der ersten Schicht, sondern nach seinen freien (unternehmerischen) Tätigkeiten der zweiten Schicht.

Die Basiseinheit der Arbeit, die einer Teilzeitstelle entspricht und mit einem Mindestgehalt vergütet wird, um absolute Armut zu vermeiden, betrifft Menschen im Alter von 18 bis 70 oder sogar 78 Jahren. Die drei großen Bevölkerungsgruppen, die zu den Kategorien der in der Regel von der Industriellen Revolution ausgeschlossenen Menschen zählen, d. h. die Jugendlichen, die Alten und die Frauen, können über dieses Modell auf äußerst produktive Weise eine soziale Wiedereinbeziehung erreichen. Die Jugendlichen hätten mehr Gelegenheiten, eine praktische Arbeitserfahrung mit ihrer Ausbildung zu kombinieren, und könnten gleichzeitig erfahren, wie sie sich selbst unterhalten können. Das trüge auch dazu bei, den Bedarf nach einer besseren Integration der höheren

Bildungseinrichtungen wie Universitäten in die Gesellschaft über persönliche und praktische Bindeglieder zwischen Theorie und Praxis zu befriedigen. Frauen mit Kleinkindern, aber auch Männer in ähnlichen Situationen, die einfach ihr Familienleben anders organisieren wollen, würden von diesem Modell ebenfalls profitieren. Und schließlich die älteren Menschen, die in ihren Sechzigern eine Phase des gleitenden Ruhestands beginnen, die aber weiterhin nützlich für die Gesellschaft sein wollen und vor allem in ihrer Reife bereit bleiben werden, die vorige Erfahrung und eine lebenslange Fortbildung zu nutzen, um sich auf neue produktive Tätigkeiten vorzubereiten, sowohl im monetisierten wie im nichtmonetisierten System.

Vor allem das letztere würde dazu beitragen, älteren Menschen, die mit Sechzig statistisch noch zwanzig Lebensjahre vor sich haben, Sicherheit und eine bessere soziale Integration zu bieten. Unter solchen Voraussetzungen würde die Möglichkeit, eine Teilzeitarbeit zu erhalten, und die allgemeine Schaffung solcher Stellen (bezahlte oder teilweise bezahlte oder geförderte in einer nichtbezahlten Tätigkeit) eine wesentliche Ergänzung der traditionellen drei Säulen des Sozialversicherungssystems bilden (staatliche Renten, Betriebsrenten und private Vorsorge, Ersparnisse aller Art). Das würde auch die Belastung der jüngeren Generationen erleichtern, die eine zunehmend ältere Bevölkerung unterstützen, und deshalb alle Bevölkerungsgruppen, alte ebenso wie junge, in eine wirtschaftlich und kulturell wesentlich günstigere Lage versetzen, geeignete Tätigkeiten zu entfalten.

Wie wir bereits hervorgehoben haben, darf diese erste Schicht nicht wie eine Teilzeitarbeit im herkömmlichen Sinn aufgefaßt werden, sondern schlicht als grundlegende Bezugseinheit für direkte und indirekte öffentliche Maßnahmen. Deshalb sollten alle Finanzquellen, die gegenwärtig für zusätzliche Arbeitslosengelder, Einkommensunterstützung und Sozialhilfe vorgesehen sind, zusammenfließen, um die finanzielle Grundlage für solche Modelle zu bilden. Immerhin läßt sich bereits in vielen Ländern der wachsende Druck beobachten, diese finanziellen Zuwendungen allmählich in eine Form von Gehalt umzuwandeln, das die Menschen motiviert, zurück an die Arbeit zu gehen. Den Menschen sollte geholfen werden, tätig zu sein, anstatt sie dafür zu bezahlen, untätig zu bleiben. Sie alle sind an erster Stelle Produzenten und nicht nur Konsumenten.

Die Basiseinheit der Vollbeschäftigung, die dem entspricht, was heute als Teilzeitbeschäftigung bezeichnet wird, bildet einen sehr großen Teil des Beschäftigungsumfelds insgesamt. In Europa sind in den letzten zwanzig Jahren mehr Teilzeitstellen geschaffen worden als Vollzeitstellen. Natürlich sind viele dieser Teilzeitstellen nicht unbedingt so gestaltet, daß sie für alle Beschäftigungssuchenden akzeptabel wären. Andererseits sind sie für eine wachsende Zahl von Menschen eine beinahe ideale Lösung. Wo Teilzeitstellen vom Standpunkt der normalen sozialen Sicherheitsstandards aus untergesichert sind, werden gesetzliche Maßnahmen und Regulierungen nötig sein, um die mißliche Lage zu beheben. Diese Tendenz läßt sich bereits in der Realität ablesen, und eine solche Bewegung, die vor einigen Jahren in vielen Industrieländern eingesetzt hat, sollte weiterverfolgt werden. Teilzeitarbeit für alle Altersstufen, aber vor allem für ältere Menschen, wurde früher auf verschiedene Weise bestraft. Das Steuersystem, das Bildungssystem und gerade die Organisation der drei Säulen der sozialen Sicherheit machen Teilzeitarbeit immer noch häufig ineffizient oder erschweren es den Beschäftigten, diese Beschäftigungsverhältnisse zu einem Erfolg zu machen. In den jeweiligen Ländern können viele Maßnahmen Schritt für Schritt unternommen werden, um die Lage zu bessern.

In zahlreichen Fällen, wo die Teilzeitarbeit eingeführt wird, ersetzen die Arbeitgeber nicht einfach einen ehemaligen Vollzeitarbeitsplatz durch zwei neue Teilzeitstellen, sondern setzen damit zuweilen eine dynamische Entwicklung in Gang, ganz im Sinne eines wirtschaftlichen Beschleunigungsprozesses. Es hat den Anschein, daß durch die erhöhte Produktivität der Teilzeitbeschäftigten in einem effizienteren Umfeld mehr Beschäftigung geschaffen werden kann. Zwei Teilzeitstellen entsprechen nicht einfach einer Vollzeitstelle, sie sind produktiver und deshalb wertvoller; daraus ergibt sich eine verbesserte Situation, in der die einfache Gleichung eins plus eins etwas mehr als zwei ergibt. Das gleiche kann auch auf eine erste Basiseinheit der Beschäftigung zutreffen.

Immer mehr Unternehmen in einer Vielzahl von Ländern, die sich dem Problem der Entlassung älterer Arbeitnehmer auf der einen Seite und der Einstellung junger Arbeitnehmer auf der anderen gegenübersehen, übernehmen innovative Modelle, zu denen auch die Entwicklung von Tätigkeiten zählt, die das Äquivalent von Teilzeitstellen schaffen. Diese Initiativen sollten gefördert werden. Regierungsbehörden, insbesondere auf lokaler, aber auch auf nationaler und internationaler Ebene, können zahlreiche Anreize oder Voraussetzungen schaffen, welche die Entwicklung der Basiseinheit der Vollbeschäftigung erleichtern und fördern. In einem nächsten Schritt können geeignete Initiativen rational erklärt und ausgebaut werden, in denen öffentliche Behörden direkt intervenieren, um das Äquivalent von Teilzeitstellen anzubieten. Eine der Hauptsorgen heutzutage betrifft das Sozialwesen, vor allem, wenn die Wehrpflicht einer Berufsarmee Platz macht, weil die Fürsorgeeinrichtungen dann einen großen Teil ihrer zur Zeit im Rahmen des Zivildienstes beschäftigten Arbeitskräfte verlieren würden. Die Notwendigkeit, eine erste Schicht der Arbeit anzubieten, stößt in diesem Fall auf die Nachfrage nach billigen und in den meisten Fällen wenig ausgebildeten Arbeitskräften. Natürlich wäre eine geeignete Umgestaltung der Fürsorgeeinrichtungen erforderlich.

Außerdem müssen die Bindeglieder zwischen monetisierten und nichtmonetisierten Wirtschaftszweigen besser erkannt und weiterentwickelt werden: In Wirklichkeit beinhalten viele Initiativen, ohne daß ihre Initiatoren sich darüber voll im klaren gewesen sind, einen Teil dieses Ansatzes. Die Bemühungen, der Kostenexplosion im Gesundheitswesen entgegenzuwirken, bieten ein Beispiel hierfür. In dem Bestreben, die Kosten für Krankenhausaufenthalte zu senken, ist implizit der Aufruf an die Familie oder Freunde enthalten, Tätigkeiten in Eigenleistung zu erbringen; von ihnen wird erwartet, das zu übernehmen, was innerhalb des Krankenhauses völlig monetisiert geleistet wird: die soziale Betreuung der Patienten. Das gleiche läßt sich auf den Fall der Beaufsichtigung von Kindern anwenden, deren Eltern arbeiten gehen. Entweder sucht man eine völlig monetisierte Lösung (Beiträge zu Kindertagesstätten), oder man mobilisiert Privathaushalte für die Nutzung ihrer Möglichkeiten zu diesem Zweck (das ist schon jetzt bei Millionen von Großeltern gang und gäbe) und überläßt es den öffentlichen Behörden, auf zwei Ebenen einzugreifen: die Kontrolle der vorhandenen Infrastruktur, in deren Rahmen solche »Heimdienste« angeboten werden, und die Bereitstellung einer gewissen finanziellen Unterstützung, Förderung oder Steuererleichterung für diejenigen, die solche Aufgaben übernehmen. Die Gesamtkosten der letzten Lösung wären in diesem Fall weit niedriger, als wenn man sich nur auf ein völlig monetisiertes System stützen würde. Die Entdeckung und die Nutzung der gegenseitigen Abhängigkeiten von monetisierten und nichtmonetisierten Tätigkeiten eröffnet systematisch neue und interessante Möglichkeiten.

Wir drängen darauf, daß auch nichtmonetarisierte Tätigkeiten ernsthaft erfaßt und bewertet werden, d. h. Tätigkeiten, die Menschen für sich selbst ausüben und die als solche keinem System des Austauschs unterliegen. Anreize oder ein geeignetes Umfeld sollten auch als ein wirtschaftliches Mittel für einen höheren Wohlstand berücksichtigt werden, wenn dieser durch Tätigkeiten im Bereich der Selbstbildung, Selbstreparatur oder Selbstheilung erreicht wird. Darüber hinaus können viele gemeinnützige Tätigkeiten, die als Komplemente und in Substitution zu bezahlter Arbeit fungieren, durch die normale Entwicklung der Gesellschaft noch weiter gefördert werden.

Ein Kernproblem für die Gestaltung der Politik wird die Quantifizierung des Wohlstands bilden, der durch Eigenleistungen und nichtmonetisierte Tätigkeiten erzeugt wird. Die Anerkennung des so geschaffenen Anstiegs an Wohlstand in einer angemesseneren Wirtschaftstheorie und seine Bewertung durch geeignetere Indikatoren werden wesentliche Bedeutung erlangen.

Kontroverse Thesen

17. Politische Maßnahmen zur Entwicklung der ersten Schicht

- Alle Ressourcen, die gegenwärtig für zusätzliche Arbeitslosengelder, Einkommensunterstützung und Sozialhilfe aufgewandt werden, bilden die finanzielle Basis
  - Keine Zuwendungen für das Untätigbleiben, sondern Unterstützung für das Tätigbleiben
- Die Tätigkeiten der ersten Schicht werden in vielen Fällen nicht den individuellen Wünschen entsprechen
- Anpassung der Gesetzgebung und der Vorschriften an eine angemessene soziale Absicherung
- Keine wirtschaftliche oder gesellschaftliche Diskriminierung von Nichtvollzeitstellen und atypischen Beschäftigungsverhältnissen
- Keine Entlohnung nach dem Senioritätsprinzip (Dienstzeit), sondern nach Leistung
  - Vermeidung der Verdrängung älterer Arbeitnehmer durch jüngere
- Einleitung staatlicher Maßnahmen zum Auf- und Ausbau der ersten Schicht, Schaffung der notwendigen Anreizsysteme
- Höhere Anerkennung für nichtmonetisierte Tätigkeiten
  - Private »Krankenhauspflege«/Kinderheime/Heimdienste etc. als Ergänzung für voll monetisierte Lösungen
  - Wichtig: Quantifizierung des Wohlstands, der durch Eigenleistung und nichtmonetisierte Tätigkeiten erzeugt wird

Die Schlüsselrolle einer monetisierten zweiten Schicht der Beschäftigung

Wir haben bereits die Möglichkeit vorgeschlagen, daß, falls nötig, von öffentlicher Seite her die Verfügbarkeit von wenigstens einer bezahlten Teilzeitstelle für jeden gefördert wird. Das ist nicht nur wegen des Bevölkerungswachstums um so wichtiger, sondern auch wegen des längeren Lebenszyklus, von dem die Menschheit nun profitiert. Diese offizielle Förderung und in Extremfällen Bereitstellung einer ersten Schicht der Arbeit sollte aber so wenig wie möglich eine zweite Schicht der Arbeit beeinträchtigen, die gänzlich im monetisierten privaten Bereich angesiedelt ist.

Ein grundlegendes Mißverständnis gilt es an dieser Stelle zu vermeiden: Die Entwicklung öffentlicher politischer Maßnahmen mit dem Ziel, eine minimale Teilzeitarbeit (grob etwa zwanzig Stunden pro Woche und 1000 Stunden im Jahr) anzubieten, ist nicht als Ersatz für private Initiative angelegt. Ganz im Gegenteil: Wegen der begrenzten Arbeitszeit und der vergleichsweise kargen Kompensation werden alle diejenigen, die möglicherweise das Bedürfnis haben, davon zu profitieren, von der Hinzufügung einer zweiten Tätigkeit – oder auch vollständigen Ersetzung der ersten Schicht – weder ausgeschlossen noch von ihr abgeschreckt; diese Tätigkeit wäre gänzlich mit ihrer eigenen Initiative oder jedenfalls einer privaten Form der »Produktion« verknüpft.

Wir meinen, daß in einer modernen Gesellschaft die Beseitigung der Angst, ohne jede Beschäftigung zu bleiben, als ein Ziel angestrebt werden muß und daß dies die Möglichkeiten für private Initiativen über die erste Schicht der Arbeit hinaus oder an deren Stelle verbessern würde. Die zweite Schicht monetisierter Arbeit sollte weiterhin im Mittelpunkt der Wirtschaft stehen und es jedem einzelnen gestatten, die erste Schicht gänzlich zu ersetzen, indem er nach seinen eigenen Vorlieben eine Erwerbsarbeit annimmt. Als solche entspricht die zweite Schicht wirtschaftlicher Tätigkeit sehr stark unserem gegenwärtigen System der Berufslaufbahn, aber auf eine sehr flexible Weise.

Der einzelne kann frei entscheiden, ob oder wieviel er auf dieser Ebene arbeiten möchte. Das kann so wenig ausmachen wie eine zusätzliche Stunde zur Basisschicht der Arbeit, zum Beispiel in Form von bezahltem Privatunterricht, oder auch so viel wie 80 oder gar 100 Wochenstunden, in diesem Fall natürlich als Ersatz für die erste Schicht, was der Arbeitslast von wirtschaftlich sehr aktiven Menschen entspräche. Das finanzielle Einkommen der Menschen über den Betrag hinaus, den sie absolut benötigen, um über der Armutsgrenze zu leben, hängt natürlich von ihren Anstrengungen im monetisierten Teil der Wirtschaft ab. Die Bezahlung wird genau auf dieselbe Weise wie heute festgelegt werden;

damit bleibt diese Ebene des konventionellen Systems des Gelderwerbs weitgehend unberührt.

Verglichen mit unserer heutigen Wirtschaft muß die zweite Schicht der Arbeit flexibler sein und wird es auch sein, weil sie sich nach den Vorlieben sehr verschiedener Gesellschaftsgruppen richten muß. Sie wird nach und nach das herkömmliche Modell einer mehr oder weniger festgelegten Arbeitswoche von 40 oder 45 Stunden aushöhlen und dabei die Organisation der Arbeit an die Anforderungen der betroffenen Menschen anpassen. Als Folge wird sie immer stärker den Interessen der Erwerbstätigen entsprechen, und die Produktivität wird aufgrund der besseren Arbeitsmoral der Beschäftigten steigen.

Die zweite Schicht der Arbeit bietet auch Mittel und Wege, sich im Ruhestand über Betriebsrenten und private Kapitalbildung und die spätere Auflösung dieser Mittel ein zusätzliches Einkommen zu verschaffen. Das herkömmliche, staatlich organisierte Rentensystem wird durch diese beiden Säulen des Sozialversicherungssystems ergänzt werden. Bereits jetzt bewegt sich einiges in Richtung der Förderung und Diversifizierung des künftigen Alterseinkommens.

Eine dritte Schicht produktiver, nichtmonetisierter Arbeit

Oberhalb der bereits erwähnten ersten und zweiten Schicht der Arbeit gibt es noch eine dritte. Sie umfaßt alle Betätigungsfelder nichtmonetisierter Arbeit, wie sie in Kapitel »4.3. Die nichtmonetisierten Tätigkeiten« zusätzlich zu den Tätigkeiten auf den untergeordneten Ebenen aufgezählt worden sind. Die Arbeit auf der dritten Ebene ist im Gegensatz zu den vorigen beiden ihrem Wesen nach unbezahlt und freiwillig. Sie ist deshalb insofern eine Ergänzung, als die tätige Person zum Wohlstand der Gesellschaft oder eines Teils der Gesellschaft beiträgt, ohne daß sie irgendeine monetäre Entschädigung dafür erhält. Viele Tätigkeiten, die entweder keinen Marktwert haben oder deren Marktwert sich nicht wirklich schätzen läßt, sind mögliche Tätigkeiten der dritten Schicht der Arbeit.

Ein wesentlicher Beitrag zu unserer Gesellschaft besteht aus nichtmonetisierter Arbeit, und viele Menschen üben bereits solche Tätigkeiten aus. In Deutschland stellt die Enquete-Kommission Demographischer Wandel ein sehr hohes Tätigkeitsniveau der Bevölkerung fest: 27,2% der Männer im Alter von 25 bis 34 Jahren und 16,3% der Frauen aus der gleichen Altersgruppe üben regelmäßig eine Form gemeinnütziger oder freiwilliger Arbeit aus, viele von ihnen als ehrenamtliche Mitglieder eines Ausschusses. Der größte Teil dieser Arbeit entfällt in die gesundheitlichen, sozialen, kulturellen oder politischen Bereiche der Wirtschaft. Das hohe Tätigkeitsniveau bleibt den gesamten Lebenszyklus über weitgehend konstant. Die nächsthöheren Altersgruppen, die von 35 bis 44, von 45 bis 54 und von 55 bis 64 Jahren, weisen ein Tätigkeitsniveau von 29,2%, 25,4% beziehungsweise 28,9% auf. Die entsprechenden Zahlen für die Frauen liegen um 16,3% und fallen dann auf rund 13%. Das belegt, daß die Theorie einer ständigen freiwilligen Tätigkeit während aller Lebensabschnitte zutrifft.

Vertreter der Senioren-Experten-Dienste in Deutschland erwarten für die Zukunft Veränderungen in der freiwilligen Arbeit und in der Neigung, solche Arbeiten zu übernehmen: Immer mehr Menschen werden vermutlich mehr und qualifiziertere Arbeiten anbieten, ohne dafür eine monetäre Entschädigung zu erwarten. Vor allem die Älteren sind gern bereit, ihre Erfahrung und ihre persönlichen Beziehungen entweder hier oder in Entwicklungsländern anderen Menschen mitzuteilen, die sich in weniger günstigen Umständen befinden als sie selbst.

Kontroverse Thesen

18. Überlegungen zum Schichtenmodell

- Die moderne Gesellschaft erfordert unbedingt ein Mindestmaß an monetären Instrumenten
- Es gibt Grenzen für die Leistungsfähigkeit der monetarisierten und vor allem der monetisierten Wirtschaft
- In der Dienstleistungsgesellschaft treten sektorale Transferleistungen produktiver Tätigkeiten nicht mehr nur innerhalb des monetisierten Systems auf
- Die Integration monetarisierter und nichtmonetarisierter Tätigkeiten in die Bestimmung des Wohlstands einer Gesellschaft ist notwendig
- Zwei Optionen:
  1. Die traditionelle Vorstellung eines monetisierten Beschäftigungsmodells führt zu:
     - unlösbaren Beschäftigungsproblemen
     - einer (verzerrten) Wahrnehmung der abnehmenden Fähigkeit, Wohlstand zu erzeugen
  2. Die Integration nichtmonetisierter und nichtmonetisierter Modelle in die Definition und die Schaffung von Wohlstand jedoch:
     - schafft eine realistischere Wahrnehmung der wirtschaftlichen Realität
     - läßt neue Schlußfolgerungen bezüglich der Wirtschaft zu
     - ermöglicht eine optimistischere Aussicht bezüglich der Fähigkeit, neue Lösungen für die Beschäftigungsprobleme zu finden
     - Dies ist keine Utopie, sondern ein neuer Ansatz, der (eine gewisse Unwägbarkeit in Kauf nehmend) sich der Überprüfung und ggf. der Falsifikation stellt

Teil 5
Grundlegende Vorschläge für staatliche Maßnahmen und gesellschaftliche Entwicklung*

Wir sind zwar alle Kinder unserer Zeit und geprägt von unserem Umfeld und von der Gesellschaft, in der wir leben, aber wir müssen die bestehenden Strukturen überwinden, um die notwendigen Umgestaltungen zu ermöglichen, wenn die Welt sich zum Besseren wandeln soll. Grundlegende Unwissenheit, eine übersteigerte Scheu vor jedem Risiko und der Widerstand gegen Veränderungen zugunsten von nicht ganz optimalen, aber bekannten und vertrauten Lösungen sind die wesentlichen Faktoren, die eine positive Entwicklung der Menschheit hemmen. Die folgenden Vorschläge für staatliche und gesellschaftliche Maßnahmen sind ein Versuch, die Schranken des gegenwärtigen Modells zu überwinden, indem wir von einem anderen Standpunkt ausgehen und neue Elemente ins Spiel bringen. Diese Vorschläge können sich natürlich mit der Zeit als falsch oder in sich selbst wiederum als begrenzt erweisen, aber im Augenblick bieten sie eine Möglichkeit, das dringende Problem der Arbeitslosigkeit und der Zukunft der Arbeit besser in den Griff zu bekommen.

Jeder einzelne und jede Gruppe in der Gesellschaft muß erkennen, worin seine oder ihre Verantwortung liegt und wie sie sich ihr stellen können. Das trifft nicht nur auf Politiker und ihre Wirtschaftsberater zu, sondern vor allem auf all jene, die auf mikro-

---

* *Es ist nicht unsere Absicht, die äußerst komplexe Frage der Regierungsform und der Regierungskapazität zu erörtern, weil dies den Rahmen dieses Berichts sprengen würde. Der Club of Rome hat diesen Punkt in der Vergangenheit sehr ausführlich behandelt und wird dies auch weiterhin tun. Als Hinweis für Leser mit einem besonderen Interesse an der Problematik sei hier der aufschlußreiche Bericht an den Club of Rome von Y. Dror zitiert (1994): Ist die Erde noch regierbar?*

ökonomischer Ebene den Beschäftigungsproblemen begegnen: Arbeitnehmer und Gewerkschaften ebenso wie Arbeitgeber und Unternehmen. Nur, wenn sie alle begreifen, daß die dargelegten Vorschläge vorteilhaft sind, und wenn sie danach handeln, wird das Beschäftigungsdilemma schließlich gelöst und eine bessere Zukunft der Arbeit geschaffen werden.

Kontroverse Thesen

19. Sozialpolitik für eine Vollbeschäftigung

Es ist wichtig, sich zuallererst vor Augen zu führen, unter welchen Voraussetzungen der moderne Wohlfahrtsstaat in der ersten Hälfte des Jahrhunderts und insbesondere in den Jahrzehnten nach 1930 entwickelt wurde. Zur damaligen Zeit unterstrichen die großen Wirtschaftswissenschaftler (Keynes, Hicks) die Notwendigkeit, den Prozeß der Industriellen Revolution im wesentlichen durch die Steuerung der Nachfrage anzukurbeln. Die Wirtschaftstheorie und die praktische Wirtschaftspolitik, wie sich zeigte, ließen die Anschauung heranreifen, der Ursprung der Wirtschaftskrise habe mit der großen Elastizität des Angebots und der Produktionskapazität zu tun gehabt, die nicht hinreichend von einer einlösbaren (monetisierten) Nachfrage absorbiert werden konnte. Mit anderen Worten, die Menschen hatten nicht genug Geld, um all die Dinge zu kaufen, die produziert werden konnten.

Ein Umstand ist jedoch von entscheidender Bedeutung, wenn er auch nicht immer erkannt wird: Die große Elastizität des Angebots brachte tiefgreifende soziale und wirtschaftliche Veränderungen hervor. Die Gewerkschaften wurden dadurch, daß sie um höhere Löhne für die arbeitende Bevölkerung kämpften, in gewisser Weise Verbündete der »Kapitalisten« beim Aufbau einer gesteigerten Konsumkapazität, mit der immer größere Warenmengen aufgenommen wurden. Bislang in der Regel als ein Werkzeug sozialer Unruhen betrachtet, konnten die Gewerkschaften nunmehr diese Situation nutzen und von der zunehmenden Akzeptanz als legitime Institution in der Gesellschaft profitieren – mit vorteilhaften Auswirkungen für alle Teile der Gesellschaft. Dieselbe Logik ließ sich dahingehend anwenden, daß die Probleme der sozialen Fürsorge in ein weiteres Instrument zur Steigerung der Nachfrage oder zur Umsetzung des vorhandenen Nachfragepotentials umgewandelt wurden. Denn beide Situationen sind lediglich durch einen Wandel in der Anschauung bewirkt worden und das

Ergebnis der neuen materiellen Verhältnisse, welche die gewandelten gesellschaftlichen (und kognitiven) Veränderungen ermöglicht haben. Die gegenwärtige Bekämpfung der Inflation ist bereits seit über zwanzig Jahren im Gange und hat in vielen Fällen die Diskussion um Wirtschaftspolitik tendenziell um zwei entgegengesetzte Vorstellungen polarisiert: auf der einen Seite die Delegierung größerer Vollmachten an die Zentralbanken, um die Inflation unter Kontrolle zu bringen, und auf der anderen Seite der Versuch, den Konsum anzuregen. An sich keine schwierige Aufgabe, die aber, wenn man sie zu weit treibt, die Inflation sehr rasch wieder anheizen kann.

Jedenfalls liegt auf der Hand, daß sich im gegenwärtigen Umfeld der Dienstleistungsgesellschaft, in der zunehmend der Erzeuger und nicht der Verbraucher die zentrale Rolle spielt, in der die Erzeugung von Wohlstand von Dienstleistungen abhängt und produktive Tätigkeiten zunehmend ein Gemisch aus bezahlten, nichtmonetisierten und nichtmonetarisierten Tätigkeiten bilden – daß sich hier die Grundlagen für jede Form von Sozialpolitik radikal geändert haben. Zu diesem Komplex neuer Voraussetzungen müssen wir nunmehr einen verlängerten Lebenszyklus hinzuzählen.

Deshalb erscheint es vernünftig, die sozialpolitischen Maßnahmen so zu reorganisieren, daß das gesteckte Ziel erreicht und den einzelnen zu ihrem Recht verholfen wird, produktiv tätig zu sein und nicht nur passive Verbraucher zu bleiben. Internationale, nationale, regionale und lokale Behörden sollten ihre Maßnahmen dahingehend ausrichten, daß sie direkt und indirekt alle Formen von Anreizen und Initiativen anbieten, um eine Vollbeschäftigung zu erreichen auf dem Äquivalent eines vereinbarten Minimums an Erwerbsarbeit. Umstritten ist, ob sich dieses Minimum über eine Strategie erreichen läßt, die genügend bezahlte Teilzeitarbeiten fördert, um eine Vollbeschäftigung nach der neuen Definition zu erzielen. Oder ob, wie es in den Vereinigten Staaten mit der »Einkommensunterstützung« versucht worden ist, die Regierungen eingreifen und das Lohnniveau aufbessern sollten, mit dem die Verdiener sonst unter der Armutsgrenze bleiben würden.

Jedenfalls ist klar, daß öffentliche Institutionen und öffentliche Maßnahmen bei diesem Unterfangen eine wichtige Rolle spielen müssen. Der Umstand, daß sämtliche bezahlten Tätigkeiten über die erste Schicht der Beschäftigung hinaus oder auch an ihrer Stelle völlig der privaten Initiative vorbehalten sind, sollte gleichzeitig gewährleisten, daß die staatlichen Eingriffe in wirtschaftliche Angelegenheiten auf ein akzeptables Maß begrenzt werden können.

Die Unterteilung in öffentliche und private Sphären wäre deshalb kein Problem der Tätigkeit in verschiedenen Sektoren, sondern der verschiedenen Schichten der Arbeit, weil die staatlichen Eingriffe auf die erste Schicht begrenzt sind, die wiederum als ein Ansporn für einzelne fungieren sollte, nach unabhängigen Initiativen und Tätigkeiten zu suchen.

Das Ausmaß der Armut würde sich deshalb nicht nur nach der bezahlten Arbeit richten, sondern nach den Möglichkeiten, den persönlichen und den allgemeinen Wohlstand über Eigenleistungen und gemeinnützige Tätigkeiten zu steigern. Die Ökonomen sollten mehr darüber in Erfahrung bringen, wie sie Projekte zu bewerten haben, in denen die Priorität nicht allein der Suche nach monetisierten Lösungen in schwierigen Situationen eingeräumt wird, und sie sollten Vorschläge machen für eine angemessene Anrechnung des Wechsels zu Alternativen in nichtmonetisierten und nichtmonetarisierten Modellen, wie es beispielsweise der Fall ist, wenn mit Hilfe von familiären Strukturen die Krankenhauskosten reduziert werden sollen.

Ferner sollte die Diskussion um politische Maßnahmen mit Blick auf die Inflation angeregt werden. Inflation ist, vor allem in einer Ära langer Lebenszyklen, der sicherste Weg, um langfristig die Ergebnisse der einzelnen Bemühungen zu zerstören. Schon eine zwei- bis dreiprozentige Inflation im Jahr halbiert über zwanzig Jahre hinweg den realen Kapitalwert sämtlicher Investitionen. Die Hoffnung auf einen Ausgleich der Inflation durch die Beständigkeit des realen Zinssatzes oder der Profitrate ist zwangsläufig sehr vage.

Die Auswirkungen einer sehr niedrigen Inflationsrate oder gar einer Deflation sollten ausführlich erörtert werden; sie wirken sich auf die Kaufkraft und die Nachfrage der Bevölkerung und in der Folge die Spar- und Arbeitsanstrengungen aus. Dabei darf nicht vergessen werden, daß echter Wohlstand eine Frage der realen Kaufkraft ist, nicht nur in einer rein geldorientierten Betrachtungsweise, sondern mit Blick auf alle Waren und Dienste, die aus Eigenleistungen und gemeinnützigen Modellen stammen.

1. Das wirtschaftliche Umfeld für die dynamische Entfaltung der Privatinitiative

Trotz der offensichtlichen Anzeichen für ein Versagen der traditionellen Modelle wenden Regierungen weiterhin starrsinnig Konzepte der Industriellen Revolution an, nach denen häufig niedrige Investitionsdarlehen anstelle von Beihilfen zur Arbeit gefördert werden oder arbeitswillige Arbeitslose für ihre Haltung bestraft werden, statt eine kreative Beschäftigung zu fördern.

Ein Grund dafür ist der Umstand, daß die Regierungen, wie die Industrie, während der Industriellen Revolution durch ein ähnliches Muster von Zentralisierung und Kosteneinsparung entstanden sind und sich heute mit denselben Problemen konfrontiert sehen wie viele Industriezweige. Eine Regierung ist in der Regel breit engagiert, zentralisiert und risikoavers, im Gegensatz dazu sind kleine Unternehmen ihrer Haltung nach lokal orientiert und risikofreudig. Die Beziehungen zwischen den beiden können niemals einfach sein. Lokale Beschäftigungsinitiativen, die auf Tätigkeiten zur Befriedigung der lokalen Bedürfnisse und unter Einsatz der lokalen Ressourcen beruhen, werden jedoch die regionale Entwicklung und das Wirtschaftswachstum am besten in einem Ansatz von unten fördern. Beispiele hierfür sind die Förderung von lokalen Beschäftigungsinitiativen (LEI) durch die OECD und die Europäische Kommission in den Industrieländern und die arbeitsintensiven Special Public Work Programms (SPWP), die von der ILO und verschiedenen Ländern in der Dritten Welt mit finanzieller Unterstützung aus dem Entwicklungsprogramm UNDP gestartet worden sind. Die letzteren münden jedoch häufig in eine Neuverteilung der politischen Macht und rufen folglich unmittelbaren Widerspruch seitens der Zentralregierung hervor.

In ähnlicher Weise beruht die gegenwärtige arbeitsfeindliche Haltung der Regierungen bei der Behandlung der Arbeitslosenversicherung auf zentralen Instrumenten zur Kontrolle der Arbeitslosen und zur Verhinderung von Mißbrauch: kein Stempelgeld für

Menschen, die arbeiten oder eine staatliche Bezahlung für die Ausführung langweiliger Arbeiten ablehnen. Eine die Kreativität fördernde Haltung, die Menschen ermuntert, ihre Fertigkeiten und Talente in monetären oder nichtmonetären Sektoren der Wirtschaft (eigene Arbeit, Selbständigkeit, Selbsthilfe in einer Gemeinschaft etc.) einzusetzen, erfordert eine dezentrale, maßgeschneiderte Vorgehensweise, die die Staatsdiener in der Regel nicht gewohnt sind. Lokale Arbeitslosigkeit von 50% oder mehr in Mittel- und Osteuropa, d.h. in industrialisierten Regionen, ruft nach einem radikal neuen Ansatz in Richtung kreativitätsfördernder Lösungen. In Großbritannien haben beispielsweise lediglich 10% der Menschen, die sich im Jahr 1984 selbständig gemacht haben, staatliche Zuschüsse für Unternehmen in Anspruch genommen.

Eine hohe Arbeitslosigkeit kann sich hier als die wichtigste Triebfeder erweisen: Insbesondere Handwerker fühlen sich besser, wenn sie sagen können, sie sind selbständig statt arbeitslos. Von den 273000 neuen Selbständigen in Großbritannien gab eine Mehrheit (bei einer Umfrage zur Erwerbsbevölkerung) an, sie seien zuvor arbeitslos oder wirtschaftlich inaktiv (z. B. Hausfrauen und Pensionäre) gewesen. Handwerker und Industriearbeiter machten 31% derjenigen aus, die von der Arbeitslosigkeit zur Selbständigkeit wechselten, aber lediglich 16% derjenigen, die von einer Anstellung zur Selbständigkeit wechselten. In Frankreich, einem erfolgreichen Beispiel für eine Politik von unten nach oben, die auf dezentrale Weise umgesetzt wird, werden Basisinitiativen gefördert und den einzelnen alle Möglichkeiten offen gelassen. Hier sieht das Konzept die Auszahlung eines Pauschalbetrags an neue Erwerbslose vor, die der Kapitalsumme der Arbeitslosengelder von einem Jahr entspricht, wenn er oder sie sich dazu entschließt, ein eigenes Unternehmen zu gründen.

Die Staatsregierung hat sich auch an der Sozialversicherung beteiligt als Schutz für Lohnarbeiter und ihre Angehörigen, die durch Krankheit, Unfall oder Alter arbeitsunfähig werden. Wiederum treten dieselben Probleme der Verhinderung von Mißbrauch und der Anwendung einer zentral gesteuerten Politik in einer Vielfalt verschiedener Situationen auf.

Ein weiterer Kernpunkt sind die Implikationen für die Steuerpolitik der Teilzeitbeschäftigung und die Neuaufwertung von nichtmonetisierter Arbeit. Während auf dem ersten Gebiet die Regierung durchaus ermuntert werden kann, eine Vorreiterrolle zu spielen, ist auf dem zweiten lediglich eine überaus konservative Reaktion zu erwarten. Genau aus diesem Grund muß noch viel Forschungsarbeit zu Vorschlägen geleistet werden, wie die Steuerpolitik an die zunehmende Realität der Teilzeitarbeit und der nichtmonetisierten Stellen angepaßt werden kann. Ein Teil dieser großen Aufgabe ist die Schwierigkeit, die Tatsache zu akzeptieren, daß eine Schattenwirtschaft existiert, und deren Gewinne so neu zu organisieren, daß eine solche Wirtschaft im Rahmen der Legalität bleibt. Das Problem liegt hier darin, die kreativen und produktiven Aspekte zu erhalten und sogar anzuregen.

Alle derartigen staatlichen Eingriffe führen zu der Frage nach der Bedeutung des Staates als Einkommenslieferant und seiner Leistungsfähigkeit in dieser Rolle. In den fünf großen westeuropäischen Ländern sind heute über die Hälfte aller Erwachsenen bei ihrem Einkommen völlig oder teilweise auf den Staat angewiesen: z. B. Gehälter für Staatsbedienstete, Pensionen für Ältere, Zuschüsse für Arbeitslose. Das legt die Vermutung nahe, daß in sage und schreibe drei Viertel aller Familien in Großbritannien, Frankreich, Italien, Schweden und Westdeutschland zumindest ein Mitglied sein Haupteinkommen von den nationalen oder lokalen Regierungsbehörden bezieht. In Deutschland wird 1998 der Bundestag erstmals von einer Mehrheit der Transferempfänger in der Bevölkerung gewählt. Selbst im Amerika des freien Unternehmertums sind 42 % aller Erwachsenen finanziell von öffentlichen Geldern abhängig. Während noch im Jahr 1951 der größte öffentliche Einzelarbeitgeber in jedem Land die Streitkräfte waren, werden heutzutage die Soldaten, Matrosen und Piloten von Heerscharen aus Schwestern und Lehrern übertroffen: 40 – 50 % aller staatlichen Angestellten arbeiten im Gesundheits-, Bildungswesen oder in anderen sozialen Diensten.

Wenn der Nationalstaat aber bei den Einkommensquellen die Führungsposition einnimmt, dann kommt seiner Haltung zur Verteilung dieses Einkommens entscheidende Bedeutung zu: Unterstützt er Menschen, die bereit sind, ein Risiko einzugehen? Sind hier Erfolge zu verzeichnen? Entspricht seine Struktur den Bedürfnissen der Menschen? Gibt es irgendwelche Alternativen zu dem gegenwärtig überaus komplexen System? Das grundlegende Einkommensmodell von den drei Schichten der Arbeit bietet hier vielleicht eine mögliche Variante.

2. Nichtmonetisierte Arbeit aufwerten

Unbedingt müssen Methoden für die Bewertung und die Quantifizierung des Wohlstandsniveaus entwickelt werden. Diesbezüglich hat die Weltbank einen großen Schritt unternommen, als sie begann, Statistiken zu veröffentlichen über die reale Kaufkraft der Einkommen, die in den jeweiligen Ländern erzeugt werden. Hier sollte darauf hingewiesen werden, daß diese Kaufkraft für jedes Land lediglich Durchschnittswerte nennt und daß sie innerhalb des Landes erheblich variiert, insbesondere zwischen städtischen und anderen Zonen und sehr häufig zwischen nördlichen und südlichen beziehungsweise zentralen und peripheren Zonen. Geeignete regionalpolitische Maßnahmen sollten solche Unterschiede berücksichtigen.

Der grundlegende Punkt ist, daß die Bezahlung bestimmter Produkte, Systeme oder Dienstleistungen gelegentlich auf einen zunehmenden Mangel daran hinweist, verglichen mit der Situation, als sie noch frei erhältlich waren. (Für sauberes Trinkwasser muß man bezahlen, während solches Wasser in einer besser geschützten Umgebung möglicherweise noch kostenlos ist.) Was die wirtschaftliche Bedeutung der nichtmonetarisierten und nichtmonetisierten Tätigkeiten betrifft, so müssen außerdem Indikatoren entwickelt werden, die das reale Niveau des Wohlstands im Rahmen des Bestands an Waren und Dienstleistungen und Humankapital anzeigen, unabhängig davon, ob für diese nun ein monetärer Betrag entrichtet wird oder nicht.

Ein weiterer Indikator sollte angeben, inwieweit in bestimmten Situationen oder Umgebungen die Eigenleistung gefördert und ausgebaut oder beseitigt wird. In der Tat sollte eine Art Indikator die verschiedenen Niveaus realen Wohlstands unter Berücksichtigung dieser Ressource festlegen.

Was die allgemeinen Umweltprobleme anbelangt, müssen selbstverständlich möglichst aussagekräftige Indikatoren und Statistiken bezüglich der langfristigen und sogar der sehr langfristigen

Aussichten entwickelt werden (zu Themen wie Klimaveränderungen, Anfälligkeit postindustrieller Strukturen und Kommunikationssysteme und so weiter). Ebenso wichtig ist aber ein Maßstab für den Grad an Unwägbarkeit und Risiko solcher Indikatoren und des Wirtschaftssystems. Es muß der Versuch unternommen werden, die Unwägbarkeiten zu spezifizieren, in solche, die ein kontrollierbares Risiko bergen (wo die Häufigkeit und die Größe der Ereignisse eine rationale Entscheidungsfindung zulassen), und solche, die kein kontrollierbares Risiko bergen, weil das Ausmaß der Unwägbarkeit jede rationale Entscheidung unmöglich macht.

Besondere Studien und Indikatoren sollten entwickelt werden, um den gegenseitigen Wechsel von Produkten und Dienstleistungen vom nichtmonetarisierten oder nichtmonetisierten Markt zum monetisierten und umgekehrt zu überwachen. Jedenfalls muß ermittelt werden, in welchem Ausmaß jeder einzelne Wechsel den allgemeinen Wohlstand erhöht oder mindert. Das bedeutet, daß wirtschaftliche Analysen, anstatt sich auf die Überwachung der effizienten Nutzung unseres monetären Systems zu beschränken, das Gesamtniveau und die Grenzen der Leistungsfähigkeit des monetären Systems bestimmen müssen, wie auch den Punkt, an dem es vernünftig ist, nichtmonetisierte Systeme zu stimulieren oder zu reorganisieren, die eine notwendige Ergänzung zur Dienstleistungsökonomie bilden.

Solche Probleme dürfen nicht als die ausschließliche Angelegenheit der fortgeschrittenen postindustriellen Gesellschaften betrachtet werden. Sich rasch industrialisierende Länder in der ganzen Welt nutzen Technologien und Methoden der Erzeugung von Wohlstand, welche die Einführung von Dienstleistungen und ihre zugehörigen Zwänge beschleunigen. Auf der anderen Seite sollte die Betrachtungsweise der Dinge vom Standpunkt der Dienstleistungsgesellschaft aus dazu beitragen, die Tatsache ins Bewußtsein zu bringen, daß in vielen sogenannten unterentwickelten Ländern das echte Niveau des Wohlstands sehr oft höher liegt, als es in der Regel quantifiziert wird. Mehr Aufmerksamkeit sollte dem Umstand gewidmet werden, daß durch die Betrachtung der Wirtschaftsentwicklung allein aus Sicht des monetisierten Systems die Wohlstand erzeugenden Tätigkeiten in nichtmonetisierten Systemen häufig übergangen und gelegentlich sogar abgeschafft werden. Der wesentliche Unterschied liegt darin, daß in der Dienstleistungsgesellschaft das monetisierte System, wenn es die Produktion optimieren soll, der starken Unterstützung nichtmonetisierter und nichtmonetarisierter Tätigkeiten bedarf.

Wie zahlreiche Studien in Deutschland gezeigt haben, sind die Grenzen zwischen Arbeit, Lernen und Unterhaltung zunehmend verwischt worden. Tätigkeiten, die in einem dieser drei Bereiche ausgeübt werden, wirken sich in den meisten Fällen auf die Art und Weise aus, wie sie in die beiden anderen übertragen werden. Eine lebenslange Weiterbildung ist zunehmend wichtig, vor allem für die über Sechzigjährigen. Die Verfügbarkeit einer Teilzeitstelle kann als ein Wechsel der Tätigkeit angegangen werden, mit einer Anpassung und einer angemessenen Ausbildung, weil man von einer früheren Erfahrung im einen Sektor profitiert und in einen anderen überwechselt. In manchen Fällen wäre es sogar denkbar, daß Diplome automatisch ihre Gültigkeit verlieren, wenn sie nicht durch Prüfungen oder den Nachweis, daß das Fachwissen auf dem aktuellen Stand gehalten worden ist, von neuem bestätigt werden.

Kontroverse Thesen

20. Realistischere und nützlichere Methoden zur Messung des Wohlstands der Nationen

Hier muß daran erinnert werden, daß der Maßstab für nationalen Wohlstand, der im Verlauf der Industriellen Revolution akzeptabel war, inzwischen in zunehmendem Maße ungeeignet ist. Tatsächlich mißt die Summe aller Werte bei der Berechnung des Bruttosozialprodukts die Produktionsmenge, d. h. alle monetären Kosten menschlicher und materieller Ressourcen, die im monetisierten Sektor eingesetzt werden. Dem liegt die Annahme zugrunde, daß diese Gesamtsumme an sich einen Nettowert bildet, der als solcher vollständig den wirtschaftlichen und gesellschaftlichen Wohlstand erfaßt.

Aus mehreren Gründen ist das jedoch immer weniger der Fall:

Sämtliche Kosten eines Wiederaufbaus nach einer Zerstörung, gleich welchen Ursprungs (natürliche oder menschlich verschuldete Katastrophen) werden als Anstieg des nationalen Wohlstands betrachtet. Das hieße, je mehr zerstörte Waren wiederhergestellt werden, desto größer der Reichtum. Dies ist eine absurde Konsequenz der Auffassung, der einfache Fluß einer produktiven Produktionstätigkeit sei das Äquivalent für steigenden Wohlstand.

Gerade im Gegenteil nehmen die Diskrepanzen, welche die klassischen Wirtschaftswissenschaftler zwischen der Vorstellung von Reichtum und Wohlstand fortbestehen ließen, immer mehr zu. Neue Technologien und andere Verbesserungen drücken weiterhin die Preise, aber ganz eindeutig steigt weltweit der reale Wohlstand. Das könnte gleichzeitig die Geldflüsse verringern. Dies gilt insbesondere für die Felder, wo die Technologie äußerst produktiv und innovativ ist wie im Bereich der Telekommunikation. Stellen Sie sich vor, daß eines Tages Computer zum Preis von fünf Dollar pro Stück verkauft werden könnten: Das würde einen enormen Anstieg des Wohlstands für den einzelnen bedeuten und dabei eine totale Katastrophe für die Beschäftigung wie auch für das Wachstum des Bruttosozialprodukts.

Ebenso eindeutig ist wegen des Fortschritts der Industriegesellschaft die Monetisierung einer steigenden Zahl von Tätigkeiten gefördert worden. Viele davon wurden folglich als ein Anstieg des Wohlstands registriert, wo in Wahrheit lediglich etwas in die monetisierte Sphäre der Produktion übertragen worden ist, das ursprünglich innerhalb von nichtmonetisierten und nichtmonetarisierten Systemen erledigt worden ist. Das ist der Grund, weshalb man von 1000 Dollar im Monat in der Schweiz oder in den Vereinigten Staaten kaum leben kann, während es in einem Entwicklungsland bedeutet, daß man reich ist. Und gerade aus diesem Grund hat die Weltbank die Initiative ergriffen und erstellt regelmäßig einen statistischen Jahresbericht zum Wohlstand der Völker vom Standpunkt der Kaufkraft aus.

Ein zweiter Schritt wurde vom United Nations Development Programme (UNDP) unternommen, das angefangen hat, einen Jahresbericht zur Menschheitsentwicklung vorzulegen. Interessant ist die Feststellung, daß es dank des Drucks der realen Verhältnisse für nötig erachtet wurde, in diesen Bericht Indizes von bestimmten nichtmonetisierten Tätigkeiten in die Berechnung des nationalen Wohlstands mitaufzunehmen.

Ein weiterer wichtiger Punkt, der reif ist für einen innovativen Denkansatz, betrifft die Frage der Inflation und Deflation. Weil in den ersten 150 Jahren der Industriellen Revolution ein Rückgang der

Konjunktur stets durch eine spürbare Deflation gekennzeichnet war, hielt sich hartnäckig die Vorstellung, daß eine Nullinflation oder eine reale Deflation (wie es in ein oder zwei Ländern in den letzten Jahren der Fall gewesen ist) um jeden Preis vermieden werden muß. Es leuchtet ein, daß Deflation unter bestimmten Umständen als ein Hemmnis für die Stimulierung der Wirtschaft und die Erzeugung von Wohlstand wirken kann. Aber dieser Punkt sollte sorgfältig neu untersucht werden, weil letzten Endes das Einkaufen von Waren und Dienstleistungen zu niedrigeren Preisen auch für die Erzeuger einen Anstieg des Wohlstandes bedeutet, sobald sie selbst Käufer sind. Einige Wirtschaftswissenschaftler meinen, daß die Akzeptanz einer kontrolliert niedrigen Inflationsrate (als Stimulans) eine gute Sache sei, genau wie das Trinken von zwei Gläsern Wein am Tag, vorausgesetzt, wir wissen, wann wir aufhören müssen, und wollen nicht jeden Tag die ganze Flasche leeren. In Wahrheit liegen die Vorteile der Inflation nicht so sehr in der Inflation selbst, sondern in den inflationsbedingten Unterschieden. Eine Rate von zwei Prozent angenommen und vorausgesetzt, dieselbe Rate gilt für alle, dann bedeutet es einen zusätzlichen Vorteil, sich etwas mehr zu verschaffen und somit einen Produktionsvorteil zu sichern, so daß der Prozeß tendenziell eine Kettenreaktion auslösen kann.

Wir möchten uns in dieser Frage nicht endgültig festlegen, aber wir halten es für dringend geboten, sie als grundlegende Basis für ein diversifiziertes System der Fürsorge und der sozialen Sicherheit sorgfältig zu überdenken, wie auch als Fundament für eine größere Stabilität in der Wirtschaft, die als zentrale Basis betrachtet wird, auf die sich die Bemühungen angesichts der Risiken des Lebens und des Unternehmertums konzentrieren.

Schließlich liegt auf der Hand, daß dieser Punkt in einem engen, wechselseitigen Zusammenhang steht mit der Überlegung, daß Wohlstand und Wohlergehen durch die Organisation und die Stimulation von Eigenleistungen und nichtmonetisierten Tätigkeiten geschaffen wird.

3. Perspektiven für den Aufbau einer ersten Schicht der Teilzeitarbeit

Im folgenden möchten wir nun, da das Konzept eines mehrschichtigen Arbeitsmodells vorgestellt ist, die Möglichkeiten prüfen, als Teil der neuen Strategie eine erste Schicht der Arbeit zu schaffen. Den eigentlichen Kern dieses Unterfangens bildet die Integration der nichtmonetisierten und der monetisierten Tätigkeiten in ein leistungsfähiges Gerüst. Mit Hilfe von Methoden der wirtschaftlichen Optimierung, in einem allgemeineren Sinn, sollten wir in der Lage sein, eine ausgeglichenere Balance zwischen den beiden Welten zu finden, d. h. zwischen den monetisierten und den nichtmonetisierten Systemen.

Sämtliche Ressourcen, die zur Zeit für Arbeitslosen- und Sozialleistungen aufgewendet werden, bilden künftig die finanzielle Basis für die Bereitstellung der neuen ersten Schicht. Es wird keine Bezahlungen mehr für das Untätigbleiben geben, sondern Unterstützungen für das Tätigbleiben. Man muß dabei akzeptieren, daß die Tätigkeiten der ersten Schicht in vielen Fällen nicht den individuellen Vorlieben entsprechen werden, aber wir sehen hier keine Alternative. Es besteht weiterhin die Möglichkeit, sich eine Arbeit in der zweiten Schicht zu suchen, welche die Bereitstellung einer Stelle der ersten Schicht für den einzelnen überflüssig macht. Sehr wichtig ist, daß eine effiziente Anpassung der Gesetzgebung und der Vorschriften eine angemessene soziale Absicherung bietet und keine ökonomische oder soziale Bestrafung der Nichtvollzeitarbeit darstellt.

Das gegenwärtige System der Bezahlung im privaten und öffentlichen Sektor wird geändert werden müssen. Es sollte keine Bezahlung nach Dienstjahren gemäß dem Senioritätsprinzip mehr geben, welche starke Diskriminierungen auf dem Arbeitsmarkt zur Folge hat. Die durchführbare Alternative wäre eine Bezahlung nach Leistung, welche die Hemmnisse für ältere Arbeitnehmer, eine Stelle der zweiten Schicht zu finden, deutlich abschwächen und ihre Verdrängung durch niedriger bezahlte jüngere Arbeitnehmer vermeiden würde.

Die Regierungen werden die Strategie verfolgen, den Ausbau der ersten Schicht zu stimulieren und Anreize zu geben, und wo nötig wird über direkte staatliche Eingriffe diese erste Schicht der Arbeit angeboten werden. Die Aufbesserung so umfassender Sektoren unseres Gesellschaftslebens wie die Bildung und die Gesundheit sind bevorzugte Felder, in denen man in dieser Richtung weiter fortschreiten sollte. Die Kostenexplosion im Gesundheitswesen ist vermutlich als Haupttriebfeder zu betrachten, zumindest die Möglichkeiten für Stellen der ersten Schicht in diesem Sektor zu erkunden. In vielen Ländern mit einer Wehrpflicht ist ein Großteil der Kriegsdienstverweigerer im Gesundheitswesen oder in anderen Fürsorgeeinrichtungen beschäftigt, mit einer sehr niedrigen Bezahlung, die in vielen Fällen in keinem Verhältnis zu ihren Tätigkeiten steht. In manchen Ländern ist das System sozialer Dienstleistungen so stark auf solche Arbeitnehmer angewiesen, daß ohne sie das gesamte System ernsthaft in Gefahr geraten würde. Mit Hilfe von organisatorischen Veränderungen lassen sich hier vergleichsweise leicht Stellen der ersten Schicht schaffen und integrieren. Wie wir bereits zu Anfang gesagt haben, leben wir in einer Welt mit reichlichen menschlichen und materiellen Ressourcen, und auf lange Sicht wäre es ein Skandal, wenn wir wegen gesellschaftlicher und organisatorischer Mängel weiterhin die Zukunft als etwas Gefahrvolles und Bedrohliches betrachteten.

Bestehende soziale und inoffizielle Strukturen werden künftig vermutlich mehr und mehr genutzt und finanziell unterstützt: Sie werden vor allem in jenen Bereichen voranschreiten, in denen sie eine billigere Alternativlösung darstellen, im Vergleich zu den Tätigkeiten des öffentlichen Dienstes, die aufgrund ihrer formelleren Organisation und Institutionalisierung teurer sind. Hier bietet sich die Möglichkeit, Stellen der ersten Schicht einzuführen, ohne sich der unmittelbaren Gefahr auszusetzen, daß die verbliebenen monetisierten Teile der Wirtschaft durch Verdrängung (crowding out) oder andere nachteilige Auswirkungen Schaden nehmen.

Einmal mehr geht es darum, den produktiven Wert von Tätigkeiten anzuerkennen, die zum allgemeinen Wohlstand beitragen, selbst wenn sie nicht oder nur zum Teil in die Statistiken der gegenwärtigen nationalen Berechnungsmodelle miteinfließen. Alle diese Tätigkeiten, die keinen impliziten oder expliziten Tauschwert haben und nicht die elementaren Marktmechanismen beeinträchtigen, können dafür genutzt werden, den Bedürftigen eine erste Schicht der Arbeit zu bieten.

Der dynamische Effekt der Schaffung neuer Stellen reduziert zu einem gewissen Grad den Druck auf die Notwendigkeit, in der ersten Schicht Arbeit zu schaffen, weil die Einbeziehung von mehr Menschen in den Arbeitsprozeß ein prokreativer Prozeß ist, der wiederum zur Schaffung neuer Arbeitsplätze führt. Es ergeben sich also verbesserte Möglichkeiten für die zweite Schicht als Folge der Integrierung bereitwilliger Menschen in den aktiven produzierenden Teil der Wirtschaft. Dieser Beschleunigungsmechanismus, der sich so leicht aus dem Wirtschaftswachstum heraus erklärt, trägt sehr positiv zu dem erklärten Ziel von Vollbeschäftigung bei.

Wir haben bereits festgestellt, daß die moderne Gesellschaft unbedingt ein Mindestmaß an monetären Instrumenten benötigt, aber wir haben auch auf die Grenzen der Leistungsfähigkeit einer monetisierten Wirtschaft hingewiesen. Da in der Dienstleistungsgesellschaft die sektorale Übertragung von produktiven Tätigkeiten nicht mehr nur innerhalb des monetisierten Systems auftritt, gehen diese in vielen Fällen an die nichtmonetisierte Welt »verloren«. Wir müssen nach einer Reintegration dieser »verlorenen« Tätigkeiten trachten und sie in Arbeit umwandeln, die als Teil der ersten Schicht der Arbeit ausgeführt werden kann, weil eine Bezahlung auf dem freien Markt dafür kaum möglich erscheint. Die Integration von monetisierten und nichtmonetisierten Tätigkeiten für die Bestimmung des Wohlstands einer Gesellschaft ist deshalb von äußerster Wichtigkeit.

Die verzerrte Wahrnehmung unserer angeblich schwindenden Kapazität, Wohlstand zu erzeugen, muß berichtigt werden. Die Integration von nichtmonetisierten Systemen in die Definition und

Schaffung von Wohlstand, die dazu führen wird, daß sie künftig bei politischen Maßnahmen berücksichtigt werden, bringt nicht nur eine realistischere Wahrnehmung der wirtschaftlichen Realität, sondern auch neue Schlußfolgerungen in bezug auf die Wirtschaft und eine optimistischere Aussicht, was die Fähigkeit betrifft, neue Lösungen für die Beschäftigungsprobleme zu finden. Dieser Bericht kann und wird keine endgültige Antwort auf dieses sehr komplexe Problem geben, das maßgeschneiderte Lösungen für die verschiedenen kulturellen und ethnischen Hintergründe, die spezifischen wirtschaftlichen Situationen und menschlichen Vorlieben in der ganzen Welt erfordert. Der Bericht wird definitiv keine neue Utopievorstellung liefern, sondern er hat zum Ziel, den Weg zu bahnen für einen neuen Ansatz, der, unter Inkaufnahme der Unwägbarkeiten und Gelegenheiten, die er mit sich bringt, möglicherweise widerlegt wird, aber hoffentlich den Anstoß gibt für eine Flut neuer Ideen.

Die Zukunft ist per definitionem unsicher, aber diese Unwägbarkeit sollte die Hoffnung und den Wunsch wecken, die zusätzlichen Gelegenheiten zu nutzen, und damit Platz machen für neue, vernünftige und produktive Lösungen für das Beschäftigungsproblem.

Kontroverse Thesen

21. Weitere Notwendigkeiten

- Es ist wichtig, Methoden für die Bewertung und Quantifizierung des Wohlstandsniveaus festzulegen
- Erste Schritte in die richtige Richtung sind:
  - Die Statistik der Weltbank über die reale Kaufkraft der Einkommen
  - Der UNDP-Jahresbericht zur Menschheitsentwicklung
- Damit sind aber auch Probleme verknüpft:
  - Es existieren lediglich Durchschnitts-/Mittelwerte für ganze Länder mit häufig großen regionalen Unterschieden (vgl. den Norden/Süden Italiens)

- Die Bezahlung von Produkten/Leistungen steht der Chance kostenloser Verfügbarkeit entgegen
- Die Umweltsituation wird nicht berücksichtigt
- Die Anfälligkeit des Systems wird nicht berücksichtigt
- Die Überwachung des allgemeinen Wohlstands, einschließlich des Wechsels von Tätigkeiten zwischen dem monetisierten und anderen Teilen der Wirtschaft muß angestrebt werden
- Die Entwicklungsländer besitzen eine Sonderstellung, weil sie dazu neigen, ihren Wohlstand wegen einer schwächeren Entwicklung der monetisierten Wirtschaft und wegen eines hohen Stands nichtmonetisierter und nichtmonetarisierter Tätigkeiten zu unterschätzen
- Die Dienstleistungsgesellschaft benötigt die Unterstützung durch nichtmonetisierte und nichtmonetarisierte Tätigkeiten

Danksagung

Die Autoren möchten Bilbao Bizkaia Kutxa (BBK) für die großzügige Finanzierung dieses Berichts danken, insbesondere dem Präsident von BBK, Don José Ignacio Berroeta Echevarria, und dem Generaldirektor Dr. Manfred Nolte Aramburu, der sich persönlich sehr stark in dem Projekt engagiert hat. Zusätzliche finanzielle Unterstützung ist durch das Forschungsprogramm zur Dienstleistungsgesellschaft eingegangen, sowie über das von der Geneva Association geförderte Forschungsprojekt zu den Vier Säulen (The Four Pillars), das es uns erlaubte, die Quellenbasis des Reports zu erweitern, indem wir Beiträge von Oonagh McDonald zur Wirtschaftstheorie und -geschichte und von Brian Woodrow zum internationalen Handel mit aufnahmen. Ebenso gewährte The Peccei Foundation in Rom die Mittel für eine Universitätsassistentin, Muriel de Meo, die Forschungsarbeiten zu den Entwicklungsländern ergänzte.

Ferner sind wir auch dankbar für die Kommentare und Anregungen, die so viele Gelehrte, Akademiker und Experten der Praxis im Verlauf der Vorbereitungen für diesen Bericht gemacht haben und die dazu beitrugen, verschiedene Punkte dieses Berichts zu verdeutlichen. Dazu zählen die Mitglieder des Club of Rome und insbesondere Don Ricardo Diez-Hochleitner, Eberhard von Koerber, Ruud Lubbers, Samuel Nana-Sinkam, Bertrand Schneider sowie Eleonora Masini, Umberto Colombo und Roberto Peccei.

Außerdem möchten wir dem Personal der Geneva Association für die geleistete Unterstützung danken sowie Bodo Hoffmann, der für Layout und Ausdruck der verschiedenen Zwischenversionen zuständig war.

Insbesondere für die Erstellung der deutschen Fassung möchten wir uns bedanken bei den Lektoren und Mitarbeitern des Verlages Hoffmann und Campe, speziell Hubertus Rabe und Jens Dehning, für die konstruktive Organisation und Begleitung, sowie bei den

Verfassern des Vor- und Geleitwortes, Prof. Dr. Ulrich von Weizsäcker und Prof. Dr. Marcus Bierich, für die so wohlwollenden Kommentare.

Orio Giarini   *Patrick M. Liedtke*

Anhang

Anmerkungen

Teil 1
Wir sind, was wir produzieren –
der Wert von Arbeit und Tätigkeit

1 Siehe Becker, G. (1988):»Family Economics and Macro Behaviour«, in: *American Economic Review 78,* S. 1–13; Jorgenson, D./Frautheni, B. (1987): *The Accumulation of Human and Non-Human Capital: 1948–1984.*

2 Seifert, E. (1982): *Industrielle Arbeitszeiten in Deutschland,* S. 4.

3 Gruhler, W. (1990): *Dienstleistungsbestimmter Strukturwandel in deutschen Industrieunternehmen,* S. 20.

Teil 2
Wirtschaftswissenschaft und Arbeit

1 Hicks, J. R. (1939): *Value and Capital – An Inquiry into some Fundamental Principles of Economic Theory.*

2 Für eine eingehendere Diskussion zu Marshall in diesem Zusammenhang siehe auch: Giarini, O. (1986): *Wohlstand und Wohlfahrt.*

3 Hicks, J. R. (1939): *Value and Capital – An Inquiry into some Fundamental Principles of Economic Theory,* S. 11.

4 Popper, K. (1979): *Ausgangspunkte: meine intellektuelle Entwicklung,* S. 119.

5 Hierzu ergänzend auch Friedrichs, G./Schaff, A. (1982): *Microelectronics and Society – For Better or for Worse.* Dies war der erste Bericht an den Club of Rome, der sich mit dieser Frage beschäftigte.

6 Siehe insbesondere Landes, D. (1969): *The Unbound Prometheus.* Eine weitere bedeutende Untersuchung ist Landes, D. (1983): *Revolution in Time – Clocks and the Making of the Modern World.* Sie enthält eine eingehende Analyse der Entwicklung der Uhrenindustrie.

7 Wir haben uns mit diesem Thema befaßt in Giarini, O. (1986): *Wohlstand und Wohlfahrt.*

8 Vgl. Giarini, O./Loubergé, H. (1978): *The Dimishing Returns of Technology.*

9 Alle diese Beispiele beziehen sich auf Studien, die für industrielle

Auftraggeber aus verschiedenen Teilen der Welt im Genfer Laboratorium eines der größten Weltforschungszentren durchgeführt wurden.

10 Vgl. Giarini, O./Stahel, W. (1993): *The Limits to Certainty.*

11 Goodhard, Ch., zit. in (1996): *Global Asset Management. Speeches and Papers Presented at the GAM Conference 1996.*

Teil 3
Produktive Arbeit im System der Industriellen Revolution

1 Landes, D. (1969): *The Unbound Prometheus,* S. 41.

2 UNDP (1995): *Human Development Report 1995,* S. 201.

3 Der größte Teil der statistischen Angaben in diesem Kapitel ist folgenden Quellen entnommen: Cipolla, C. (1962): *The Economic History of World Population;* Cipolla, C. (1974): *The Fontana Economic History of Europe. Bd. 1–4;* UNDP (1995): *Human Development Report 1995.*

4 Anteile geschätzt nach ILO (1995): *Yearbook of Labour Statistics.* Tabelle 1.

5 Gemäß OECD (1992): *Employment Outlook.* S. 59.

6 Die International Standardisierte Klassifizierung der Bildung (IS-CED) ist folgendermaßen definiert: ISCED 2: Weiterführende Schule, erste Stufe, die häufig mit dem Ende der Schulpflicht zusammenfällt. ISCED 3: Weiterführende Schule, zweite Stufe, die einer allgemeinen, technischen oder beruflichen Ausbildung entspricht, welche den direkten Eintritt ins Arbeitsleben vorbereitet oder auf eine Weiterbildung vorbereitet. ISCED 5: Schulungsprogramme, die häufig außerhalb von Universitäten angeboten werden und eine Qualifikation unterhalb eines Studienabschlusses ermöglichen. ISCED 6/7: Bildung, die zu einem ersten Studienabschluß oder etwas Vergleichbarem führt und zu einem Abschluß nach dem ersten akademischen Grad oder etwas Vergleichbarem. Da die Datenbasis für keine/primäre Bildung ISCED 0/1 und für ISCED 4 nicht so umfangreich ist wie für die anderen Bildungsniveaus, sind sie in der Graphik nicht berücksichtigt worden.

7 UNDP (1995): *Human Development Report 1995,* S. 1.

8 Vgl. z. B. OECD (1994): *The OECD Jobs Study.* Teil I und II.

9 Siehe Competitiveness Advisory Group (1996): *Third Report to the President of the European Commission, the Prime Ministers and Heads of State – June 1996,* S. 10.

10 Siehe z. B. Meyer, B. (1990): *Unemployment Insurance and Unem-*

ployment Spells. NBER Arbeitspapier Nr. 2546; oder Johnson, G./
Layard, R. (1986): »The Natural Rate of Unemployment.« In: Ashenfelter, O./Layard, R., Hg., *The Handbook of Labour Economics.*
11 Nach OECD (1994): *The OECD Jobs Study.* Teil II, Kapitel 8.

Teil 4
Produktive Arbeit und Tätigkeit im Umkreis
der neuen Dienstleistungsökonomie

1 Siehe OECD (1994): *The OECD Jobs Study.* Teil II. Außerdem Infor-
mationsschriften des U.S. Council of Economic Advisors, 1993.
2 Zum Thema der immateriellen Produkte und wirtschaftlichen Tätigkeiten gibt es eine Reihe von hervorragenden Publikationen vom Di-
rektor des »Product-Life Institutes« in Genf, Walter Stahel. Erst kürz-
lich erschienen ist die Studie: Stahel, W. (1996): »Die Industriepolitik
beim Übergang zu einer Kreislaufwirtschaft«, in: Axt, Ph. et al.: *Ökologische Gesellschaftsvisionen – Kritische Gedanken am Ende des
Jahrtausends.*
3 Siehe Nussbaumer, J. (1984): *Les Services.* Weiterhin Diani, M.
(1992): *The Immaterial Society: Design, Culture, and Technology in
the Postmodern World.*
4 IBM-Schätzungen zufolge stieg die Produktivität ihrer Telearbeiter in
den USA um 12 bis 20%. Bei einer Umfrage in Italien gaben 87% der
IBM-Telearbeiter an, ihr Verhältnis zu den Kunden habe sich verbessert, und 81% meinten, ihre Produktivität sei gestiegen.
5 Das hat positive Auswirkungen auf die Umwelt. Nach Angaben der
Wirtschaftswoche vom 3.5.1991 könnten 47000 Tonnen Emissionen
aus Treibstoffen vermieden werden, wenn in Los Angeles nur 5% der
Pendler einen Tag pro Woche zu Hause mit Telearbeit verbringen
würden.
6 Eine Studie über Telearbeit von Prof. Glaser von der Universität Tübingen erbrachte folgende Ergebnisse: 71% betrachten Telearbeit als
Privileg, 82% arbeiten zu Hause ungestörter als im Büro und 84%
glauben, effizienter zu arbeiten.
7 European Commission (1993): *Actions for Stimulation of Transborder Telework & Research Cooperations in Europe.*
8 Für eine eingehendere Analyse von Telearbeit und ihren Auswirkungen und Folgen siehe: Schneider, Bertrand (1996): *Telework.*
9 Stahel, W./Reday-Mulvey, G. (1981): *Jobs for Tomorrow – The Potential for Substituting Manpower for Energy;* oder: Weizsäcker, E. U.

von/Lovins, A. B. (1997): *Factor Four. Doubling Wealth – Halving Resource Use. A Report to the Club of Rome.*

10 Becker, G. (1996): »How to End Welfare ›As We Know It‹ – Fast.« In: *Business Week*, 3. Juni 1996, S. 8.

11 International Commission on Peace and Food (1994): *Uncommon Opportunities*, S. 64.

12 Ebenda, S. 122.

13 Eine detailliertere Analyse findet sich in: Galbraith, J. (1962): *The Affluent Society* (deutsch: *Gesellschaft im Überfluß*, München/Zürich 1963); Toffler, A. (1970): *Future Shock* (deutsch: *Der Zukunftsschock*, Stuttgart 1972) und Dupuy, J. P./Robert, J. (1976): *La trahison de l'opulence.*

14 Tévoédjrè, A. (1979): *Poverty – Wealth of Mankind.*

15 Nyerere, J. (1968): *Freedom and Socialism*, S. 243; zitiert nach: Tévoédjrè, A. (1979): *Poverty – Wealth of Mankind*, S. 116.

16 World Bank (1996): *From Plan to Market – World Development Report 1996*, S. 15.

17 Sauvant, K. (1996): »An International Regime for Foreign Direct Investment – Implications for Services.« In: *PROGRES Newsletters*, Nr. 24, Mai 1996, S. 7 ff.; Zitat auf S. 7.

18 UNCTAD (1995): *World Investment Report 1995.*

19 Vgl. dazu Arkell J. (1996): »World Trade in Services – A New Agenda to Ensure Continuing Expansion.« In: *PROGRES Newsletters*, Nr. 24, Mai 1996, S. 10–13; Zitat auf S. 12.

20 Zu tiefer schürfenden Analysen der mit der Globalisierung verbundenen Fragen siehe World Bank (1994): *Global Economic Prospects and the Developing Countries;* oder: UNCTAD (verschiedene Jahrgänge): *Handbook of International Trade and Development Statistics.* Verschiedene Themen; oder: The Economist (1994): *Survey of the Global Economy*, 1. Oktober 1994.

21 Siehe Competitiveness Advisory Group (1996): *Third Report to the President of the European Commission, the Prime Ministers and Heads of State – June 1996*, S. 7.

22 Zu einer ausführlichen Erörterung der Wettbewerbsfähigkeit siehe die drei verschiedenen Berichte: Competitiveness Advisory Group (1995 und 1996): *First/Second/Third Report to the President of the European Commission, the Prime Ministers and Heads of State – June 1995/December 1995/June 1996.*

23 Siehe z. B. Warr, P. (1994): »Research into the Work Performance of Older Employees.« In: *The Geneva Papers on Risk and Insurance*, Nr. 73, S. 472–480. Oder: The Commonwealth Fund (1991): *New*

Findings Show why Employing Workers over 50 Makes Good Financial Sense for Companies.

24 Employee Benefit Research Institute (1996): »Income of the Older Population.« In: *Monthly Newsletter,* Bd. 17, Nr. 7, S. 1–3.

25 Siehe Delsen, L./Reday-Mulvey, G. (1996): *Gradual Retirement in the OECD-Countries.*

26 Delsen, L. (1995): *Atypical Employment. An International Perspective.*

Bibliographie

Alfred Herrhausen Gesellschaft (1994): *Arbeit der Zukunft – Zukunft der Arbeit*. Stuttgart.

Arkell, J. (1996): »World Trade in Services – A New Agenda to Ensure Continuing Expansion.« In: *PROGRES Newsletters*. Nr. 24, Mai 1996, S. 10–13.

Arthuis, J. (1993): *Rapport d'Information sur les Delocalisations Hors du Territoire National des Activites Industrielles et de Services*. Paris.

Association Internationale pour l'Etude de l'Economie de l'Assurance (various): *The Geneva Papers on Risk and Insurance. Various Issues*. Genf.

Atkinson, A. (1995): *Public Economics in Action*. Oxford.

Bailey, P. et al. (1993): *Multinationals and Employment – The Global Economy of the 1990s*. Genf.

Becker, G. (1988): »Family Economics and Macro Behaviour.« In: *American Economic Review*, 78, S. 1–13.

Becker, G. (1996): »How to End Welfare ›As We Know It‹ – Fast.« In: *Business Week*, 3. Juni 1996, S. 8.

Berg, M. (1994): *The Age of Manufactures, 1700–1820*. London.

Berger, Peter (1996): *Normative Conflicts – The Frontiers of Social Cohesion*. (deutsche Ausgabe: *Die Grenzen der Gemeinschaft. Konflikt und Vermittlung in pluralistischen Gesellschaften*. Ein Bericht von der Bertelsmann-Stiftung an den Club of Rome. 1997) in Kürze.

Boltho, A./Glyn, A. (1995): »Can Macroeconomic Policies Raise Employment?« In: *The international Labour Review*, Bd. 134, Nr. 4/5, S. 451–470.

Botkin, J. et al. (1979): *No Limits to Learning – Bridging the Human Gap*. A Report to the Club of Rome. Oxford.

Britton, F. (1994): *Rethinking Work – An Exploratory Investigation of New Concepts of Work in a Knowledge Society*. Paris.

Cannan, E. (1932) in seiner Rede als Präsident vor der Royal Economic Society. Zitiert in: *Economic Journal* (1932) S. 357–369.

Cipolla, C. (1962): *The Economic History of World Population*. Harmondsworth.

Cipolla, C. (1973): *The Fontana History of Europe*. Bd. 1–4. London.

Cipolla, C. (1974): *The Fontana Economic History of Europe*. Bd. 1–4. London.

Commission of the European Communities (1993): *Growth, Competitiveness, Employment.* Brüssel.

Competitiveness Advisory Group (1995): *First Report to the President of the European Commission, the Prime Ministers and Heads of State – June 1995.* Brüssel.

Competitiveness Advisory Group (1995): *Second Report to the President of the European Commission, the Prime Ministers and Heads of State – December 1995.* Brüssel.

Competitiveness Advisory Group (1996): *Third Report to the President of the European Commission, the Prime Ministers and Heads of State – June 1996.* Brüssel.

Delsen, L. (1995): *Atypical Employment. An International Perspective.* Groningen.

Delsen, L. (1996): *A New Concept of Full Employment.* Groningen.

Delsen, L./Reday-Mulvey, G. (1996): *Gradual Retirement in the OECD Countries.* Aldershot.

Deutscher Bundestag (1994): *Zwischenbericht der Enquete-Kommission Demographischer Wandel.* Bonn.

Diani, M. (1992): *The Immaterial Society. Design, Culture, and Technology in the Postmodern World.* Englewood Cliffs.

Dicken, P. (1992): *Global Shift – The Internationalisation of Economic Activity.* London.

Dror, Y. (1994): *The Capacity to Govern.* A Report to the Club of Rome. Barcelona (deutsche Ausgabe: *Ist die Erde noch regierbar?* München 1995).

Dunkerly, M. (1996): *The Jobless Economy?* Cambridge.

Dunlop, J. T. (1938): »The Movement of Real and Money Wage Rates.« In: *Economic Journal,* Nr. 191, S. 421.

Dupuy, J. P./ Robert, J. (1976): *La trahison de l'opulence.* Paris.

The Economist (1994): »Survey of the Global Economy«, 1. Oktober 1994. London.

Employee Benefit Research Institue (1996): »Income of the Older Population.« In: *Monthly Newsletter,* Bd. 17, Nr. 7, S. 1–3.

European Commission (1993): *Actions for Stimulation of Transborder Telework & Research Cooperations in Europe.* Brüssel.

European Commission (1994): *Employment in Europe.* Brüssel.

European Commission (1995): *Social Protection in the Member States of the European Union.* Brüssel.

Feketekuty, G. (1992): *The New Trade Agenda.* Washington.

Freeman, C./Soete, L. (1994): *Work for all or Mass Unemployment?* London.

275

Friedrichs, G./Schaff, A. (1982): *Microelectronics and Society – For Better or for Worse*. A Report to the Club of Rome. Oxford.

Galbraith, J. (1962): *The Affluent Society*. Harmondsworth (deutsche Ausgabe: *Gesellschaft im Überfluß*. München, Zürich 1963).

Galbraith, J. (1992): *The Culture of Contentment*. Boston.

GATT (1993): *Trade and Jobs – Statement and Background Information for G-7 Summit*.

Gern, K.-J. (1996): *Das Bürgergeld – ein sinnvolles Konzept?* Kiel.

Giarini, O. (1986): *Wohlstand und Wohlfahrt. Dialog über eine alternative Ansicht zu weltweiter Kapitalbildung*. Frankfurt am Main.

Giarini, O. (1986):»Coming of Age of the Service Economy.« In: *Science and Public Policy*, Nr. 4. London.

Giarini, O. (1989): *The Limits to Certainty*. 1. Auflage, Dordrecht.

Giarini, O. (1996):»The Role of Risk Management and Insurance – Looking Beyond the Neoclassical Views on the Economics of Uncertainty.« In: *The Geneva Papers on Risk and Insurance*. Nr. 80, Juli 1996.

Giarini, O./Loubergé, H. (1978): *The Diminishing Returns of Technology*. Oxford.

Giarini, O./Stahel, W. (1993): *The Limits to Certainty*. 2. Auflage, Dordrecht.

Global Asset Management (1996): *Speeches and Papers Presented at the GAM Conference 1996*. Isle of Man.

Greenaway, D./ Milner, C. (1992):»The World Trading System and The Uruguay Round – Global Employment Effects.« In: ILO (1995): *International Labour Review* 1995. S. 497–520.

Gruhler, W. (1990): *Dienstleistungsbestimmter Strukturwandel in deutschen Industrieunternehmen*. Köln.

Handy, Ch. (1989): *The Age of Unreason*. London.

Hicks, J. R. (1939): *Value and Capital – An Inquiry into some Fundamental Principles of Economic Theory*. Oxford.

Hoekman, B./Kostecki, M. (1995): *The Political Economy of International Trade*. London.

Hoffmann, H./Kramer, D. (1994): *Arbeit ohne Sinn? Sinn ohne Arbeit?* Weinheim.

Hug, H. (1994): *Les vieux débarquent*. Lausanne.

ILO (1994): *World Labour Report 1994*. Genf.

ILO (1995): *World Employment Report 1995*. Genf.

ILO (1995): *Yearbook of Labour Statistics*. Genf.

International Commission on Peace and Food (1994): *Uncommon Opportunities*. London.

International Social Security Association (mehrere Jahrgänge): *International Social Security Review.* Verschiedene Themen. Genf.

Jimeno, J./Toharia, L. (1994): *Unemployment and Labour Market Flexibility: Spain.* Genf.

Johnson, G./Layard, R. (1986): »The Natural Rate of Unemployment.« In: Ashenfelter, O./Layard, R., Hg.: *The Handbook of Labour Economics.* Amsterdam.

Jorgenson, D./Frautheni, B. (1987): *The Accumulation of Human and Non-Human Capital: 1948–1984.*

Julius, D. (1991): *Foreign Direct Investment – The Neglected Twin of Trade.* Washington.

Kahler, M. (1995): *International Institutions and the Political Economy of Integration.* Washington.

Keynes, J. M. (1936): *The General Theory of Employment, Interest and Money.* London und New York (deutsche Ausgabe: *Allgemeine Theorie der Beschäftigung, des Zinses und des Geldes.* Berlin 1952).

Landes, D. (1969): *The Unbound Prometheus.* Cambridge.

Landes, D. (1983): *Revolution in time – Clocks and the making of the modern world.* Harvard.

Landreth, H./Colander, D. (1989): *History of Economic Theory.* Boston.

Lanvin, B. et al. (1994): *Electronic Highways to World Trade.* Boulder.

Lawrence, R. (1994): *The Impact of Trade on OECD Labour Markets.* Washington.

Mansell, R. (1993): *The New Telecommunications.* London.

Marx, Karl (1859/1961): *Vorwort zur Kritik der politischen Ökonomie (Marx-Engels-Werke,* Bd. 13). Berlin.

Marx, Karl (1867/1962): *Das Kapital (Marx-Engels-Werke,* Bd. 23). Berlin.

McBride, T. (1992): »Women's Work and Industrialisation.« In: Berlanstein, L., *The Industrial Revolution and Work in the Nineteenth Century.* London.

Meadows, D. et al. (1972): *The Limits to Growth.* A Report to the Club of Rome. New York (deutsche Ausgabe: *Die Grenzen des Wachstums.* Bericht an den Club of Rome zur Lage der Menschheit. Stuttgart 1972).

Méda, D. (1995): *Le travail – Une valeur en voie de disparition.* Paris.

Meyer, B. (1990): *Unemployment Insurance and Unemployment Spells.* NBER Working Paper 2546.

Mill, J. S. (1965): *Principles of Political Economy – with some of their Applications to Social Philosophy.* Toronto (deutsche Ausgabe: *Grundsätze der politischen Ökonomie: mit einigen Anwendungen auf die Sozialphilosophie.* Jena 1981).

277

Montada, L. (1994): *Arbeitslosigkeit und soziale Gerechtigkeit.* Frankfurt.

Nussbaumer, J. (1984): *Les Services.* Paris.

Nyerere, J. (1968): *Freedom and Socialism.* Daressalam.

O'Brian, R. (1992): *Global Financial Integration – The End of Geography.* New York.

OECD (1992): *Employment Outlook.* Paris.

OECD (1992): *Globalisation of Industrial Activities.* Paris.

OECD (1994): *Labour Force Statistics 1972–1992.* Paris

OECD (1994): *The OECD Jobs Study.* Teil I und II. Paris.

OECD (1997): *Employment Outlook.* Paris.

OECD (mehrere Jahrgänge): *Main Economic Indicators.* Verschiedene Themen. Paris.

Ohlin, B. (1937):»Some Notes on the Stockholm Theory of Savings and Investment.« In: *Economic Journal,* Nr. II und III 1937.

Pagano, U. (1985): *Work and Welfare in Economic History.* Oxford.

Pennington, S. (1989): *A Hidden Workforce: Homeworkers in England, 1850–1985.* Houndmills.

Pinchbeck, I. (1981): *Women Workers and the Industrial Revolution 1750–1850.* London.

Popper, K. (1979): *Ausgangspunkte: meine intellektuelle Entwicklung.* Hamburg.

Pressnell, L. S. (1956): *Country Banking in the Industrial Revolution.* New York.

Reich, R. (1991): *The Work of Nations – A Blueprint for the Future.* London.

Rifkin, J. (1995): *The End of Work – The Decline of the Global Labor Force and the Dawn of the Post-Market Era.* New York (deutsche Ausgabe: *Das Ende der Arbeit und ihre Zukunft.* Frankfurt/Main 1995).

Robbins, L. (1935):»The Twofold Roots of the Great Depression: Inflationism and Intervention.« In: Hutton, G. (1935): *The Burden of Plenty.* S. 105 f.

Robertson, J. (1985): *Future Works – Jobs, Self-Employment and Leisure after the Industrial Age.* London.

Robinson, J. (1976): *Economic Philosophy.* Harmondsworth.

Sauvant, K. (1996):»An International Regime for Foreign Direct Investment – Implications for Services.« In: *PROGRES Newsletters,* Nr. 24, Mai 1996. S. 7 ff.

Schneider, B. (1996): *Telework.* Paris.

Schumpeter, J. (1942): *Capitalism, Socialism and Democracy.* New York (deutsche Ausgabe: *Kapitalismus, Sozialismus und Demokratie.* Bern 1950).

Seifert, E. (1982): *Industrielle Arbeitszeiten in Deutschland.* Wuppertal.

Simai, M. (1995): *Global Employment – An International Investigation into the Future of Work.* Bd. 1 und 2. London.

Smith, Adam (1776): *An Inquiry into the Nature and the Causes of the Wealth of Nations.* London (deutsche Ausgabe: *Der Wohlstand der Nationen.* München 1974).

Soltwedel, R. et al. (1990): *Regulierungen auf dem Arbeitsmarkt. Kieler Studien des Instituts für Weltwirtschaft an der Universität Kiel.* Kiel.

Stahel, W. (1996):»Die Industriepolitik beim Übergang zu einer Kreislaufwirtschaft.« In: Axt, Ph. et al., *Ökologische Gesellschaftsvisionen – Kritische Gedanken am Ende des Jahrtausends.*

Stahel, W./Reday-Mulvey, G. (1981): *Jobs for Tomorrow – The Potential for Subsituting Manpower for Energy.* New York.

Tévoédjrè, A. (1979): *Poverty – Wealth of Mankind.* Oxford.

The Commonwealth Fund (1991): *New Findings Show why Employing Workers over 50 Makes Good Financial Sense for Companies.* New York.

Then, W. (1994): *Die Evolution der Arbeitswelt.* Bonn.

Toffler, A. (1970): *Future Shock.* New York (deutsche Ausgabe: *Der Zukunftsschock.* Stuttgart 1972).

UNCTAD (mehrere Jahrgänge): *Handbook of International Trade and Development Statistics.* Verschiedene Themen. Genf.

UNCTAD (1995): *Trade and Development Report 1995.* Genf.

UNCTAD (1995): *World Investment Report 1995.* Genf.

UNDP (1993): *Human Development Report 1993.* New York.

UNDP (1994): *Human Development Report 1994.* New York.

UNDP (1995): *Human Development Report 1995.* New York.

UNDP (1996): *Human Development Report 1996.* New York.

UNDP (1997): *Human Development Report 1997.* New York.

USA – Office of the President (1993): *Technology for America's Economic Growth.* Washington.

Vedder, R./Gallaway, L. (1993): *Out of Work – Unemployment and Government in Twentieth-Century America.* Oakland.

Walker, R. (1996):»Unemployment, Welfare and Insurance.« In: CRSP 2144: Gespräch auf dem Seminar der Genfer Vereinigung zu Beschäftigung und Versicherung in London, Mai 1996.

Warr, P. (1994):»Research into the Work Performance of Older Employees.« In: *The Geneva Papers on Risk and Insurance.* Nr. 73, S. 472–480.

Weizsäcker, E. U. von/ Lovins, A. B. (1995): *Faktor vier: doppelter Wohlstand – halbierter Naturverbrauch; der neue Bericht an den Club of*

Rome. München (englisch: *Factor Four: Doubling Wealth – Halving Resource Use.* A Report to the Club of Rome. New York 1997).

Wood, A. (1994): *North-South Trade, Employment and Inequality.* Oxford.

Woodrow, B. (1991): *The Impact of Telecommunications and Data Services on Tradeability of Insurance Services.* Montreal.

Woodrow, B. (1994): »After Marrakesh – The Future for Trade in Services.« In: *PROGRES Newsletters,* Mai 1994, S. 4 f.

World Bank (1994): *Global Economic Prospects and the Developing Countries.* Washington.

World Bank (1996): *From Plan to Market – World Development Report 1996.* Oxford.

WTO (1995): *International Trade – Trends and Statistics.* Genf.

Personen- und Sachregister

Absicherung, soziale 260
Agrargesellschaft 92–93, 97,
 108, 151
Agrarsektor 94, 116
Agrarwirtschaft 93
Altersabhängigkeit 102
Altersgrenze 103
Amerika 54, 127, 165, 193, 253
amerikanisches Modell 130
Analphabetenquote 118
Angebot 54, 60, 136–137, 193,
 227, 233–234, 248
Angebotstheoretiker 54, 56
Arbeiterlohn 111
Arbeitgeber 105, 129, 213, 216,
 223, 239, 248
Arbeitnehmer 104, 110, 121, 123,
 125, 129, 132, 166–168, 178,
 205, 213, 216, 223–225, 229,
 240, 261
Arbeitsämter, staatliche 132
Arbeitsbegriff 30–32
Arbeitskraft
– qualifizierte 27
– unqualifizierte 27
Arbeitskräfte
– Angebot 109, 129, 184,
 217
– Nachfrage 101
Arbeitslosengelder 131, 133,
 238, 252
Arbeitslosenquote 114, 123, 125,
 128, 132, 134
Arbeitslosenrate 28, 49–50
Arbeitslosenversicherung 134,
 251

Arbeitslosigkeit 28, 55, 111, 116,
 123, 130, 132, 134, 147, 156,
 205, 247
Arbeitsmarkt 49, 102–104, 106,
 125, 128, 130, 132
– Arbeitsmarktpolitik 129, 205
– Finanzierung von Arbeitslosen-
 programmen 130
– Mobilisierung von Arbeits-
 kräften 128–129
– Regulierung 130
– Schaffung von Arbeits-
 plätzen 128–129, 202
– Stellensuche 128–129, 132
– Vermittlungsdienst 129
Arbeitsrecht 202
Arbeitswerttheorie 46, 70
Arbeitswoche 206, 244
Arbeitszeit 126, 211, 213, 216
– flexible 214–215, 220
Arkell, Julian 201
Armut 26, 114, 118, 130, 132,
 229, 233
Armutsfalle 177, 180
Armutsgrenze 117, 127, 177, 243,
 249
Association of South East Asian
 Nations (ASEAN) 205
Ausbildung 104–105, 220, 222,
 237

Bacon, Francis 21
Bauern 90
Becker, Gary 180
Behinderte 129, 229
Berufsleben 109–110, 130, 221

Beschäftigung 51, 95, 154–155, 201
Beschäftigungsdilemma 26
Beschäftigungspolitik 128, 177
Beschäftigungszunahme 101, 214
Bevölkerung
– Bevölkerungsstruktur 108, 121
– Bevölkerungswachstum 96–102, 116, 118, 183
– demographische Entwicklung 121, 125
– Weltbevölkerung 97–98, 100, 116, 127, 176, 228
Bildung 106–109, 113–114, 221, 261
Bildungssystem 106, 108, 157, 220
Bruttoinlandsprodukt (BIP) 139, 204
Bruttosozialprodukt (BSP) 94, 116, 139, 186, 188, 258

Calvin, Johannes 32
China 190–191
Club of Rome 11–12, 13, 15–16, 19, 22, 136, 171
Computer 106, 167

Dampfmaschine 94
Deflation 57, 250, 259
Dependenzrate 122
Determinismus 59, 72
Deutschland 257
Dezentralisierung 163
Dienstleistungen 40, 42, 94, 138, 147, 153, 159, 197–200, 202
Dienstleistungsgesellschaft 42, 143, 145, 159, 171, 173, 175, 193, 198–199, 206, 212, 227, 231–234, 246, 249, 256, 262
Dienstleistungsindustrie 193
Dienstleistungsökonomie 38, 82, 195, 200–201
Dienstleistungssektor 116, 153, 164, 206
Dienstleistungswirtschaft 37–38, 40, 53, 55, 76, 82, 155, 200–201
Direktinvestitionen, ausländische 196, 199, 201–202
Distribution 154, 163
duales Ausbildungssystem 222
Durchschnittslohn 114

Earned Income Tax Credit (EITC) 180–181
Eigenkonsum 142
Eigenproduktion 40, 92, 94–95, 126, 142, 144, 151, 178, 206–207, 211, 233, 240–241, 250, 255
Einkommen 116, 120, 130, 180, 213, 224, 243, 253
Einkommensteuer 179–180, 234
Einkommensverteilung 120
Einwanderung 102–103
Energie 91
Entsorgung 172, 174
Entwicklungsländer 99, 101, 115–118, 182, 185–187, 203, 205, 228
Ernährung 118
Erwerbsarbeit 92, 94, 96, 109, 112, 133, 211, 233
Erwerbsbevölkerung 101, 103, 123, 125, 130, 184, 215, 218
Erwerbsunfähigkeit 227, 229
Europäische Kommission 251
Europäische Union 102, 204

Existenzgrundlage 113
Export 204

Fabrikarbeiter 94
Fabriksystem 89
Fachwissen 104, 257
Familieneinkommen 112, 181
Forschung und Entwicklung 39,
    153–154
Fortbildung 91,103–104,129,
    221
Frankreich 214, 252
Frauen 102, 111–112, 115, 130,
    150, 177–178, 215, 218, 227,
    237
– Abhängigkeit 113
– Emanzipation 113
– Frauenarbeit 111, 115
– wirtschaftliche Unabhängig-
    keit 112
Freizeit 133, 213
Freizeitgesellschaft 209
Friedman, Milton 49, 179
Fürsorgeeinrichtungen 240, 261

Galilei, Galileo 44
Gebrauch 194
Geburtenrate 99
Geld 92–93, 95, 141, 176, 186
General Agreement on Tariffs
    and Trade (GATT) 200
– Tokio-Runde 200
– Uruguay-Runde 197, 200,
    202
General Agreement on Trade in
    Services (GATS) 201
Gesamtbevölkerung 92
Gesellschaft 113, 115
Gesetz vom abnehmenden
    Ertragszuwachs 80, 88, 146
Gesundheit 261

Gewerkschaften 37, 170, 248
Gewerkschaftsrecht 203
Gleichgewicht 60–61, 63
Gleichgewichtstheorie 52,
    60–61, 72, 74
Globalisierung 173
Grenznutzentheorie 47
Großbritannien 55, 110, 120, 252
Grundeinkommen 177, 179, 235

Haftung 157
Handel 92, 112, 196–197, 202,
    204
Handelsbarrieren 200
Handelspolitik 185
Welthandel 127, 203
Handwerker 90, 94
Hausarbeit 113, 209
Hegel, Georg Wilhelm
    Friedrich 43
Heimarbeit 111–112
Hicks, John Richard 45, 52–53,
    70, 136, 248
Humankapital 27–28
Hungersnöte 98

Indien 184–185
Industrialisierung 135
Industrie 93
Industriegesellschaft 99
Industrieländer 100, 108,
    115–117, 123, 126, 185–186,
    228
Industrielle Revolution 37,
    89–90, 93–95, 97, 108–109,
    111–112, 126, 135, 138, 141,
    144, 193, 198–199, 206, 211,
    227, 232, 234, 248, 251,
    257–258
Inflation 249–250, 258
Informationsrevolution 106

Informationsselektion 106
Informationstechnologien 167
Infrastruktur 98
Innovation 89–90
Instandhaltung 154
International Commission on
  Peace and Food (ICPF) 184
International Labour Organization
  (ILO) 203, 251
Investition 27, 36, 49–51, 56,
  121, 141–142, 160, 183, 185,
  189, 193–196, 199–203, 251
Investitionskapital 95, 141
Investitionsniveau 70
Investitionsprogramm 67

Jevons, Stanley 47
Jugendliche 109, 178, 221, 232,
  237

Kant, Immanuel 33
Kapital 27, 90, 138
Kapitalismus 95
Kaufkraft 258
Keynes, John Maynard 45, 49,
  69–70, 136, 248
Kindererziehung 209
Kindersterblichkeit 117
Knappheit 159
Kommunikationstechnik 106
Kommunismus 95
Konsum 49, 56, 185, 249
Konsumenten 39, 46–47, 52,
  60, 71, 151, 162–163, 173,
  239
Kopernikus, Nikolaus 44
Kosten für ein Produkt 196,
  198
Kosteneinsparung durch
  Produktionssteigerung 83
Kosten-Nutzen-Verhältnis 36, 40

Krankheitsrisiko 118
Kriminalität 185

Laffer, Arthur 56
Landes, David 89
Landwirtschaft 35, 38, 112, 184
Langzeitarbeitslose 129
Lebensabschnitte 108–109
Lebenserwartung 25, 97,
  99–100, 103, 108, 114,
  117, 122, 223, 226
Lebensstandard 90, 112, 127
Lebenszyklus 217, 220–221,
  226, 232, 245, 249
Leistung 42, 155, 157
Leistungswert 40
Lohnniveau 232
Luther, Martin 32

Marshall, Alfred 52, 70
Marx, Karl 70, 74
Maschinen, Einsatz von 90, 94,
  112
Massenkonsum 136
Massenproduktion 39, 160
Medien 107
Menger, Carl 47
Menschen, ältere 102,
  109–110, 178, 215, 221,
  223, 225, 238–239, 260
Mercado Común del Cono Sur
  (Mercosur) 204–205
Mißbrauch von Sozial-
  leistungen 132
Mill, John Stuart 198
Mindestlöhne 130
monetäres System 187, 206, 252,
  256–257
monetisiertes System 188
moralischer Verfall 133, 181
Mozart, Wolfgang Amadeus 74

Nachfrage 45, 60, 69, 73–74, 136–137, 148, 157, 234, 248, 250
negative Einkommensteuer 179–180, 234
nichtmonetarisiert 141, 150–151
Niedriglöhne 203
Niedrigverdiener 177
North American Free Trade Agreement (NAFTA) 204
Nutzenbegriff 46
Nutzung, gemeinsame 172
Nyerere, Julius Kambarage 186

Ökonomie
– klassische 30, 153
– neoklassische 45, 47, 53, 136, 153
Organization for Economic Cooperation and Development (OECD) 102, 114, 121, 214, 251
Organization of Petroleum-Exporting Countries (OPEC) 182
Osteuropa 252

Pareto, Vilfredo 52
Peccei, Aurelio 227
Pigou, Arthur 142
Popper, Karl 69, 73
Produktion
– Produktionsfaktoren 27
– Produktionskosten 39, 161, 193, 198
– Produktionsmittel 90, 95, 117, 183
– Produktionsprozeß 90, 147, 158, 174, 195, 197
– Produktionssystem 142
– Produktionsweise 89–90

Produktivität 35, 50, 117, 145, 147, 161–162, 174, 191, 213, 223, 239, 244
Produktivitätskurve 162
Produktlebensdauer 171
Prosumenten 39, 151, 199, 200
Protektionismus 196, 205

Qualität 145, 155, 158

Rationalisierung 156
Reagan, Ronald 54–55
Realeinkommen 90
Recycling 40, 174, 194
Regierung 251, 253
Remanufacturing 172
Rentenalter 224–225
Renteneintrittsalter 110
Rentensystem 121–122, 244
Ressourcenschonung 171
Risiken 66
Risikomanagement 65, 67, 148
Robinson, Joan 46, 70
Ruhestand 109–110, 218, 221, 224, 244

Sauvant, Karl 196
Say, Jean Baptiste 45
Schattenwirtschaft 253
Schichtenmodell 192, 231
– erste Schicht 212, 231, 234, 236–238, 240, 242, 250, 260–262
– zweite Schicht 231, 236–237, 243–244, 260, 262
– dritte Schicht 244
Schocktherapie 190
Schulbildung 118
Selbständigkeit 252
Seuchen 97–98, 117

285

Smith, Adam 59, 71, 74, 95, 135, 137
Sozialhilfe 238
Sozialleistungen 120
Sozialmodell, europäisches 131
Sozialpolitik 37, 128
Sozialversicherung 110, 177, 179, 214, 221, 224, 238, 252
Special Public Work Programms (SPWP) 251
Staat 234, 253
Stahel, Walter 171
Sterberate 97, 99–100
Steuersystem 120, 177, 214
Störanfälligkeit 66
Studium 215, 220
Subventionen 128
Synergie 144

Tévoédjrè, Albert 185
Tätigkeit
– bezahlte 37, 42, 144, 232
– ehrenamtliche 210, 245
– gemeinnützige 241, 245, 250
– monetarisierte 141
– monetisierte 141, 150, 186, 241, 260
– nichtbezahlte 94, 96, 126, 144, 207, 211, 231
– nichtmonetarisierte 141, 150–151, 241, 255
– nichtmonetisierte 115, 141, 149–150, 178, 186–187, 190, 207, 209, 233, 241, 244, 253, 256, 258, 260, 262
– produktive 26, 95–96, 111, 130, 139, 177, 206, 209, 211–212, 226, 231, 233, 249, 262
Technik und wirtschaftliche Leistung 82

Technik und Wissenschaft 51, 65, 76, 78, 81–82, 87, 136
Teilzeitarbeit 164, 213, 215, 220, 222, 224–225, 232, 234, 237, 239, 243, 253
Telearbeit 169–170
Telekommunikation 167, 198, 258
Thatcher, Margaret 54–55
Theorie, Gültigkeitsanspruch von 43
Toffler, Alvin 39, 75, 151, 199
Transferleistungen
– intergenerationell 119, 121
– intragenerationell 119

Übergang von einer Planwirtschaft zur Marktwirtschaft 189–190, 192
Überqualifizierung 103
Umweltschutz 117, 171, 173–174
Umweltverschmutzung 185
Ungleichgewicht 72
United Nations
– Conference on Trade and Development (UNCTAD) 201
– Development Programme (UNDP) 251, 258, 263
United Nations (UN) 182
Unterernährung 119

Veblen, Thorstein 210
Versorgungsbetriebe 234
Volkseinkommen 115
Vollbeschäftigung 70, 232–233, 239–240, 249, 262
Vollzeitarbeit 209
Vorruhestand 109

Wachstumsrate 121
Walras, Léon 47, 52
Watt, James 94
Wehrpflicht 240, 261
Weiterbildung 128
Weizsäcker, Ernst Ulrich von
12, 171
Weltbank 191, 255, 258, 263
Welteinkommen 116
Weltwirtschaft 131, 197,
199–200, 202
Wert (von Produkten und
Dienstleistungen) 25, 39,
92, 135
Wertbegriff 30–31, 63
Werttheorie 70
Wirtschaftsleistung 82, 93–94,
105

Wirtschaftspolitik 92
Wirtschaftswachstum 116, 118,
139
Wissenschaft 43, 61, 69, 76–79
Wissenschaft und Technik 51, 76,
78, 87
Wohlfahrtsstaat 126, 130, 248
Wohlergehen 59, 139–140, 142,
186
Wohlstand 25, 54–55, 92–93,
95–96, 106, 117, 126, 139,
186–187, 201, 205, 207, 210,
232, 241, 244, 246, 250, 255,
257–259, 263
Wohlstand der Nationen 26, 27,
68, 71, 86, 135, 144
World Trade Organization (WTO)
193, 199, 201, 203